PLAUFL 解放军外国语学院
PUBLICATION FUND 出版基金

越-英-汉时事新闻框架语义研究

A Study of Vietanmese,
English and Chinese Current Affair News from
thePerspective of Frame Semantics

林　丽・著

时事出版社

图书在版编目（CIP）数据

越－英－汉时事新闻框架语义研究/林丽著．—北京：时事出版社，2017.2

ISBN 978-7-5195-0064-1

Ⅰ.①越… Ⅱ.①林… Ⅲ.①新闻—语义学—研究—越、英、汉 Ⅳ.①G210②H030

中国版本图书馆 CIP 数据核字（2017）第 009262 号

出 版 发 行：时事出版社
地　　址：北京市海淀区万寿寺甲 2 号
邮　　编：100081
发 行 热 线：（010）88547590　88547591
读者服务部：（010）88547595
传　　真：（010）88547592
电 子 邮 箱：shishichubanshe@ sina. com
网　　址：www. shishishe. com
印　　刷：北京市昌平百善印刷厂

开本：787×1092　1/16　印张：20.25 字数：264 千字
2017 年 2 月第 1 版　2017 年 2 月第 1 次印刷
定价：80.00 元

目 录

第一章 绪 论

第一节 研究背景

据 2014 年 3 月 12 日统计数据[①]，Internet 内容语种（Content languages for websites）世界排名前十位中包括联合国七种通用语种（英语、俄语、德语、西班牙语、法语、汉语、阿拉伯语）中除阿拉伯语外的六种。非通用语种中的日语、葡萄牙语、意大利语、波兰语也进入排名前十。这表明，一方面 Internet 内容语种呈多语化发展趋势，另一方面，除英语外，其余各通用语和非通用语之间发展差距并不显著。

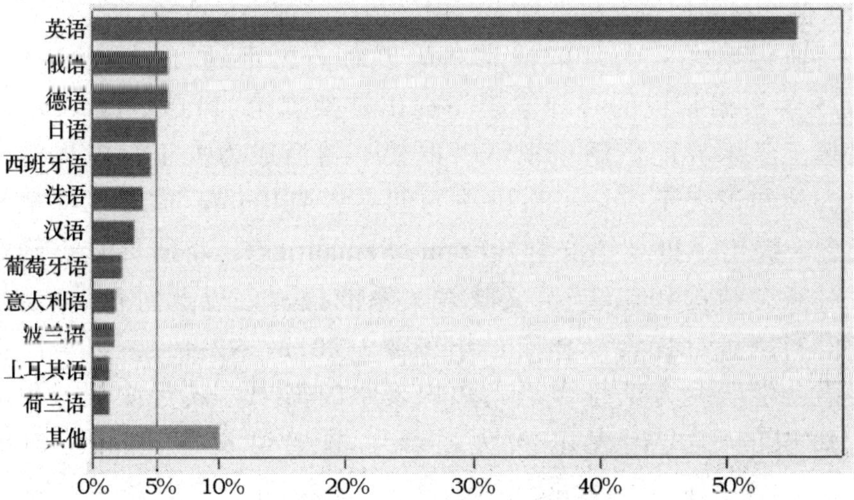

图 1—1 2014 年 3 月 12 日 Internet 内容语种统计

[①] http://en.wikipedia.org/wiki/Languages_used_on_the_Internet.

当前，多语种大数据信息呈现出爆炸增长态势，不论是否为通用语种，各语种网页绝对数量都相当庞大。如何利用现代语言学方法和信息处理技术对巨量的多语种新闻文本进行知识表示、知识获取，及时、准确地追踪和发现有效信息具有重要的理论价值和实践意义。

根据图灵机模型，现代计算机通常采用线性符号识别与转换对语言信息进行处理。当前脑科学研究认为，人脑处理语言信息时一般依赖存储的语义和情景知识进行并行扩散多路搜索。因此，计算机对文本的语义理解和知识表示成为目前制约语言信息处理发展的重要瓶颈之一。

对纷繁复杂的语义和情景知识进行形式化，将其表示为计算机可操作的符号，采用词汇语义知识库（Lexical Semantic Knowledge Database，LSKD）[①]的形式进行存储，是解决信息处理中语义问题的主流方法。LSKD构建已经成为语言信息处理的核心工程，基于LSKD的语义分析方法对各种语言信息处理应用（信息检索、信息抽取、自动文摘、自动问答、机器翻译、词义消歧）都不可或缺。

通过研究人们理解情景和故事时的思维过程，Minsky于1975年根据相应的心理学模型提出框架理论（Frame Theory）[②]，引起了学术界的广泛重视；“框架”随后成为人工智能界常用的一种知识表示方法；格语法的创立者Fillmore[③]借鉴“框架”概念，提出了框架语义学（Frame Semantics），将研究重点确定为对概念结构和句法-语义映射关系的描写，以此对句法-语义接口问题进行探索（林丽，毕玉德，2012：42-46）。可见，框架语义学研究方法符合语义知识表示的需求，其实质是一种语义知识的形式化表示方法。基于框架语义学理论构建的

---

① 如无需特别说明，下文中将用LSKD指代“词汇语义知识库”。

② 参见 Minsky. M.A Framework for Representing Kownledge[C]. In Winston(ed.). *The Psychology of Computer Vision*. New York. McGraw Hill, 1975.

③ 由于Fillmore的译名有菲尔墨、费尔莫、菲尔默等多个版本，本书使用英文形式以确保统一。为方便文献查阅，除译著名称外，本书中提及的其他外国学者姓名均使用相应外文形式。

FrameNet[①]以事件框架的方式确定词汇化编码的语义信息（可转化为DAML+OIL 语言）并预测这些信息如何在句法上得到投射。（俞士汶，黄居仁，2005：1-20） FrameNet 以语义框架[②]作为基本描述单元，并建立了框架与框架之间的网状层级联系，具备完善的语义表示与描述体系，是 LSKD 中设计合理、构建完备、应用广泛的典型工程。

从具体应用上看，由于框架语义学和 FrameNet 以人的认知经验作为基础，对“概念结构”，即人类关于现实世界的语义知识进行阐释和描写，因此在一定程度上具有普适性。截至目前统计，各国研究学者基于框架语义学，以 FrameNet 为蓝本构建了 19 个语种[③]的平行框架网络资源。除我国民族语言维吾尔语和藏语外，其余 17 种外语均在有具体排名的 Internet 内容语种前 36 位之列（各语种具体排名见脚注中括号内数字）。也就是说，Internet 内容语种前 36 位中，已研究构建 FrameNet 的语种比重为 47.2%。由此可见，FrameNet 的多语种扩展趋势与 Internet 内容语种的发展是一致的。可以据此推断 FrameNet 对于巨量网络信息处理是必要的。

基于以上背景，本书认为，一方面对巨量的多语种网络新闻文本知识表示、知识获取进行研究有迫切需求，而各语种，特别是非通用语在领域语料库构建、面向语言信息处理的语义研究方面尚显滞后和薄弱；另一方面，框架语义学和 FrameNet 在理论和实践两方面都可作为语义知识形式化表示的典范，在研究深度和广度上都有突出的贡献。

---

① http://framenet.iesi.berkeley.edu。国内相关研究中，FrameNet 的常见译名有“框架网络”、“框架语义网”和“框架语义知识库”。本书中以 FrameNet 特指美国加州大学伯克利分院构建的英语框架网络，其他语种构建的相应语义工程称作“**语框架网络”或其缩写(如：日语框架网络缩写为 JFN，西班牙语框架网络缩写为 SFN 等等)。

② 作为一种认知结构，语义框架具有丰富的框架元素定义，由一组语义接近的词元激活，为每一个词元提供完成框架语义标注的例句。

③ 具体为德语(3)、日语(4)、西班牙语(5)、汉语(7)、葡萄牙语(8)、意大利语(9)、波兰语(10)、波斯语(13)、捷克语(16)、瑞典语(17)、越南语(18)、希腊语(21)、丹麦语(22)、泰语(24)、保加利亚语(27)、希伯来语(29)、斯洛文尼亚语(35)、维吾尔语、藏语。数据来源：http://en.wikipedia.org/wiki/Languages_used_on_the_Internet。另外，各语种框架网络研究程度和构建规模不等。

因此，充分发挥框架语义学和 FrameNet 的已有优势，以多语种网络新闻文本知识表示、知识获取为应用导向，探索更加高效、通用的框架语义表示模式并进行框架网络构建和应用探索具有较为重要的理论和现实意义。

第二节　研究内容

本书的研究目标是将框架语义学理论应用到非通用语（特别是缺乏严格意义上形态变化的孤立语）语义分析中，参照 FrameNet 工程构建面向领域的多语框架网络并基于此进行事件抽取应用探索，研究内容主要分为理论研究、工程实践和应用探索三个方面。

理论研究方面：通过系统研究框架语义学作为语义分析理论模型的的特点和优势，深入探究 FrameNet 作为语义知识工程所具有的多语种可扩展性和领域延伸性，分析其针对自然语言处理（NLP）[①]方面的不足之处，提出面向领域的多语框架语义表示（Domain-oriented Multilingual Frame Semantic Representation，DOMLFSR）[②]模式，确定该模式的整体架构及核心内容。

基于框架语义学的越南语词汇语义研究也是本书的研究内容之一。由于越南语和汉语同为孤立语的典型代表，本书也将从语言类型特点角度着重分析其在框架语义构造式系统方面的共性。

工程实践方面：将“越南语-英语-汉语”作为“非通用语-中介语-通用语”多语模式的一个研究实例，以时事新闻语料作为特定领域开展研究。设计并开发多语种 Web 新闻语料抓取软件，构建了越-英-汉语领域语料库；对各语种语料进行预处理并统计出高频动词词元；采集领域词元并进行语义分类，根据《同义词词林》（扩展版）为每一词元进行语义分类赋码，由此建成三语领域高频动词词元库；

① 如无需特别说明，下文中将用 NLP 指代“自然语言处理”。

② 如无需特别说明，下文中将用 DOMLFSR 指代“面向领域的多语框架语义表示”。

提出基于 FrameNet 1.5 数据的半自动框架库映射方法，通过三语领域高频动词词元库中的英语动词词元激活 FrameNet 相应框架进行复用和整合；设计并实现辅助建库、标注工具，构建领域越–英–汉框架网络（Domain-oriented Vietnamese-English-Chinese FrameNet，DOV-E-CFN）①，其主要工作包括搭建一定规模的时事新闻领域框架体系，确立框架关系，构建标注例句库和词汇库，统计词元配价模式等。

另一方面，基于 FrameNet 的越南语句法–语义基础资源构建也是工程实践的重要目标之一。原因在于越南语在 Internet 内容语种世界排名中列第 19 位②，目前使用人数超过 9000 万③，其重要性在亚洲，特别是东南亚地区更为明显。越南语信息处理在 2000 年后才正式开始起步，面向 NLP 的基础资源的建设还较为滞后。

应用探索方面：基于越–英–汉时事新闻框架网络（DOV-E-CFN），将框架语义分析方法与传统事件抽取方法进行对比，论证了框架语义标注方法在事件抽取中应用的可行性及优势，并分别基于核心依存图（kernel dependency graph，KDG）④和框架语义格标（frame element kasus，FK）探索其在新闻文本事件信息抽取中的应用。

本书的具体章节安排如下：

第一章为绪论，主要对本书的研究背景、研究内容及方法、学术创新、研究意义、结构和使用资源进行介绍；

第二章为框架语义研究综述；

第三章为面向领域的多语框架语义表示（DOMLFSR）模式；

第四章为越–英–汉时事新闻框架网络的体系构建；

---

① 如无需特别说明，下文中将用 DOV-E-CFN 指代领域越-英-汉框架网络的构建实例“越-英-汉时事新闻框架网络”(Vietnamese-English-Chinese FrameNet on the Current Affair News)。

② http://en.wikipedia.org/wiki/Languages_used_on_the_Internet

③ 越南学者胡秀宝（Hồ Tú Bảo）和梁芝梅（Lương Chi Mai）的报告 *Về xử lý tiếng Việt trong công nghệ thông tin*(信息技术中的越南语处理)中专门谈及越南语语言信息处理的现状和问题，其中一个重要问题是缺乏必要的基础资源的建设。参见 http://list25.com/the-25-most-influential-languages-in-the-world/

④ 如无需特别说明，下文中将用 KDG 指代“核心依存图”。

第五章为越-英-汉时事新闻框架网络例句标注与词元库构建；

第六章为越-英-汉时事新闻框架网络应用探索；

第七章为结语，总结全书研究取得的主要成果和不足，并对下一步研究进行展望。

第三节　研究思路

本书总的研究思路是通过文献调研和对比分析方法，对框架语义学理论模型和 FrameNet 语义工程进行述评，总结其特点与优势，同时指出其针对 NLP 任务方面的不足，提出 DOMLFSR 模式，构建框架元素层级系统和框架语义构造式系统作为其核心成分等。在此理论模型基础上，参照 FrameNet 构建原则和路线，结合基于语料库的经验归纳方法对文本进行统计分析，研究构建 DOV-E-CFN（越-英-汉时事新闻框架网络）并进行应用探索。

DOV-E-CFN 的整体研究思路如图 1-2 所示。

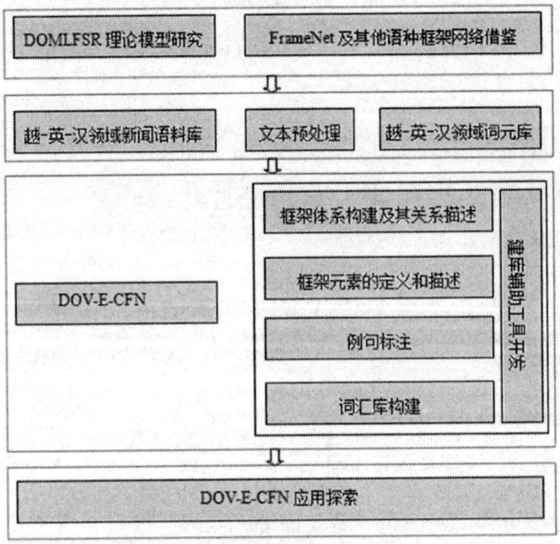

图 1-2　越-英-汉时事新闻框架网络（DOV-E-CFN）整体研究思路

第四节　学术创新

1．本书从知识表示层面剖析了框架语义学原理，在此基础上系统地对比了 FrameNet 相较于同类语义工程突出的多语种可扩展性与领域延伸性，并据此提出 DOMLFSR 模式，旨在为不同语种构建领域框架网络提供一定程度上的理论依据。

2．较为全面地对面向语言信息处理的越南语语义研究进行回顾和梳理，探索了越南语词元和例句的框架语义分析和语义结构知识表示方法，针对越南语特点构建了核心依存图分析模型。

3．提出多语种领域语料库和领域词元库构建方法和半自动框架库映射方法，设计并实现辅助建库、标注工具，为面向领域的多语框架网络构建提供技术参考。

4．在语料库资源建设方面，设计并开发多语种 Web 新闻语料抓取软件，并在英语、汉语、俄语、朝鲜语、马来西亚语等多个语种上进行了应用，取得了成功。目前已建成 2000 万词级的“越南语通用语料库”[①]。

5．将语义知识库构建与基于真实语料的例句标注相结合，构建的越-英-汉时事新闻框架网络既能丰富和发展框架语义理论，也注重构建面向 NLP 的语言资源，并以时事新闻文本语句为例，运用框架语义标注方法抽取特定事件信息，为初步服务于应用实践奠定基础。

第五节　研究意义

本书具有理论研究和应用实践两方面的意义：

1．理论意义：丰富和深化了框架语义理论，在通用层面分析其作为知识表示方式的优势及针对 NLP 任务的不足，提出 DOMLFSR

[①] 基金项目：中国-东盟研究中心(广西科学实验中心)课题“越南语通用语料库建设”(20120146)。

模式。结合越南语词汇语义研究，较为系统地将 Fillmore 的框架语义学思想运用于越南语词汇语义分析，使越南语语言本体研究在语义分析和描写方面更加深入和全面。

2. 应用实践意义：在深入挖掘 FrameNet 多语种可扩展性和领域延伸性基础上，探讨了具有一定普适性的“面向领域的多语框架网络构建方法”，同时构建了较为丰富的越-英-汉框架语义资源，如时事新闻词元库和例句标注库。“标注例句库”提供了高精度的搭配和句法-语义联系方面的基础数据，“词元库”能够提供词语在单个义项上的搭配信息，揭示共有框架下不同语种在语义和句法表现上的异同。据此可以构建信息抽取模板，标注数据达到一定量级后可作为 NLP 统计模型的训练数据服务于信息抽取、问答系统、词义消歧、机器翻译及其他应用。

对越南语语言教学和语言习得来说，DOV-E-CFN 揭示了三种语言领域语料库例句的句法语义性质，且检索方便，是教材编写和越汉双语、越英汉三语词典编纂的理想资源，有利于学生观察语言共性与差异，提高学习和研究效率。

第六节 使用资源

1. FrameNet 1.5 数据[①]

该资源包括 1019 个框架，11829 个词元，定义了 8252 种框架元素和 1507 种框架关系，对其中 65.2%的词元进行了例句标注。

2. 越南语通用语料库

语料来源主要是越南国防网[②]、越南人民军队网[③]、越地报[④]、BBC 越南新闻[⑤]等网站新闻报道，目前规模约为 13500 个文本文件（99M）。

① https://framenet.icsi.berkeley.edu/fndrupal/framenet_data
② http://quocphong.vn/
③ http://www.qdnd.vn/qdndsite/vi-VN/43/Default.aspx
④ http://www.baodatviet.vn/
⑤ http://www.bbc.co.uk/vietnamese/

3．文本预处理工具

英语：英语语料的预处理使用 CLAWS POS tagger①，选择的词性标注集为 UCREL CLAWS5 Tagset。

汉语：汉语语料的分词和词性标注使用汉语词法分析系统 ICTCLAS②。

越南语：越南语语料预处理使用越南语文本处理工具包 vnToolkit 3.0③，包括分词软件 vnTokenizer、词性标注软件 vnTagger。

4．哈工大信息检索研究室《同义词词林》（扩展版）④

① http://ucrel.lancs.ac.uk/claws5tags.html
② http://ictclas.nlpir.org/
③ http :/[/www.loria.fr/](http://www.loria.fr/) lehong/tools/
④ http://ir.hit.edu.cn/

第二章 框架语义研究综述

知识表示研究作为人工智能的核心课题与语义分析密切相关。为解决信息处理中的语义问题，语言学界和计算机学界都做了许多努力。框架语义研究是其中将语言学研究与知识工程实践有机结合的典范。因此对框架语义研究进行述评是本书研究的理论基础，其特点和优势是本书重要的选题依据，其不足和发展趋势是本书努力的方向和突破口。本章首先对框架语义学和 FrameNet 进行简介，对 Fillmore 关于框架语义学的重要文献进行综述，并从语言学研究和知识工程实践两个视角分析其相关研究背景以及各自特点和优势。

第一节 框架语义研究概览

框架语义学和 FrameNet 是理论模型和工程实践的关系。作为语义理论模型，能支撑大型工程实践并保持长久生命力的并不多见，框架语义学因此被视为典范。

框架语义学于 1970 年代开始形成，它提供了一种描写词项（lexical item）意义及语法结构（grammatical construction）意义的方法，被视作经验主义语义学之一。Fillmore 早期将其称作“理解语义学”（The Semantics of Understanding），原因在于框架语义体现了概念及意义对人类经验的高度依赖，在语言实际中可以理解为描述词项的意义应当借助于语义框架[①]（semantic frame）（Fillmore，1985）。

[①] 语义框架，简称“框架”。

框架（frame）是一种结构化的范畴系统，可以视作言语社团对实践、想象、信仰、制度等概念结构或模式的图解表征（Fillmore，1982）与所谓“动因激活性语境”（motivating context）是一致的（冯志伟，2006：1-8）。词元（1exical unit）和框架元素（frame elements）是框架的重要构成单位。

词元（词汇单元的简称）是语义结构的单位，即意义上的一个词，即可以为单义词，或为某一多义词的一个义项。从句法形式来看，词元可以是词，也可以是词的组合。一个确定的框架能够由其包含的词元激活，如：词元“跑到”可以激活“到达状态”框架。因此，词元也被称为框架支撑词（framc-bearing word），词元分析是框架语义分析的起点。

框架元素类似于格语法中的“格”，但更为详细和具体。作为与谓词相关联的语义角色，它们是框架语义结构中的直接或间接参与者、外部条件等，与词元存在句法语义关系，充当其配价成分。框架元素与框架的紧密程度不同，由此可以划分为核心（core）框架元素和非核心（non-core）框架元素。给定的某个框架，其区别于其他框架的特征是通过其框架元素特别是核心框架元素得以体现的。核心框架元素体现框架的个性和特点，是一个框架在概念理解上的必有成分，或是从“场景”角度看框架中被凸显的前景成分，在不同的框架中类型和数量有差异。非核心框架元素不具有框架针对性，是非强制性的可有语义成分，在特定的场景中有些可以转化为核心框架元素。常见的非核心框架元素包括：工具、方式、手段、时点、时段、处所、原因、结果、速度、环境、频率、材料、距离等。非核心元素大致相当于格语法时期的“外围成分”，可以视为“场景”中的道具成分。在框架语义学中，其确定和构建与核心元素并无本质区别。就 NLP 应用特别是信息抽取而言，有时非核心框架元素承载的信息更为重要。

美国加州大学伯克利分院的 FrameNet 项目始于 1997 年，由 Fillmore 亲自主持。截至 2010 年 FrameNet 1.5 数据发布，FrameNet

共收录包括动词、名词和形容词在内的词元11829个，构建框架1019个，定义框架元素8252种，确定框架关系1507种，已对65.2%的词元进行例句检索和标注，较好地实现了语义领域覆盖。此外，FrameNet还对12篇文本进行了框架语义全文标注。FrameNet数据库已在网络上公布，计划逐步用语义Web标记语言进行描述。

作为一项在线英语词典编纂工程，FrameNet突出的特点为：以框架语义学为理论基础、计算机可读及基于语料库。该工程主要以英国国家语料库（British National Corpus，BNC）真实例句为依据，以此研究英语词汇语法功能和概念（语义）结构间的关系，主要体现为显示每个词元在句法-语义上的各种组合能力，即其配价方式。具体方法为手工标注例句并自动统计、整理标注结果。FrameNet对语义知识系统性的认识反映在框架关系的确定上，将框架联系成了一个复杂的语义知识网。

作为一个大型语义知识库，FrameNet工程包括数据库（即词典资源）和相关软件工具两部分。FrameNet数据库对句法和语义进行描写，其具体内容、框架关系和软件工具等在FrameNet网站上皆有详细介绍。

框架语义研究的文献较为丰富，仅FrameNet网站列出的就有194篇，时间跨度为1968—2012年，内容包括框架语义理论和应用研究的各个方面。本节将着重论述Fillmore于1975—2011年间独立或以第一作者撰写的21篇框架语义学重要文献。

1975年，Fillmore在*An alternative to checklist theories of meaning*（意义清单理论的替代方案）中提出了意义研究的场景—框架范式，标志着框架语义学研究的正式发端。文章主要探讨了“原型”和“框架”两个概念与语义理论之间的关联，Fillmore认为框架是语言选择下的任一系统，其中包括最简单的词汇组合，再到语法规则、语言范畴的选择（Fillmore，1975: 123-131）。作者举例对典型语言现象进行情景—框架分析（scene-and-frame analysis），认为从“原型”和“框架”角度考察语义可以明确一种综合集成的视角（an integrated view），有益于接近意义的本质（the nature of meaning）。

Fillmore 针对各类意义清单理论（checklist theories of meaning）提出了适合语言意义研究的场景—框架范式（scenes-and-frames paradigm）。该范式中的场景既包括现实的视觉场景，也包括从各类体验中抽离出来的典型场景；框架则被定义为“由语言选择组成且与典型场景相关的任何系统”，既可以“是词语的组合，也包括语法规则或语言范畴的各类选择”，因此又被 Fillmore 称为语言框架（linguistic frame）（陈忠平，白解红，2012：14-17）。从语言范畴上看，此时的“语言框架”与格语法时期的“格框架”仍有类似之处，但 Fillmore（1975: 123）在阐述场景-框架范式时已初步论述了关于认知性质的框架概念，认为框架是“由概念组成的构架或图式”。

Fillmore 从格语法到框架语义学的研究过程中进行了许多曲折、有益的探索。

1976 年，Fillmore 发表了 *Frame Semantics and the Nature of Language*（框架语义与语言本质）。文章回顾了关于语言起源的相关研究，强调经验在人们使用语言中的重要性；作者首次提出 Frame Semantics 这一术语，指出“框架形成”（framing）是人类语言交际过程中的一个重要方面，但之前没有得到足够的重视。作者以“商业交易事件”为例说明了框架概念在交际和理解中如何形成的过程，希望证明框架研究在语言演化过程中的必然性。

1977 年，Fillmore 发表了 *Scenes-and-frames Semantics*（场景-框架语义学），自此开始将关注的焦点从动词和名词间的关系转移到事件参与者之间的关系上。

1982 年 Fillmore 发表的 *Frame semantics*（框架语义学）一文具有标志性的意义。作者认为框架理论为其进行的语义研究提供了新的视角，“框架”可以正式定义为“由概念组成的系统，系统中的概念彼此连通，只有在理解整个系统结构的前提下才能理解其中任何一个单个的概念”（Fillmore，1982: 111）。该概念的提出使得“框架”的性质从句法框架或格框架等语言结构变为框架知识结构，其特点为具有概念性认知属性、能够有效表征人类经验。至此，“框架”成为框架语义学的核心概念之一。

“框架”概念认为词汇意义依赖背景及百科知识，同时也与语言知识密切相关，只有参照该词汇所激活的大脑中相应的框架，其词汇意义才能实现。例如 Fillmore（1982: 116）认为“商业事件”场景包括以下框架元素：“买方”（buyer），即对用钱交换物品感兴趣的人；“卖方”（seller），即对用物品换钱感兴趣的人；“商品”（goods）和“钱”（money）等。通过分析该框架中的框架元素，可以看出动词 buy 注重“买方-商品”的关系，“卖方”和“钱”框架元素类似于背景；动词 pay（付款）注重“买方-钱-卖方”（buyer-money-seller）的关系，“商品”框架元素类似于背景。

1985 年，Fillmore 在 *Frames and the Semantics of Understanding*（框架与理解语义学）中对比了理解语义学（the semantics of understanding，U-semantics）和真值语义学（the semantics of truth，T-semantics），重新定义了“框架”的概念，即特定、统一的知识网络，或是对经验连贯、一致的图式化。

1992 年，Fillmore 发表了 *Towards a Frame-based Lexicon: The Semantics of RISK and Its Neighbors*（面向基于框架的词典：RISK 及其相邻词语的语义）。该文提出框架是对词汇蕴涵概念的知识预设；作者有了构建“基于框架的词典”（a “frame-based” dictionary）的设想，他对比了框架语义学与语义场理论，并以 RISK 这一词位为例，详细论述了 RISK 框架的构建及具体分析（Fillmore，C.J.，and B. T. S. Atkins，1992: 75-102）。该文是框架语义学理论在 RISK 这个具体案例上的实践。

Fillmore 是将框架理论运用到语言学研究的先驱。1975—1992 年的 17 年间，随着研究的不断深入，他三次修订了“框架”的定义，逐步将框架从语言构式改进为认知构式。

1998 年 Fillmore 发表的 *FrameNet and Lexicographic Relevance*（FrameNet 与词典编纂关联性）论述了 FrameNet 构建目标与程序。该文认为 KWIC（Key Words in Context）索引是 FrameNet 构建程序的第一步，为目标词元创建框架描述，检索出语料库中目标词元的典型用法并进行标注，提出了 FrameNet 架构图；作者还论述了“词典编纂关联性”（lexicographic relevance）这一问题，指出需要判定句子的哪些特征与词汇知识相关联，例句标注不再严格区分“论元”与“修饰语”，而开始关注与支撑动词（support verb）等相关的名词、形容词的标注。

2000 年以后，Fillmore 开始更加关注 FrameNet 的应用，其研究从词典编纂开始逐渐过渡到文本理解、KDG 生成、事件抽取等方面。

2001 年，Fillmore 在 *Frame Semantics for Text Understanding*（面向文本理解的框架语义学）中开始从语义工程的角度进行研究和探索。文章介绍了 FrameNet 工程中实现的基于框架语义学的知识表示方法；文中以一篇短新闻为例进行分析，为语义组合、多义词歧义消解、文本衔接等问题的处理与解决提供了参考（Fillmore，C.J.，and Collin F. Baker，2001）。

2001 年，Fillmore 在 *Building a Large Lexical Databank Which Provides Deep Semantics*（构建一个提供深层语义的大规模词汇数据库）中介绍了英语词汇数据库 FrameNet-2 的设计思路，对其中包涵的各种人、计算机使用的语言知识进行了描述；FrameNet-2 关注的重点是词汇意义与作为其基础的概念结构间的关系，通过对从人型现代英语语料库（British National Corpus）中检索的例句进行框架语义标注，显示所含词汇项的语义及句法组合的可能性；文章解释和说明了框架内的概念分析（The notions of profiling within a frame）、框架继承（frame inheritance）、框架混合（frame blending）、框架合成（frame composition）以及相关信息在数据库中的存储等问题（Fillmore，C.J.，

Charles Wooters，and Collin F. Baker，2001: 3-25）。

2002 年，Fillmore 发表的 *Seeing Arguments through Transparent Structures*（通过显性结构观察论元）关注核心依存图（KDG）的推导；该文认为 KDG 的构建对于语言描述和实际应用都有必要性，由此可以发现克服句法障碍（syntactic barriers）的方法，找到选择和搭配方面重要的词汇关联（the selectionally and collocationally important lexical connections）；从文本中自动抽取 KDG 可以提供给定段落（a given passage）的中心问题，对信息检索（information retrieval）、文件传阅（document routing）、事件追踪（event tracking）也有重要作用（Fillmore，C.J.，Collin F. Baker，and Hiroaki Sato，2002: 787-791）。文中特别探讨了通过 KDG 生成事件框架对犯罪事件进行初步分析。

2002 年，Fillmore 还在 *Transparency and building lexical dependency graphs*（透明度与构建词汇依存图）中阐述了 FrameNet 在词汇歧义消解方面的尝试（Fillmore，C.J.，and Hiroaki Sato，2002: 87-99）。同年发表的 *The FrameNet Database and Software Tools*（框架网络数据库和软件工具）一文讨论了 FrameNet 工作的概念基础，展示了相关软件和成果及其在 NLP 项目中的运用情况（Fillmore，C.J.，Collin F. Baker，and Hiroaki Sato，2002: 1157-1160）。

2003 年，Fillmore 在 *Background to FrameNet*（框架网络背景）中介绍了 FrameNet 基本假设和目标，对其前期工作进行描述，回顾 FrameNet 工程开始 6 年以来的演进情况（Fillmore，C.J.，Collin F. Baker，and Hiroaki Sato，2003: 235-250）。同年，Fillmore 发表 *FrameNet in Action: The Case of Attaching*（运转中的框架网络：以 Attaching 为例），该文重点介绍了词元的完整处理过程（Fillmore，C.J.，et al，2003: 297-332）。

2004 年，Fillmore 在 *FrameNet and Representing the Link between Semantic and Syntactic Relations*（框架网络与语义、句法联系的表征）中向语言学界、NLP 学界介绍了框架网络的目的、程序和预期的最

终产品，特别展示了 FrameNet 从主项目数据中抽取出的新资源——“核心依存图”（KDG），以及 KDG 如何作为研究工具服务于某些特定的派生 NLP 任务（Fillmore，C.J.，Josef Ruppenhofer，and Collin F. Baker，2004: 19-62）。同年，Fillmore 还发表 *FrameNet as a “Net”*（作为“网”的框架网络）一文描述和解释了框架间关系的动机，介绍了一种可以显示独立于框架成分的词元间相似之处的附加表征机制；词元间关系通过在单个框架中共享的成分、框架间的相互关联成分和语义类型信息来表示（Fillmore，C.J.，Collin F. Baker，and Hiroaki Sato，2004: 1091-1094）。

2006 年，Fillmore 发表了 *What Can Linguistics Contribute to Event Extraction*（语言学在事件抽取的应用）；该文认为对书面文本进行语言学分析能够直接或间接地帮助识别、跟踪和还原文本中涉及的“突发事件”；诸如 FrameNet 项目开展的词法分析研究的作用比通常假定的要大；该文认为通过由词汇意义和语法结构的意义组成的语言学知识可以推导出新信息，在此过程中，文本来源和世界知识也发挥了重要作用（Fillmore，C.J.，Srini Narayanan，and Collin F. Baker，2006: 18-23）。

2007 年，Fillmore 在 *Valency issues in FrameNet*（FrameNet 中的配价问题）中介绍了 FrameNet 对于“配价”这一概念的特殊处理；FrameNet 项目致力于对框架支撑词在语义和句法方面进行配价描述，并以大规模语料库例句作为实证（Fillmore，2007:129-160）。每个配价模式的语义描述都来自框架元素，句法方面的标注使用语法功能和短语类型标记集。从 BNC 语料库抽取出的句子既是分析的实验性例证，又是同时面向人和机器用户的例库。例句库中的句子根据其目标词元的语义和句法组合特点进行标注，其配价模式自动从标注例句中生成。

与其他一些电子/网络词汇资源相比，Fillmore（2007: 129）认为 FrameNet 对“价”的处理具有以下特点：(1)依赖于语料库例证；

（2）“价”的语义层以对认知框架的理解为基础；（3）FrameNet 中的“价”可以识别各类语义/功能层面的词元和句法形式类型的各种差异；（4）提供了一种对概念上有表现而句法上未表达的支配成分指派部分解释的方法。

从 2008 年起，Fillmore 开始更加关注构式语法在 FrameNet 构建方面的作用，并计划将构式研究方法整合到框架网络构建之中。

2008 年，Fillmore 发表了 *Border Conflicts: FrameNet Meets Construction Grammar*（边界冲突：框架网络遭遇构式语法），该文探讨了构建构式扩展的框架网络（construction-expanded FrameNet）的相关问题（Fillmore，2008: 49-68）。

2009 年，Fillmore 通过 *A Frames Approach to Semantic analysis*（语义分析的框架方法）对比了认知科学中的框架概念及其在语言分析中的应用，描述了 FrameNet 作为基于框架分析进行词汇意义表示模型的原则和数据结构，扼要介绍了该项目在语法构式中语义贡献方面的扩展（Fillmore，2009: 313-340）。

2011 年，Fillmore 在 *The FrameNet Constructicon*（FrameNet 框架构式库）中介绍了 FrameNet 的一个附属项目——英语构式库（the Constructicon），通过描述每一构式的语法特性和语义，对英语语法构式进行了识别（recognizing）和编目（cataloguing）；该文尝试在 FrameNet 例句标注中加入构式标记，形成一种新的统一语义知识资源，用以理解句子、篇章以及其其他语言结构成分（Fillmore，2011: 1-51）。

第二节　框架语义学述评

在对 Fillmore 框架语义研究文献进行综述的基础上，本节将分别对相关语义理论模型进行概述，对框架语义学的特点和优势进行述评。

一、相关语义理论模型

语言信息处理相关的语义理论模型主要有义素分析（Sememe Analysis）法、语义场（Semantic Field）理论、概念依存（Conceptual Dependency）理论、配价语法（Valence Grammar）、格语法（Case Grammar）、构式语法（Construction Grammar）等[①]。它们或是框架语义学产生的背景，或对框架语义学产生了重要影响。本节将简介并分析框架语义学与这些理论的关系。

从20世纪30年代开始，义素分析法[②]、语义场理论[③]逐渐引起普遍的关注。

1943年，哥本哈根学派创始人L.Hjelmslev（叶尔姆斯列夫）首先提出**义素分析法**设想。随后，义素分析法逐渐成熟，在分析亲属词、军衔词等方面获得相当可观的成绩。尽管其应用范围在扩大，但将义素分析法应用于某一语言整个词汇系统的成果尚未见到。

FrameNet 中对框架元素填充者的描述没有采用义素（seme）和语义特征（semantic feature）[④]的方法来限定，因为Fillmore认为从框架的分类和结构本身就可以得到词语的意义（刘海涛，2009：67）。但就框架元素（语义角色）自动识别与标注的方法而言，可以使用语义特征核查的方法通过名词的语义特征识别框架元素。如果将FrameNet 中的框架元素都标明语义特征，这将有助于机器根据出现在真实文本中的词语的语义特征来自动辨识框架元素。给定的核心动词和它支配的名词总是具有给定的语义特征的，因此无论核心动词和它支配的名词在句子中是如何组配的。它们的语义特征是不变的．可成为辨识不同框架元素的可靠线索（陶明忠，马玉蕾，2007：123-124）。

---

① 鉴于格语法、构式语法与框架语义学更为密切和特殊的关系，因此它们之间的关系将在后面的“完备的体系性”部分详述。

② 可参考张志毅和张庆云著《词汇语义学》(2001)。

③ 贾彦德(2001)运用这一理论对汉语义位系统进行了系统研究。

④ 也称为语义类型(semantic type)或选择限制(selectional restriction)。

语义场这一概念由德国学者 G. Ipsen（伊普森）提出，另一位德国学者 J. Trier（特里尔）提出了相对系统的语义场理论。语义场是词义形成的系统，它是基于概念的关系场。20 世纪 50 年代以后，语义场理论研究已经与整个现代语义学、义素分析法联系起来。结构主义语义学家认为语义场理论是其主要成就。语义场理论是在研究语词的分类系统（Taxonolny），主要涉及词的纵聚合方面，较少考虑词项的横组合方面的联系（张建理，2003：112-117）。

Fillmore（1985，1992）对比了框架语义学与语义场理论。语义场理论指出词汇的意义是相对于同一场中的其他词汇而定义的。语义场理论认为一个概念的确立依赖于相邻的概念，而框架语义理论用框架取代了相邻概念的地位，把语义场理论从对相邻概念的依赖关系中解脱出来。

20 世纪 70 年代，美国人 Shank（杉克）提出概念依存理论[①]用以描述自然语言中短语和句子的意义，被认为是对传统自然语言理解模型的挑战。其最大的特点是认为各种语言的语义结构是相同的，应该用抽象概念（即语义原语）进行概念的依存分析而非句法成分（词、短语）分析来表达句义和言语义。[②]该理论将对人的行为刻画分为三个层次，即计划、脚本（script）和概念依存层，[③]它综合运用语言学和外部世界知识，推行句法、语义、推理相互融合一体化，效率较高。在此模型基础上设计出的 MARGIE（Meaning Analysis，Response Generaeion and Inference of English）、FRUMP（Fast Reading Understanding and Memory Program）和 IPP（Integrated Partial Parser）

[①] 黄曾阳的 HNC 理论以此作为设计思想来源，参见苗传江. HNC(概念层次网络理论导论) [M]. 北京: 清华大学出版社, 2005: 23

[②] Shank R C. Conceptual dependency: A theory of natrral language processing[J]. Cognitive Psychology, 1972,3:532-631.以及 Shank R C,Reisbeck C K. Scripts, Plans, Goals and understanding[M]. New York: Lawre-nce Relbaum, Hillsdale, 1977.

[③] 计划是人们要完成一件事，事先进行的适当安排。计划中的每一步就是一个脚本，主要用以描写人物在常见场景或场合中采取的一些基本而固定的成套动作。概念依存层规定了一组相当于原语或中间语言的动作基元，它们是核心概念，支配主体、客体、时间、地点等附属概念，从而形成一种依存关系。其他动作由这些动作基元合成，用以表示复杂行为。

作为自然语言理解，特别是故事理解的著名系统，使得概念依存理论在语言信息处理中产生重大影响。其局限之处在于完备性尚有欠缺，没有基于本体，也没有定量控制方法；基元的确定上仍有问题；许多推理未密切结合基元。[①]

从知识表示方面看，框架是一种通用的结构；而脚本形式比框架形式应用范围窄，对某些专门知识（如理解故事情节等）更为有效。从语义分析来看，概念依存理论和框架语义学形成了各自的语义分析模型，即概念依存模型和核心依存模型。概念依存只分析句子的骨干意义，显得精确性较差，但仅用 11 个行为原语就描述所有动作，概括程度很高。概念依存理论最有意义的方面之一就是将句子中的隐含语义部分表面化，利用那些基本动作来推理，从而达到对语言的自动理解（刘开瑛，1991：50-62）。概念依存指向概念，而核心依存则是指向概念的词语，其实是概念依存的词汇化。它们既相互关联，有各有优劣势。核心依存兼顾了概念和词语双方，对孤立语，如汉语的语义处理可能更为适合（由丽萍，范开泰，刘开瑛，2005：61-62）。

配价语法研究对语义问题也非常关注，是许多语言信息处理形式模型的理论基础（冯志伟，2010：275）。一般认为，配价语法的创始人是法国语言学家 Lucien Tesnière（泰斯尼耶尔），他在其著作 *Element de Syntaxe strcturale*（结构句法基础）中对配价语法理论作了系统的论述。配价也称为“价”，是源自化学的概念，在语言学中指动词（或形容词、名词）支配它类词（或短语、句子）的能力。配价语法即以词语的配价能力为构句的理论基础为形成的语法理论。其理论基点是“谓语动词中心论”，认为句子是以谓语动词为中心关联其他成分而构成的，它研究以动词为中心构句时由深层语义结构映现为表层句法结构的状况和条件、动词与名词之间的同现关系，这就必然涉及对句子语义结构的研究。配价在 20 世纪 50 年代开始在法国和前苏联等国

① http://people.cs.pitt.edu/~wiebe/courses/CS3730/Spring 2013/cd.pdf

家的语言学界使用开来。法国语言学家比较注重句法配价的研究，尤其是以词典或语料库的形式来反映对动词的配价信息的描写。60 年代起，德国学者将配价语法引入德语研究，取得了引人瞩目的成就，代表人物有 G.Helbig（赫尔比希）、U.Engel（恩格）、H.Schumacher（舒马赫）等。配价语法受到了在德国、捷克、中国等国家的自然语言处理研究者的欢迎和重视，一些应用系统应运而生。

20 世纪 80-90 年代，配价理论的引进推动了国内相关研究，热点主要集中在配价的性质、确定配价的原则和方法、汉语动词的价类及动词性结构的配价等方面。范晓（1991，1995）较全面地对汉语动词的配价状况进行了研究，给出了三种价类的动词构句时的语义配置式，提出了构建汉语句子语义结构系统即句模系统的设想；袁毓林（2010） 把动词的价分化为一个由“联”“项”“位”“元”四个层面构成的配价层级，即把动词的价数描写为一种配套的、有内在秩序的数字结构，如“买”是五联四项三位二元动词，这样将动词共分成约 42 小类；陈昌来（2002）根据配价给谓词性词语（动词和形容词）分类。此外，吴为章（1982）、张国宪（1995）、沈阳（1995，2000）、刘丹青（1987）、谭景春（1992）、朱晓亚（2001）、徐峰（2004）等在这方面做了有益的探索和研究，他们在探讨某一类动词的配价问题时都讨论了语义配置式，从不同的局部构建了汉语句子的语义结构。作为一种词的句法-语义理论，配价语法对于动词分类研究也给予了极大关注，而其研究成果对于框架体系构建十分必要。

尽管这些研究不直接面向语言信息处理，但在语料搜集、语义范畴确立及描述方面有值得借鉴之处，对于语义知识库构建中的体系设计有一定参考价值。面向语言信息处理的相关研究主要有刘海涛（2009），全面地讨论了依存语法的形式化方法和句法分析算法，提出了“概率配价模式”，对依存树中的支配和被支配关系进行定性描述，并定量地计算出依存关系的强度。配价语法理论的引进对汉语句子语义结构的研究也是一个很大的促进。

我们也应认识到，由于配价现象的复杂性，其理论分歧始终存在，至今尚没有一种简便易行、可操作性强，且涵盖面广、适应全部相关的语言现象的配价研究方法。配价研究只有在详细地调查语言事实，充分地占有分析材料，对每一个词语的配价情况作个案研究的基础上才能有新的认识。并且，也只有结合格语法、生成语法、系统功能语法等有关理论和方法，才能推动配价语法向更高的层次迈进（袁毓林，2010：110-111）。

配价的思想对框架语义学有很大影响。Fillmore 可以说是跟 Tesnière 的理论关系最为密切的美国语言学家。他在 *The Case for Case*（“格”辨）[①]中公开承认自己的理论与 Tesnière 的具有相似性。Fillmore 本人对配价的意义理解得非常深刻，他评价了 Tesnière 有关动词和小戏的比喻，这种对动词小戏的认识一定程度上也推动了框架语义学的产生。

框架概括了某类动词的特殊意义。FrameNet 将词元纳入到各种框架下，同一框架不但共享一个结构，而且具有相同的与框架有关的语义角色。这和配价词表描写格式可以对应起来。框架可以视为一种子类动词具有的配价模式（刘海涛，2009：67），是一种广义的配价。

配价语法中的配价成分、论元结构理论中的论元，都是体词性成分，附加语（adjunt）或称修饰语（modifier）并不充当语义角色，但是，在 FrameNet 语义知识库中，框架元素没有这种句法限制，只要是框架承担词的从属成分，无论是体词性成分还是副词、形容词等修饰成分，都充当一定的框架元素，例如，在 Motion（位移）框架中，核心框架元素 Direction（方向）可以用副词 away 表达。

Fillmore 于 1966 年发表了 *Toward a Modern Theory of case*（关于现代的格理论），1968 年发表了 *The Case for Case*（“格”辨），1971 年发表了 *Some problems for case Grammar*（格语法的某些问题），

[①] Fillmore (1968)，汉语译本为《“格”辨》(胡明扬译)。

1977年发表了 *The case for case Reopend* （再论“格”辩），这些论文形成了格语法[1]这一语法学派。它实际上是生成转换语法发展出来的一个分支，成为转换生成语法之后美国语言学界比较有代表性的流派（冯志伟，1999：308-323）。

传统语法把句子分为主语、谓语、宾语等成分，但是这些标签不能体现各成分的语义特征。事实上，在语义关系上异质的名词成分常常都能做主语，并且这些成分之间的关系也没有得到体现。为了解决这一问题，生成语法（Generative Grammar）提出了表层结构和深层结构，其中深层结构是短语结构规则在插入词汇之后的结构表征，后来主张深层结构取决于动词的子范畴化框架和语义的选择性限制，但对于各名词成分之间的语义关系，生成语法没有给予应有的关注（刘宇红，2011：5-9）。

要克服传统语法和生成语法的不足，Fillmore 认为最好的办法是关注“人们对身边所发生的事件的判断，如判断谁是做事者，针对谁做了事，做事后产生了什么变化”。[2] Fillmore 赋予了传统语法中的“格”（case）[3]概念以新的涵义，用这个术语来指在深层结构中的句法语义关系，又称语义格（semantic case）或深层格（deep case）。语义格的功能在理论上具有普适性，适用于各种自然语言，与传统语言学中的表层格同名异实。具体来说，语义格是和谓词（汉语中包含动词和形容词）有及物性关系的体词（包含名词、代词）或体词性结构。格关系就是谓词和格之间的深层的复杂语义关系，可以利用它对表层结构进行推断。（林杏光等，1994：4） Fillmore 认为每个名词

---

[1] 其基本的三条规则为：（1）S→M+P，即每个句子都由情态 M(modality)和命题 P(proposition)两部分构成。情态 M 是与句子全局有关的决定要素，包括句式(祈使、否定、疑问等)、时态(过去、现在、将来等)、体态(进行体、完成体等)、语态(主动、被动等)以及助动词等；命题 P 是格语法分析的中心；（2） $P \to V+C_1+C_2+\ldots+C_n$，命题 P 的基础结构是由一个谓语动词 V(verb)搭配 n 个与其有语义结构关系的名词格 C(case)；（3）C→K+NP，每个格都包含一个格标 K(casemarker)和一个名词短语 NP。

[2] Fillmore, Charles. The case for case. In Emmon Bach and Robert Harms, Universals in Linguistic Theory. New York: Holt-Rinehart-Winston. 1968: 24.

[3] 传统语言学中的一种语法范畴，也叫“词格”，简称为“格”。这种格是表层格，即句法格，是某些屈折语的特有现象，指屈折语中名词和代词的形态变化，表示这些词在句子中跟其他词的关系。

短语（包括单个的名词和代词）在深层结构中都有一定的格，这些格经过适当的转换之后，才在表层结构中成为主语、宾语、介词短语等。在名词有形态变化的语言中，就变为不同形式的名词表层格（冯志伟，1999：309）。表层结构虽然各不相同，但各名词成分之间的格关系是不变的。

20 世纪 70 年代中期以后，格语法的发展进入了第二阶段。第二阶段的格语法主要做了如下修改：Fillmore 把第一阶段表示格角色的结构叫做底层结构，底层结构由格角色构成，经过转换就得到表层结构；而在第二阶段，由格角色构成的底层结构，在转换之前还必须经过深层主语和深层宾语等语法关系的分配，从而得到深层结构，深层结构进入转换部分，经过转换得到表层结构。这样一来，每个句子就有格角色和语法关系两个分析平面，它们把句子和句子所描述的事件联系起来，解释句子的语义和句法现象。

Fillmore 提出，句子描述的是场景，场景中各参与者承担格角色，构成句子的底层结构。底层结构经过“透视域”的选择，一部分参与者进入透视域，成为句子的核心成分，每个核心成分根据突显等级体系确定其语法关系，其他的参与者不一定能进入句子，即使它们出现在句子中，也只能成为外围成分。

场景是语言之外的真实世界，如物体、事件、状态、行为、变化，以及人们对真实世界的记忆、感觉、知觉等。语言中的每一个词、短语、句子都是对场景的描述。语义联系着场景，但是场景并不等于语义，场景必须通过语言使用者的透视才能进入语言，才能与语义发生联系。我们说出每一个句子或者每一段话语，都有一个特定的透视域。在一段话语的任何一个地方，我们都是从一个特殊的透视域去考虑一个场景，当整个场景都在考虑之中的时候，我们一般只是注意场景的某一部分。进入透视域的成分成为句子的核心成分。每一个核心成分在深层结构都有一种语法关系，担任句子的主语或直接宾语。没有进入透视域的成分不一定出现在句子中，即使出现的话，也只是作为句子的外围成分。外围成分通常由介词、状语或者小句引入。

格语法中的深层格具有普遍性，适用于描写各种自然语言的语句。一旦用格语法对句子结构进行了格的描写，就能对句子的表层关系和性质做出各种推断，例如，推断主语是什么，能否形成一个主谓结构，如何安排句子中的词序等等。

动词的语义角色必须在动词的词典条目中列出，从潜在的概念结构是不能预测的。根据这些事实，许多研究者认为，在自然语言处理系统的词典中，需要分别列出每个动词的句法和语义组合的可能性，不能仅靠句法功能和语义关系之间的对应、进行简单的逻辑推理来解决语义分析问题，而动词的句法和语义组合的可能性应该通过“框架”（frame）来描述（冯志伟，2006：1）。

格语法对词汇语义研究产生过积极的影响，其意义在于开启了句法语义的系统研究。按照格语法的论述，一个语句所含所有格关系组合成为一个格框架，通过动词的深层格框架可以进行分类。与同时期Vendler （文德勒）关于动词分类的研究相比，格语法代表了一种更为精细化的研究方向，也因此推动了动词配价研究(陈忠平，白解红，2011：665-675.）。格语法跟配价语法有着密切的关系：一个动词所能带的格的数目正是配价语法着力研究的主题，而一个动词所能带的从属名词的语义角色正是格语法着力研究的主题。想要全面而深刻地揭示句法结构跟语义表达间的关系就不可偏废这两方面的任何一方（袁毓林，2010：32）。

格语法提出后，受到了各国语言学界的重视，尤其是在语言信息处理和人工智能领域的研究中，引起了广泛的关注，并取得了一定的应用效果，是语言信息处理重要的基础理论。格语法理论拓展了人们的视野，对语法研究和计算语言学研究产生了重要影响，但它却存在着难以克服的缺陷：

（1）没有列出具有高度概括性的语义格清单；

（2）某些句法成分的语义格身份难以确定；

（3）格语法对语义角色和句法成分之间关系的研究尚缺乏完备性，对句子主语、宾语更为重视，而对其他成分关注较少，甚至仅将其归为“情态”即止（陶明忠，马玉蕾，2008：36）。

随着Fillmore格语法的引进，海内外汉语研究者开始运用格语法理论对汉语句子的语义结构进行系统地分析。海外方面，李英哲（1971）最早研究汉语语义格，他在汉语中发现了Fillmore早期格理论中的九个格。汤廷池、邓守信进一步发展了汉语中的“格”。国内方面，鲁川（1987，2010）[①]和林杏光（1994）对汉语格系统给予了最多关注和研究。其主要观点是：（1）语义格是句子语义结构的组成成分；（2）语义格系统是有层级性的；（3）介词是格的重要标志；（4）语义格的划分与动词密切相关。特别是《动词大词典》把1000多个汉语常用动词（3000多义项）分成六大类，将22个语义格分成两大类、七要素、三个层次的格系统，全面描写了每个动词跟语义格的搭配情况，并总结出动词和必需格构成的三大类、九中类、五十三小类格框架以及扩展式的情况，将汉语格关系的研究落到了实处，勾勒出了汉语句子语义结构的概貌。陈昌来（2002）对语义成分的全面探索进一步深化了对汉语句子语义结构的研究。此外，方文惠（1987）、石安石（1993）、黄锦章（1997）、贾彦德（2001）等对汉语的格系统及格关系等问题进行了较充分的研究。

格系统的构建以及句子语义结构研究对于非英语的语种新建框架网络具有一定的参考价值。

自20世纪80年代中期以来，Fillmore和同事PaulKay携手致力于构式语法的研究。语言学家把Fillmore和Kay等人在1988年发表的论文“语法构式的规则性与习语性：关于let alone的分析”提出Construction Grammar概念，被看作是构式语法研究的开端。该文认

[①] 鲁川(2010)根据谓词性词语自身的性质和语义角色搭配特点，把现代汉语谓词性词语分为7大26小类：将语义角色按照其在场景中的核心程度分为“参与”和“情境”两大类，进一步将“参与”分为“主体、客体、邻体、系体”4大类13小类，“情景”分为“情节、状况、环境”3大类13小类。

为一个富有解释性的语法模式将包括一套原则，藉此原则，一种语言能够把语义、语用解释原则跟句法构型单位（configurations）联系起来，这样的单位比单一的句法结构规则方式所能确定的单位更大、更复杂。因此，Fillmore 等以习语为突破口，正式开启了构式语法的研究（陈满华，2009：1）。

构式语法理论在进一步探索影响句义的因素，探索句义组成，扩大语法研究的视野，开拓“句式”研究的新领域方面具有重要的学术价值。但与此同时，有些学者对构式语法提出质疑，认为构式语法只是提出了一种新的想法和为了说明这些想法而具体描述了几个特殊的实例（陆俭明，2008：142-151），离“构建一个构式的网状系统”的目标还相去甚远。再者，对词汇语义和标记性构式的研究，由于它的具体性和复杂性，也必将是一个漫长而浩大的工程。

目前来看汉语构式语法研究成果与我们的框架网络研究联系还不密切，本书暂不赘述。

二、框架语义学的特点与优势

框架语义学具有完备的体系、经验主义语义学的性质以及认知机制的背景，是一种直接面向应用的、有效的知识表示形式。本节将对框架语义学的上述特点和优势进行分析和阐述。

（一）完备的体系性

框架语义学一贯关注词汇语义研究，自开创以来，在 Fillmore 及其研究团队的不懈努力下至今已有三十多年历史。框架语义学的发展历程脉络清晰、阶段分明、与时俱进、体系完备，作为其研究背景的有格语法，作为其发展的有构式语法。本章第一节对 Fillmore 框架语义研究文献的综述也体现了该特点。本小节将通过格语法、框架语义学和构式语法的关系来论证其完备的体系性。

从确立时间上看，Fillmore 于 20 世纪 60 年代末提出格语法，70

年代中后期形成框架语义学思想，到80年代中后期提出了构式语法，前后近20年。格语法、框架语义学和构式语法具有一脉相承的关系。

从语法派别来看，虽然框架语义学由格语法发展而来，但格语法是演绎性的，主要研究句子的生成，属于生成语法派别之一；框架语义学主要研究人根据概念结构理解句中词汇语义项的过程，关注语义结构知识描写方法，是归纳性的，属于认知语言学派别之一。而20世纪80年代末Fillmore及同事提出的构式语法也是源于“框架语义学”的认知语言学分支派别之一（张焕香，高平，2011：89-94）。

从研究内容演进上看，一方面，从格语法到框架语义学以及到FrameNet，Fillmore始终坚持谓词逻辑语义分析法。陶明忠、马玉蕾（2008：35）认为框架语义学是格语法的系统化、具体化，是格语法发展的第三个阶段。这主要是因为Fillmore的语言理论在格语法之后发生了重要的认知转向，将研究重心转为对概念结构和句法-语义映射关系的描写，即将格体系重新以“概念框架”来理解，对传统语法和生成语法在词汇语义与句法关系上的理解进行了实质性的修正，解决了前期格语法存在的缺陷。

主要改进有：从格语法到框架语义学，语义理解的单位变为网状连接的认知框架；语义关系皆由语料库归纳而来；动词语义角色的数量倍增，命名细化。例如produce的框架元素有制造者（manufacturer）、产品（product）等。

具体而言，Fillmore早期提出的格语法，确立了动词和名词间的组配关系，有着积极的意义。他早期提出16个语义格[①]，后来虽有所发展，但语义格的数目却无法固定，且经常变化。此后，学者们长时间探究格的数目，至今未达成一致意见（周岭顺，2012：28-31）。

Fillmore发现传统语法和生成语法在词汇语义与句法关系上的理

[①] 这16个格是：施事格、工具格、与格、使役格（使成格）、处所格、客体格（受事格）、经验格（感受格）、来源格（源点格）、受益格、终点格、范围格、时间格、行径格、伴随格、永存格、转变格。也有认为是13个格的，如冯志伟（2006）。

解需要实质性的修正，可以归结为重新引进作为“概念框架”来理解的格的体系（刘宇红，2011：5-9）。Fillmore 从格语法进入框架语义学，将意义的理解置于一个个认知框架中，并使这些框架（场景）连接成为一个巨大的网络。相较于格语法，框架语义学将考察单位从句子扩大到了篇章；同时，对动词的论旨角色进行了细化：有些角色名称只对一个小词族适用。如对动词 produce 的论旨角色的描述，用制造者（manufacturer）和产品（product）来表示，更加突出个性。Fillmore 个人的历史联系，格语法中的“格框架”加上连接规则；来自 FN 标注的配价模式。格语法采用的是一个固定的全覆盖的底层格（又名题元角色），而 FrameNet 语义关系的集合完全是从语料中归纳出来的，这样就不会把时间浪费在不断调整标准格清单去包容新的关系上了。

另一方面，构式语法最初由格语法演变而来，同时与框架语义学具有内在联系，与 FrameNet 工程互相推动（陆俭明，2008：142-151）。框架语义学和基于体验的语言研究方法对构式语法的产生具有重要影响，为解决框架语义学在语义角色句法实现的机制问题上描写充分但解释不足的问题指明了方向（Adele E. Goldberg 著，吴海波译，2007：6）。可以说，构式语法与框架语义学具有相辅相成的关系。

构式语法是在认知语法等理论批判 Chomsky 语言理论的过程中孕育出来的。一般期间经历了几个发展阶段，出现了不同的研究理论，从以“动词为中心”的格语法，发展到将“形式和意义相结合”的构式语法，每一理论基本上是对前面理论的发展和深入。

在 Fillmore 的理论建构中，格语法、框架语义学和构式语法作为三种不同的理论在对语言事实的描写和解释上体现了不断完善和不断更新的过程，可以看出三种理论是一脉相承的（刘宇红，2011：5-9）。

（二）有效的知识表示形式

框架思想的发展过程：

Fillmore 框架[①]思想的发展大体经历了如下几个时期：

从 20 世纪 50 年代末研究生时代开始，Fillmore 就提出了使用词语串或词类串作为“框架”去发现英语词语分布类的设想；

1968 年 Fillmore 根据谓词逻辑分析原理提出“格语法”，构建了格框架系统；

20 世纪 60 年代后期 Fillmore 提出“图式化场景”思想；1971 年起 Fillmore 试图制作意义框架，这一观点在 1975 年至 1977 年得到进一步发展，体现在二期格语法理论中（杨成凯，1986）；研究过程中他发现语言中句法功能和语义结构之间的对应关系因词汇而不同，于是着手针对具体单词来对该对应关系进行具体描述，从而构建起描述句法和语义结构的框架，1982 年提出的框架语义学标志其框架理论最终形成。借助“框架”概念，Fillmore（1976，1977，1982，1985）在格语法基础上提出了框架语义学（frame semantics），并进一步开始构建 FrameNet。

Fillmore 的框架思想与图式思想本质上是一致的。“框架”这个术语可以涵盖一系列概念的内容，例如“场景”（scene）、“图式”（schema）、“脚本”（script）、“情境”（scenario）、“认知模式”（cognitive model）、“观念框架”（ideational scaffolding）、“民俗理论”（folk theory）等。

其中，1975 年美国著名人工智能学者 Minsky 提出了框架理论（Frame theory），该理论对框架语义学的形成产生了重要影响，成为推动 Fillmore 框架转型的理论条件。从认知属性方面看，框架可以被视作一种信息结构或信息网络，由各种节点和节点之间的关系组成，节点所含的信息是框架中的默认项，它们之间相互联结，共同表征场景中的常规信息（Minsky，1975: 212）。

[①] “框架”有不同的称谓，可参看 Fillmore(1977, 1982, 1985)和 Petruck(1996)等众多文献。

作为一种数据结构，框架在人工智能中是用以描述对象属性、充当知识表示基本单元。将一组通过属性关联起来的框架连接起来可以形成框架网络，由于其在结构性知识表示方面能够有效减少冗余、确保一致，具有良好的继承性，因此一定程度上可以用于新知识的推论；在对于过程性知识的表示方面，框架方法尚存在不足通常要与其他表示方法配合使用（年志刚等，2007：234-236）。

框架的一般形式如下：

<槽名 A：{ 侧面名 A_1：值 A_{11}，值 A_{12}, 值 A_{13}...

<约束：约束条件 A_1>

侧面名 A_2：值 A_{21}，值 A_{22}，值 A_{23}...

<约束： 约束条件 A_2>

...

侧面名 An：值 An_1，值 An_2，值 An_3...

<约束： 约束条件 An>}

{槽名 B：{ 侧面名 B_1：值 B_{11}，值 B_{12}，值 B_{13}...

<约束： 约束条件 B_1>

侧面名 B_2：值 B_{21}，值 B_{22}，值 B_{23}...

<约束： 约束条件 B_2>

...

侧面名 Bn：值 Bn_1，值 B_{n2}，值 B_{n3}...

<约束：约束条件 Bn>}

...

槽名 n：{ … }}

框架主要由被称作“槽”的结构组成，每一个槽有若干侧面，用以描述对象属性；每个侧面有一定数量的侧面值，用于描述相应属性的某个方面，每个方面都具有约束条件。

总而言之，Fillmore 的框架反映大脑中的概念结构，用以描写语言意义的概念，通过形式化词语分析来表示句法-语义关系，用于激活框架概念的语境包括一些相关的实体、行为模式或者一些社会制度背景，是组织词汇语义知识的基本手段之一；其特点在于“框架以图式化的方式对‘现实世界的知识’进行编码；词语唤起相应的框架，或例示特定的框架元素”（Lowe，John B.,et al，1997: 18-24）。

在语义知识表示模型方面，Fillmore 还提出了核心依存图（KDG）作为特定框架的图形表征。每个 KDG 都包含一个“控制项”（governor）以及其所支配的“依存项”（dependents），每个依存项所对应的框架元素名称都做了标注（由丽萍等，2005：61-62）。“核心”指句中的每一个目标词元（即框架支撑词）；控制项指句中包括动词、事件名词和形容词在内的所有表达陈述性语义的词语；依存项是每个控制项激活的框架所包含的框架元素。

（三）　经验主义语义学性质

框架语义学用经验主义方法探寻语言与人类经验（包括词语意义和句法结构意义、世界知识和语言知识）之间的紧密关联及描述其关联架构的可行方法，属于经验语义学范畴。

框架语义学认为，词语代表了经验的分类，即范畴化，范畴中的每一个词语背后都有一定的基于知识和经验的激活性情境。其研究揭示，一个语言社团创造了由词所代表的范畴以及创造了范畴来对词义进行描写（Fillmore，1982: 111-137）。

框架由一组相互关联的概念和概念组成。作为一个概念结构系统，框架为词在语言及言语中的存在和使用提供背景和动因，是理解词语意义的先决条件；词语意义通过框架呈现出来，根据它所激活的框架得以描写，进入语句后，按照一定的原则，选择和突出框架的某些方面（Fillmore，1982: 111-137）（潘艳艳，2003：14-18）。

框架语义学与形式语义学强调语言与经验之间的非连续性不同，它出自经验主义语言学传统，认为语言与经验之间具有连续性（continuities），是“先于形式化”（pre-formal），而不是“非形式化”（non-formalist）（周领顺，2012：28-31）。

尽管格语法和框架语义学都对语言共性进行研究，但 Fillmore 早期理论中对语义格的定义是句法驱动的（syntax-driven），即由动词与名词间的关系驱动。框架语义学认为语义框架是比格框架“深度”更大的理论模式，由知识驱动（knowledge-driven）或经验驱动（experience-driven）。根据句法关系所定义的语义格普适性较弱，而根据人类经验定义的语义框架具有更广泛的适应性。就方法论而言，框架语义学时期的 Fillmore 已从心智主义转向经验主义（陶明忠，马玉蕾，2008：35-42）。

（四） 认知机制背景

框架语义学是认知语言学的有机组成部分之一。20 世纪 70 年代起，随着认知心理学和人工智能科学的兴起，不少学者开始使用框架、图式等概念来研究知识表征。在此背景下，Fillmore 开始关注语言的意义及其理解问题，并将语言系统与场景、框架等概念联系起来，逐步创立框架语义学，进一步明确了其语言研究的认知导向。

Fillmore 对框架概念的认识和定义从格框架、语言框架到认知框架不断深入，各阶段框架的特点和属性不尽相同。作为概念工具和语言解释工具的框架具有认知语义属性，框架语义学将语言根植于人的生活体验之中，强调框架经验认知与语义解释功能，利用认知框架解释词义乃至语篇意义，为语言的理解提供了有机而全面的概念内容，是推动认知语言学尤其是认知语义学发展的先驱力量（陶明忠，马玉蕾，2008：35-42）。框架语义学与认知学科的关系可以表示如下（俞晶荷，2005：8）：

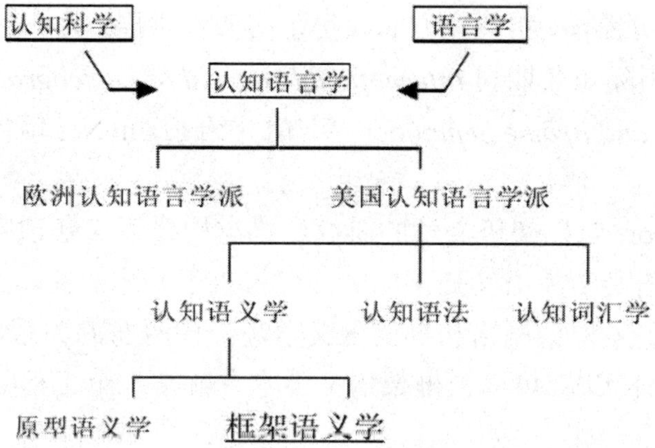

图 2-1　框架语义学与认知学科关系

框架语义学和其他认知语言学的理论模式一样重视使用中的语言（language in use），重视义形和语符的关系，重视人类经验的概念语义，强调格式塔（Gestalt）心理整体性的作用。语义框架是一系列的图式推理结构，将人类经验知识和语言结构相结合，为词在语言中的存在及话语的使用提供了背景和动力。因此，Fillmore 将框架语义作为一种理解语义（semantics of understanding）和人类认知构建的一种手段，认为语言交际中仅靠抽象的词典释义无法完成言语理解，受话者可以通过自身包含丰富百科知识的语义框架来理解言语。

作为人类认知构建的一种手段，框架为词在语言中的存在及话语的使用提供了背景和动力。框架将我们的经验知识和语言结构结合起来。一个语义框架是一系列的图式推理结构，通过语言常规同词项相连。

（五）　直接面向应用

FrameNet 项目是框架语义学的一个具体实现，是 Fillmore 及其团队为解决框架语义理论可操作性问题而做出的成果。该项目得到美国国家科学基金（NSF）持续多年的资助，从一个侧面证明框架语义学已经在可操作、实用化方面取得了实质性进展。另一个证明是2003年9月，国际知名期刊*International Journal of Lexicography*开辟专刊*FrameNet and Frame Semantics*，专门介绍FrameNet项目和框架语义学。

Fillmore对框架语义学的研究始终与构建语义知识库实践紧密结合。框架语义学为语义知识库的构建提供了基本思路，又在实践中不断得到修正。框架网络和框架语义学是一体两面的关系，是对框架语义学的具体实践。可以说框架语义学本身就是一个工程（Petruck，1996: 1-8）。

随着FrameNet项目在不同语言中的应用，框架语义学理论价值也将不断凸显，这种价值不仅体现在对语言研究、外语教学、词典编纂的重要指导意义方面，更体现在信息抽取、机器翻译等NLP领域的重要实践价值上面。

第三节　FrameNet述评

本节将对一些相关语义知识工程进行概述，并在此基础上分析FrameNet研究发展的特点与优势。

一、相关语义知识工程构建及应用现状

语义知识库构建的主要任务是面向自然语言理解收集、存储和表示各种词语以及概念的词法、句法、语义关系、背景常识等知识。近年来，顺应语义网的发展趋势，基于语义知识库进行的语义检索等研究层出不穷，作为基础资源的大规模语义知识库构建研究也日益受到重视。近年来出现的一些大型的语义知识工程为解决语言信息处理中的语义问题奠定了坚实基础。

工程实践方面主要是研究和构建作为基础资源的大规模语义知识库，国外有 WordNet、MindNet、VerbNet 等，国内有“知网”

（HowNet）、“概念层次网络”（Hierachical Network of Concepts，HNC）知识库、中英双语知识本体词网（Sinica BOW）等。这些研究在语义的处理上取得了一定的进展，但语义问题还依然存在（冯志伟，2010：355）。

WordNet[①]是由 Princeton 大学认知科学实验室 George A.Miller 等人以心理语言学为基础开发的一个语言知识本体，是目前应用最为广泛的语义知识库之一，可以为语言信息处理中的语义分析提供丰富的词汇语义信息。FrameNet 中同一个词元涵盖有各种词类、短语或熟语、近义词或反义词，并未针对词元间关系加以专门整理。利用 WordNet 资源可以明确词元之间的关系，例如同义关系、对义关系、反义关系、上下位关系、部整关系等等。

MindNet[②]是由 Richardson 等人通过在线词典自动获取语义知识构建。他们定义了 24 种语义关系，以朗文当代英语词典和美国传统词典中的词汇释义或例句作为语言概念知识及语义关系来源，利用开发的自然语言的广域分析器（broad-coverage parser）进行构建。目前，MindNet 开始面向多语种进行研究和开发。

VerbNet[③]是由美国宾西法尼亚大学的 Kipper Karin 从 2005 年开始构建的一部在线动词词典。VerbNet-wn 版本有 5200 个动词，分布于 237 个顶层类中，设计了 194 个新增子类，使用 36 个可选择性限制集合限制 23 个题元角色，在句法及语义描述层面，使用 357 个句法框架和 94 个语义谓词（贾君枝，董刚，2007：1683）。VerbNet 旨在在动词句法和语义之间建立起有效的连接，但其研究并未基于语料库数据，对动词之间复杂关系的表示尚有不足（袁毓林，2008：3-15）。

在汉语知识库的建设方面，国内出现了一些具有代表性的语义词典和语义网络工程。

语义词典方面：北京大学计算语言研究所、哈尔滨工业大学信息

---

① http://www.cogsci.princeton.edu/~wn/
② http://research.microsoft.com/en-us/projects/mindnet/
③ http://verbs.colorado.edu/~mpalmer/projects/verbnet.html

检索实验室和台湾中央研究院三家研究机构构建了一系列语义词典，被广泛地应用到多个 NLP 领域。

北京大学计算语言研究所俞士汶等人构建了“现代汉语语法信息词典”、“现代汉语语义词典”、“中文概念词典”等一系列的语义词典。[①]

梅家驹等人在 1983 年编纂了第一部汉语语义词典《同义词词林》。该词典在建立词义分类体系的过程中，参考了英国《洛氏分类词汇》、日本的《分类词汇表》、德国的《杜登词典》以及苏联的《俄语同义词典》等。近年来，汉语新词不断涌现，哈尔滨工业大学信息检索实验室根据汉语语言发展特点构建了一部新《同义词词林》（扩展版）。该词典具有汉语大词表性质，其分类体系的一大特点是在语义分类基础上对题材的集中。全书采用五级编码体系，将词语分为大、中、小类三级，共分 12 个大类，94 个中类[②]，1428 个小类，小类下再以同义原则划分词群，每一词群以一标题词立目，共 3925 个标题词，共含 77343 条词语，包含更为丰富的语义信息。

台湾中央研究院研发了中英双语语义知识库“中英双语知识本体词网”（Sinica BOW）。[③]该知识库以 WordNet 作为基础，使用台湾地区中文语料，搭配领域本体以及建议上层共享知识本体（Suggested Upper Merged Ontology，SUMO）链接了领域词汇库和领域知识本体（张如莹，黄居仁，2004：2-3）。

语义网络工程方面：HNC 理论[④]是关于自然语言理解和处理的一个理论体系，以概念联想脉络为主线，试图建立一种模拟大脑语言感知过程的自然语言表述模式和计算机理解处理模式（苗传江，2005）。HNC 知识库系统由概念知识库、映射知识库和反映射知识库构成。

---

① http://icl.pku.edu.cn/icl_res/

② 如其第一级大类“H 活动”下包含 14 类中类：Ha 政治活动、Hb 军事活动、Hc 行政管理、Hd 生产、He 经济活动、Hf 交通运输、Hg 教卫科研、Hh 文体活动、Hi 社交、Hj 生活、Hk 宗教活动、Hl 迷信活动、Hm 公安&司法、Hn 恶行。

③ http://bow.ling.sinica.edu.tw/

④ http://hackchi.com/hnc/books/hnc/book2072.htm

HowNet[①]由中国科学院董振东等人构建，在国内汉语语义知识库中影响力较大。其描述对象为汉语和英语词汇所代表的概念，构建目标为揭示概念之间以及概念属性之间的关系。“概念”、“义原”是HowNet 中最主要的两个概念，所有的“基本义原”组成了一个树状结构的义原层级体系。该知识库已成为汉语、英语语言信息处理研究的重要知识资源，在信息检索、信息抽取、文本分类、语义相似度计算等领域得到广泛应用。

我国在语义知识库多语化发展方面也有许多成果。根据搜集的资料，目前已经有俄语、朝鲜语/韩国语、蒙古语、维吾尔语、藏语等语种建成或在建语义知识库。

俄语语义自动分析、词汇语义知识库构建研究方面，“俄语动词性句子语义结构描写的原则”、“一种基于语义词典的俄语文本自动语义分析技术 SemLP”（易绵竹，1994，2006）以及“俄语词汇知识库在 NLP 中的运作机制”（傅兴尚，2002）都有较为深入的研究。

毕玉德（2005）采用理性主义和经验主义相结合的研究方法，着力研究韩国语动词语义组合关系，探索了符合韩国语语言现实的语义角色系统和动词语义分类体系，通过句法描写语义的技术路线，采用“结构体”方式构建了韩国语句法语义知识库（KSSKB）。“面向信息处理的朝鲜语动词句法语义信息词典的构建”项目得到了国家自然科学基金资助（编号：60673036）。

蒙古语语言知识库建设方面的文献主要是“蒙古语语言知识库的建立与应用”（那顺乌日图，2011）。

国外语义工程的汉语本地化成果方面：汉语框架网络（Chinese FrameNet，CFN）始于 2004 年，是山西大学主持的重要的本地化语义工程之一。该项工程参照 FrameNet 翻译整合或重新构建适合汉语词汇语义内容的框架，定义其框架元素以及框架与框架关系，基于汉

① http://www.keenage.com/

语真实语料对每个框架的例句进行框架语义标注；该工程具有突出的面向领域特点，着重对认知语义和法律、旅游等应用领域进行了较为系统的语义知识描述（刘开瑛，2011：46-52）。

阿里甫·库尔班等（2010，2013）针对维吾尔语框架网络构建设计了框架语义文档的树型结构，对维吾尔语框架元素、短语类型和语法功能的标注符号集的制订和规范化进行了研究。

多杰卓玛（2010，2012）以消息域为研究对象探讨了藏语框架网络的框架描述方式及框架层级关系设计。

从构建时间、规模、理论基础及构建方式上看，以上语义词典或语义知识库各有不同。这些研究成果为框架语义研究奠定了基础，或成为框架语义研究的有益补充。不足之处在于这些研究大多注重规模大、覆盖全，多针对英语、通用语或某种民族语言，在应用的领域性和多语种方面还有许多工作要做。

其中英语和汉语的主要相关研究成果可以归纳为表 2-1：

表 2-1　国内外代表性语义知识库的主要信息

成果名称	构建时间	承研机构	构建规模	理论/方法	构建方式
WordNet	1985	普林斯顿大学	WordNet 3.0 中包含 155287 个概念（名词、动词、形容词、副词）	基于心理语言学基础，同义词集合表示语义，语义关系描述	手动
MindNet	1993	微软公司	自动抽取方式，规模动态	广域句法分析	自动
VerbNet	2005	宾西法尼亚大学	VerbNet-wn 版本有 5200 个动词	Levin 的动词分类标准	手动
《同义词词林》（扩展版）	2005	哈尔滨工业大学	77343 条词语	同义、近义词	手动
HNC 知识	1997	中国科	近 3000 个概念基	概念层次网络	手动

成果名称	构建时间	承研机构	构建规模	理论/方法	构建方式
库		学院声学研究所	元、57种基本句类和30多种常见的混合句类；6万多个汉语词语和2000个汉字；7000多个常见人名、地名、机构名	（HNC）理论	
HowNet	1988	中国科学院	中文词96744； 英文词93467； 中文义项111470； 英文义项117967； 概念28925； 记录总数188069	知网哲学观	手动
CSD	2000	北京大学	6万多条记录	属性-属性值方法描述句法、语义	手动
Sinica BOW	2002	台湾中央研究院	近15万词汇	同义词集合、语义关系、本体构建	手动
FrameNet	1997	美国加州大学伯克利分院	包括动词、名词、形容词在内的词元11829个，1019个框架，65.2%的词元进行了例句标注；英语语义分类，语义特征，语义角色与选择限制等	以框架语义学为基础；框架、框架元素；配价模式；框架-框架关系	手动

二、FrameNet的特点与优势

本节将从研究方法、多语性和领域性三个方面具体分析FrameNet的特点和优势。

（一）演绎与归纳有机统一

基于框架语义学的FrameNet旨在构拟出人类经验在大脑中的表征方式，其构建过程体现了演绎与归纳两种方法的特点。框架语义学理论本身具有演绎性，可以视为词语意义在人脑中的组织形式的一种理论假设；FrameNet 根据框架语义学确立的语义表示模式进行构建，其框架元素的设置比格语法中使用的 13 个格更加丰富和具体，因而也更适于描述词汇的句法语义功能；语义框架的定义所描写的是一个个的抽象情景，是人类大脑对事物进行范畴化后所形成的概念结构，是我们百科知识的一部分。与 WordNet、MindNet、HowNet 等大型语义知识工程相比，FrameNet 的特色在于它不仅系统地描写了理解词汇和进行推理时所依赖的情景，并且指出了情景中所含语义角色的句法实现方式。这种特色正是源于框架语义学对 FrameNet 的理论指导。

FrameNet 的构建方法虽然有理论上的指导，但具体过程基本上是经验主义和自下而上的，这主要体现在数据驱动方面，因为用以说明框架元素的句法实现方式的例句从大规模标注语料库中归纳而出，不再是理论推导的结果；FrameNet 还提供软件工具自动生成“词元标注报告”和“词条报告”或进行数据库查询，更能客观反映语言现象的真实面貌，有助于避免研究的主观性、片面性。

值得注意的是，框架语义学确立的语义表示模式有效指导了 FrameNet 的具体实践，但它并没有从全局上探讨语义框架的系统性和层级性。这导致 FrameNet 尽管采用框架语义分析模式，但具体工作流程还是自下而上的归纳过程。

（二）多语种可扩展性

大部分通用术语中，语言数据的多语性是指在这种资源中有一种以上的语言存在。事实上，多语数据只能在同类语言信息中进行对比：如，词汇、拼写、语音或句法。FrameNet 被称为多语语言资源，其在语言对比和多语种应用方面的潜力得到了广泛关注。Boas（2002，2005）将 FrameNet 视为一种中介语，认为通过它可以实现框架网络对齐（alignment of FrameNets）。

截至目前统计，各国研究学者基于框架语义学，以 FrameNet 为蓝本分别构建了德语、日语、西班牙语、汉语、葡萄牙语、意大利语、波兰语、捷克语、瑞典语、越南语、希腊语、泰语、丹麦语、保加利亚语、希伯来语、斯洛文尼亚语、维吾尔语、藏语 18 个语种的平行框架网络资源。Internet 内容语种前 36 位中，已研究构建 FrameNet 的语种比重为 44.4%。由此可见，FrameNet 的多语种扩展趋势与 Internet 内容语种的发展是一致的。已有的多语种框架网络资源为下一步整合发展奠定了基础，提供了保障。通过新的 FrameSQL 工具可以实现西班牙语、德语、日语、英语跨库检索。（Hiroaki SATO，2008: 28-30）通用语有英语、俄语、德语、西班牙语、法语、汉语、阿拉伯语七种。根据掌握的资料，除俄语和阿拉伯语外，其余五种语言均有不同规模的框架语义研究。[①]

FrameNet 的多语化发展的主要原因在于：（1） 该资源以人类认知经验为基础，具有一定普适性，在各个语种中存在较大共性，便于资源本地化；（2） FrameNet 基于情景提供的语义角色数量多、类型丰富且颗粒度细小；（3） 对具体词汇对句法功能和语义结构之间的对应关系进行了深入而细致的描述，对句子表层所隐含的语义知识进行了标注，具有了一定的推理能力；（4） 框架语义标注例句库可为基于 FrameNet 的语义分析提供真实的语料资源。

FrameNet 的多语化发展在 NLP 应用方面也具有现实意义。FrameNet 团队基于美国国家语料库（American National Corpus）对抽取的例句和部分篇章文本进行了框架语义标注并着力创建新的框架。认为当该语义知识库的构建规模达到临界量时，其所关注的语义结构和句法结构的动态映射关系将会得到更为完善的描写，FrameNet 将成为 NLP 在问答系统、信息抽取、机器翻译、词义排歧等方面的宝贵资源（陶明忠，马玉蕾，2007：123-124）。

各语种框架网络的具体构建情况如下。

汉语框架网络构建方面：汉语框架网络包含 3151 个词元，已经

[①] 俄语方面有俞晶荷的博士论文“框架语义与翻译”(2004)，主要研究俄汉时间范畴的框架语义对比分析与翻译，并不关注语义表示模式与框架网络构建。

构建 309 个框架，标注例句 2 万多条。其中，认知领域词元 512 个，构建框架 51 个；法律领域构建框架 86 个（刘开瑛，2011：47）。

德语框架网络研究方面：多语框架网络构建、标注和配价研究方面，德国的成果最为突出。一批德国学者在德意志学术交流中心（DAAD）项目的支持下到伯克利做博士后研究，其研究成果对框架网络研究起到了很大的推动作用。其中的代表人物 Boas 在应用 FrameNet 描述和分析其他语言尤其是德语和西班牙语方面进行了大量研究。2005 年，Boas 在 *Semantic Frames as Interlingual Representations for Multilingual Lexical Databases*（语义框架作为多语词汇数据库的中介语表示模式）一文中提出通过将框架作为中介语（interlingua）进行框架网络对齐（alignment of FrameNets），首次讨论了一些在多语词汇数据库构建中的关键问题，诸如多义词（polysemy）、句法和语义配价模式差异（syntactic and semantic valence patterns）、词汇化模式差异（differences in lexicalization patterns）和测量释义关系（measuring paraphrase relations）、翻译对等（translation equivalents）。目前有三个研究团体分别从三个角度研究面向德语的 FrameNet，由丽萍（2006：29-30）对此进行了详细介绍。

Subirats et al（2004）的 *Spanish FrameNet and FrameSQL*（西班牙语框架网络）一文对西班牙语的框架语义进行了分析，结果表明 FrameNet 工具可以在构建西班牙语动词、名词和形容词词汇数据库中复用。该研究编辑了 3 亿词的语料库（包括 New World 和欧洲西班牙语文本）进行标注和标记，涉及了交际（communication）、移动（motion）等语义域的词汇化模式差异。

Ohara（2009: 163-182）的 *Frame-based Contrastive Lexical Semantics in Japanese FrameNet*（日语框架网络中的对比词汇语义）一文以 risk 和 kakeru 为例说明了日语框架网络项目使用的工具、资源和工作流程，其目标是创建一个日语框架语义词典。该文首次讨论了非印欧语在复用 FrameNet 时出现的问题。作者指出使用框架语义学描述日语时，需要注意以下语言学问题：（1） 同形多义词词义识别和用法；（2） 当英语框架颗粒度不够细时，如何构建日语特有框架以获取相关的日语语义差别；（3） 日语词汇片段如何与相应英语进行系统链接。

Petruck（2009: 183-205）的 *Typological Considerations in Constructing a Hebrew FrameNet*（希伯来语框架网络的类型学思考）探索了构建闪语族语言框架网络所面临的挑战。希伯来语框架网络除了通过标注例句关注目标词元句法-语义组合（配价），还关注如何对新闻语料库文本进行全文标注。其目标共有两点：（1） 开发使用FrameNet 分析希伯来语文本的基础工具；（2） 现代希伯来语词汇的语言学分析和计算机形式化需要到何种程度才能具有和英语词典相同的特点，从而能够考虑将 FrameNet 机制转移到非英语语种。

Dhanon LEENOI et al（2011: 27-29）介绍了使用四个模块构建泰语框架网络时实现了一种扩充加融合的合成方法。截至 2011 年，泰语框架网络已有词元 22708 个，构建框架 1339 个，标注例句 2333 句，涉及 7 种框架关系。

越南学者框架网络研究方面：在越南语研究界，专门研究框架语义学理论的研究较为稀缺。目前可见的越南语 FrameNet 构建研究相关成果有胡志明市越南国家大学信息技术学院计算机科学系的 Nguyễn Văn Toàn（阮　文　全），Phạm Minh Quân（范　明　军）和 Lê Anh Sơn（黎　英　山）撰写的“Xây dựng hệ thống FrameNet tiếng Việt”[①]（构建越南语 FrameNet 系统）。有关内容曾提交 2011 年该校青年科学会议，未见公开发表。该文介绍了 FrameNet 的结构及内容，并计划照搬 FrameNet 的结构将其框架、词元、例句翻译为越南语。具体工作流程为采用英-越词典资源如 LLOCE（Longman Lexicon Of Contemporary English）、英越双语词典将 FrameNet 词元通过自动、半

[①] http://uits.vn/khoahoctre/author/chientx

自动方法翻译为越南语。对于词元一一对应的情况，基于英-越词典直接翻译，对于词元意义一对多的情况，参照中国构建汉语框架网络（CFN）的三种策略进行处理。此研究重在对 FrameNet 进行翻译，没有充分顾及越南语的语言特点，预计规模会非常庞大。

综上所述，从发展趋势来看，各语种分别进行了框架网络理论与实践研究，单语种框架网络（Monolingual FrameNet）的语种会更加多样，范围将不断扩大。在此基础上，根据具体应用任务将其进行整合能够发挥更大的效能。双语框架网络（Bilingual FrameNet）、多语框架网络（Multilingual FrameNet）是未来应用发展的重点。

（三） 领域延伸性

FrameNet 数据库主要覆盖了如下领域：医疗保健卫生（health care）、机会（chance）、感知（perception）、交流（communication）、交易（transaction）、时间（time）、空间（space）、身体构件和功能（body）、位置移动（motion）、生活阶段（life stages）、社会语境（social context）、情感（emotion）、认知（cognition）等。

FrameNet 在 2000 年前后开始向 NLP 中的文本理解应用转向，这种应用导向决定了它需要向领域延伸。随着工程的进展，FrameNet 在领域性方面做了一些工作：（1） 服务于 DELIS 工程[①]，对英语、丹麦语、荷兰语、德语和意大利语中交际域和感知域的词元进行框架语义分析；（2） 关注报刊犯罪报道领域的文本理解工作，运用 BBN 命名实体识别工具（IdentiFinder）处理专有名词和时间、数量表达等，对领域词汇实现了较好覆盖；（3） 和美国国防承包商合作构建面向军事领域的框架网络。项目前期成果包括构建士兵战斗报告自动语义角色标注系统，用以判定同主题的两篇报告是否为同一报告人，或同一报告人的两篇报告是否同主题。

FrameNet 的领域延伸性特点和优势实质上更多体现在非英语的

---

① http://www.ims.uni-stuttgart.de/projekte/delis

其他语种框架网络构建上。以汉语框架网络研究为例，已有领域框架网络研究成果包括语义域和主题域，甚至互有交叉。国内成果主要集中在如下语义域：移动域（周领顺，2012）、消息域（多杰卓玛，2012）、言说域（王展，2010）（郭珊珊，2010）、制作域（王阳华，2009）、致使域（张金英，2009）、认知域（张惠春，由丽萍，2011）等。以认知域框架网络为例，共构建了51个现代汉语认知框架，涉及1133个词元。其中，动词659个，形容词134个，名词149个，成语/习用语191个，共有58种核心框架元素。（由丽萍，2006）主题域框架语义研究方面方面包括交易域（马洪海，2010）、法律域（贾君枝等，2010）、旅游域（李茹等，2009）等。

其他非英语框架语义研究中，也有一些相关语义域和主题域受到重视。例如交际域（communication）和移动域（movement）等语义域（Boas，2009）；足球（Schmidt: 2006）、生物（Dolbey et al，2006）、政治和经济（Boas，2009: 157）等主题域。足球语言多语词汇资源“球典”（The Kicktionary）的构建是对之前Boas所提出设想的直接实现。Schmidt描述了一个实验性的三语（英语-德语-法语）特定词汇领域（足球词汇）框架网络。它使用了世界足协（FIFA）的公开多语语料，其贡献在于首次表明不同语言的足球文本如何通过平行语料库KWIC（keyword-in-context）进行跨语言对比。文章还讨论了使用FrameNet 工具构建足球词汇平行片段过程中三语影响词汇化模式上的差异问题，强调在构建多语框架网络中处理领域词汇时多义词和特定词义（技术词汇）的覆盖面问题。作者认为尽管足球可能并不是一个专门领域的典型实例，但据此构建的足球领域多语框架网络（The Kicktionary）将多语性和领域性充分结合，被认为是最好的领域多语框架网络（domain-oriented multilingual FrameNet）。“球典”在多语和领域性方面作出了典型而有益的尝试，但是其研究目标是构建词典，离语言信息处理具体应用还有一定距离。

三、本体与框架网络发展应用

本体以一种明确而形式化的方式来表示领域知识，旨在促进知识共享。使用本体进行知识表示可以使语义表现、挖掘隐含信息得到很大改善，丰富知识表示关系，形成较丰富的描述词汇和阶层化的架构，可以表现完整的且具有描述逻辑的知识库。本体是一种语义知识表示方式。本体在描述逻辑中，不但包含一阶逻辑具有的基础逻辑表示，并将推理中的类别和实例分开，而且可以将类别之间的关系完整呈现，并使得不同平台之间的知识更加容易实现共享。本体结合资源语义描述框架能够为教学资源提供计算机可以理解的描述信息，是实现资源共享和应用协作的前提基础（陈宏，2006：1-2）。

FrameNet 作为一种著名的语义型词典，它从单词、句法层面提取语义信息，并将这些信息以网状形式呈现，从词汇的概念角度出发，将具有相同、相近含义或具有一定关联度的词汇聚集在一起，使计算机能够利用语义资源实现语义分析和理解，因此 FrameNet 可以被称为“词汇本体”（贾君枝等，2012）。

FrameNet 在其概念关系描述中，通过继承关系、总分关系、域关系和因果关系等将概念的个体在空间或时间上的连接性充分地进行揭示，实际上揭示了概念的本体关系（贾君枝，刘艳玲，2008：53）。

自然语言处理的一种合理方法是特定领域的词汇资源与特定领域本体相连接——就像在上层词汇资源（如 FrameNet）和顶层本体（如 SUMO）的伞翼之下，并使用一种通用形式语言（如 OWL DL）建模。

从本体发展和应用的角度来看，通过本体将大规模词汇资源与世界知识整合，是自然语言推理，特别是语义 Web 的一个至关重要的步骤，可以提高对自然语言文本进行框架分析的推理能力。

FrameNet 是基于框架语义学而非开放世界语义（open-world semantics）构建的，具有独特且层次丰富的语义细节，是目前唯一具有高层次的丰富语义信息词汇资源（Fillmore,2003:235-250）。因此，我们希望将它与多重本体绑定。就专门应用而言，我们选择一个合适的本体，为了这个应用构建起连接。因而，我们可以基于此使用推理器对自然语言文本进行推理（Huang Chu-ren,2010:53-71）。

从 FrameNet 的发展来看，随着版本的更新，FrameNet 已开始逐步向本体靠近，研究者着手丰富语义关系的研究，并用 OWL（Web Ontolgy Language，网络本体语言）描述框架库及例句库，建立与 SUMO（建议顶层共用知识本体）的映射。这些信息告诉我们，FrameNet 不是单纯的计算机词典，而是一个计算机形式化描述的语义 Web 词典。它将若干个词元以框架为单元组织成概念，通过丰富框架关系建立概念间的关系，借助框架元素表示概念的属性。FrameNet 涉及医疗、通信、法律、认知等许多领域，考虑到如果完全作 FrameNet 本地化，需要有各类专业人士参与，尤其是例句标注方面，需要投入大量的人力与物力。选择特定领域，并致力于其应用实践研究，是有可能将框架网络资源作为本体库运用到语义检索、事件抽取等实践中的。将 FrameNet 与其他词汇资源整合或与顶层本体融合/映射已经有了一些研究成果（Guntis Bārzdiņš，Normunds Grūzītis，Gunta Nešpore et.al ，2008; Chow I C，Webster J，2009），本体与知识发现、本体与词库等会议和期刊中都有关于 FrameNet 的相关研究，但领域框架网络向本体的转换仍是难点。

第四节 小结

本章回顾了框架语义学和 FramcNct 产生、发展的背景及现状，总结了其特点、优势，为全书研究奠定了理论基础。我们对框架语义学与 FrameNet 相关研究进行了较为全面和系统的整理分析，认为框架语义学和 FrameNet 是语义理论模型支撑大型知识表示工程并保持长期生命力的典范。框架语义学具有完备的体系性，是认知机制背景下带有经验主义语义学性质、并直接面向应用的有效知识表示形式；FrameNet 实现了理论指导与经验归纳的有机统一，具有突出的多语种可扩展性和领域延伸性。FrameNet 与其他词汇资源整合或与顶层本体融合/映射可以服务于语义检索、事件抽取等实践。

为更好发挥 FrameNet 的优势，框架网络构建应注重针对某一领域进行多语共建。另一方面，由于将 FrameNet 扩展到新语种的任务在时间和资源方面有较大的不确定性，因此必须重视 FrameNet 框架复用最大化方面的研究。

第三章　面向领域的多语框架语义表示（DOMLFSR）模式

在巨量多语种网络信息背景下，跨语言的多语框架网络研究和构建既有客观需求，也有发展的可行性及实践积淀。由于 FrameNet 关注词语背后的认知框架，因此其数据具有一定的通用价值、适于跨语言使用。近年来，与 FrameNet 并行的日语、德语、希伯来语、西班牙语等框架网络及相关研究相继出现。另一方面，各框架网络多存在 NLP 应用导向不够明确、语义框架的系统性和层级性不足以及未区分“语义域”和“主题域”两种不同的概念等问题，使得各语种框架网络构建的具体目标、领域选定、框架设置、标注方法和整体规模难以统一，给多语种框架网络面向 NLP 的应用制造了诸多障碍。

在此背景下，本书认为，“面向领域”和“多语”的框架网络更符合 NLP 应用的需求，确定 DOMLFSR 的基本模式可以基本以 FrameNet 语义表示模式为原型和基础；另一方面，DOMLFSR 的具体构建模式仍有必要改进和发展，如何才能更好地面向领域、整合多语是值得思考的问题。经过分析论证，本书将提出 DOMLFSR 模式的一个整体架构，并对其两个核心内容进行详述。

第一节　FrameNet 语义表示模式

FrameNet 语义表示模式遵循框架语义学提出的语义结构描述和表征新思路，即通过语义框架对词元意义和语法模式关系进行表示，使词元意义得到整体性语义理解和描写。FrameNet 语义表示模式带有“中介语”性质，成为以词典编纂为目标的多语框架网络得以快速发展的前提和保障。DOMLFSR 将以 FrameNet 语义表示模式作为标准和基础。

具体来说，FrameNet 语义表示模式包含以下四个方面：语义分析单元、语义标注模式、词元配价表示模式、框架语义依存表示模式。

一、语义分析单元

框架是框架网络的基本分析单元（unit of analysis），框架编号、名称、定义和语义类型等是其基本属性。框架包含的主要内容为：（1）框架定义；（2）框架元素基本定义及部分示例；（3）框架之间的抽象关系；（4）该框架所涉及的词元。

表 3-1　框架结构示意图

框架名称（frame name）	
框架定义（definition）	对该框架含义的说明
框架元素（frame element，FE）	框架元素的基本定义以及部分框架元素的示例
核心框架元素（core FE）	定义及示例列举……
非核心框架元素（non-core FE）	定义及示例列举……
框架-框架关系（frame-frame relations）	框架和框架之间的抽象关系
词元（lexical unit）	该框架所涉及的词元

下面以 Desiring 框架为例说明一个完整语义框架的结构及内容。

Desiring

Definition:

An Experiencer desires that an Event occur. (Note that commonly a resultant state of the Event will stand in for the Event.) In some cases, the Experiencer is an active participant in the Event, and in such cases the Event itself is often not mentioned, but rather some Focal_participant which is subordinately involved in the Event.

Generally, the use of a word in this frame implies that the specific Event has not yet happened, but that the Experiencer believes that they would be happier if it did. Sometimes the Time_of_Event, Purpose_of_Event, or the Location_of_Event are mentioned without the explicit mention of the Event.
I only WANTED one piece of candy.

The company *was* EAGER for him to leave as soon as possible.

Susan really WISHES that you 'd listen to her.

FEs.

Core:

Event [Evnt] Semantic Type: State_of_affairs	The change that the Experiencer would like to see.
Experiencer [Exp] Semantic Type: Sentient	The Experiencer is the person (or sentient being) who wishes for the Event to occur
Focal_participant [Foc]	This is the entity that the Experiencer wishes to be affected by some Event.
Location_of_Event [PEv]	The Location_of_Event is the place involved in the desired Event. I WANT that box on top of the other one. The prince WISHES you here before matins.

Non-Core:

Cause [Cause]

An aspect of the Experiencer that causes a desire.
Do Italians have a genetic YEARNING for pizza?

Intellectually he LONGED for success, but really he just wanted love.

Degree [Degr]
Semantic Type: Degree

The Degree is a the extent of the Experiencer's Desiring.

Duration [Dur]
Semantic Type: Duration

The amount of time for which the Experiencer has desired something.
His lifelong YEARNING for success had finally been fulfilled.

I've WANTED them to fix the sidewalk for years!

Manner [Manr]
Semantic Type: Manner

The way in which the Experiencer desires something.
I WANTED more of her like a junkie wants his next fix.

Place [Place]
Semantic Type: Locative_relation

Where the event takes place. Note that this FE is of extremely rare occurrence in this frame.
In the car I had DESIRED nothing more than to get here, but now that I'm here...

Purpose of Event [Purp]

The Purpose of Event is the purpose pertaining to the desired Event.
I WANT that book for my test tomorrow.

Reason [Reas]
Semantic Type: State_of_affairs

The Reason shows why the Experiencer wants the Event to occur. This FE occurs frequently as a PP complement headed by for.
She thinks people only WANT her on the project for the money she will contribute.

Pat YEARNS for power since that is the only thing he has ever known.

FE Core set(s):

{Event, Focal_participant, Location_of_Event}

Frame-frame Relations:

Inherits from: Experiencer_focus
Is Inherited by: Preference
Perspective on:
Is Perspectivized in:
Uses: Emotions, Experiencer_focus
Is Used by: Needing, Purpose
Subframe of:
Has Subframe(s):
Precedes:
Is Preceded by:
Is Inchoative of:
Is Causative of:
See also:

Lexical Units:

ache.v, ambition.n, aspiration.n, aspire.v, covet.v, covetous.a, crave.v, craving.n, desire.n, desire.v, desired.a, desirous.a, dying.a, eager.a, fancy.v, feel_like.v, hanker.v hankering.n, hope.n, hope.v, hunger.n, hunger.v, hungry.a, in_hopes_of.prep, in_the_hope_of.prep, interested.a, itch.v, loath.a, long.v, longing.n, lust.n, lust.v, pine.v, raring.a, reluctant.a, spoiling.a, thirst.n, thirst.v, thirsty.a, urge.n, want.v, wants.n, will.n, will.v, wish (that).v, wish.n, wish.v, yearn.v, yearning.n, yen.n, yen.v

图 3-1 Desiring 框架结构及内容示例

二、语义标注模式

FrameNet 的语义标注模式分为平行对齐的四个层级（见图 3—2），分别是：目标词元（the Target）、框架元素（frame element，FE）、语法功能（grammatical function，GF）、短语类型（phrase type，PT）。首先标识的是目标词元，然后使用 FE、GF 和 PT 的标记来标注目标词元支配的各框架元素成分。标注者在标注界面中可自行选择各标注层级。FrameNet 详细的语义标注模式和规范可参考 *FrameNet II:*

Extended Theory and Practice （Josef Ruppenhofer et al，2010）[①]。

图 3-2 是 FrameNet 进行例句标注的界面。已经抽取出的以 want 为目标词元的例句集中在数据库中并进行编号。目标词元用黑色背景突出显示。当前正在标注的是编号为 10 的例句。

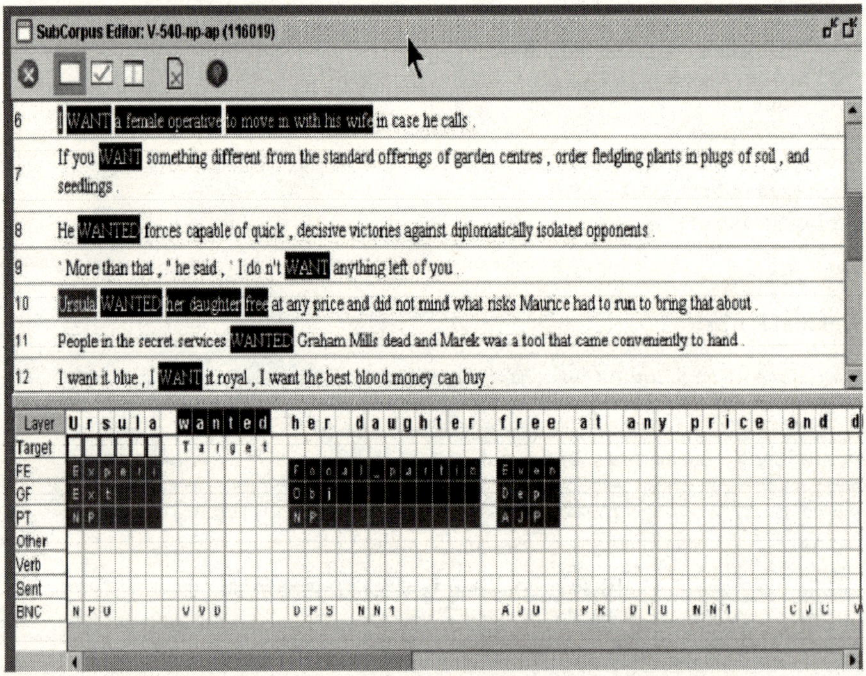

图 3-2 FrameNet 语义标注层级示例

标注的三个层级在标注界面中均有显示，输入例句格式一般只显示框架元素。目标词元 want 的标注例句格式如下：

① https://framenet2.icsi.berkeley.edu/docs/r1.5/book.pdf

(1)[<Experiencer>You] *wanted*^{Tgt} [<Focal_participant>Dinah] [<Role_of_focal_participant>as an attraction for your theatre] ; you denied her any life of her own .

(2)More than anything else, [<Experiencer>I] *want*^{Tgt} [<Focal_participant>you] [<Role_of_focal_participant>as my wife] .

(3)[<Experiencer>They] *wanted*^{Tgt} [<Focal_participant>a few rupees] [<Role_of_focal_participant>as protection money] -- a common arrangement .

(4)Well, I don't want your sympathy, and [<Experiencer>I] do 't *want*^{Tgt} [<Focal_participant>you] [<Role_of_focal_participant>as a sister] -- I already have more than I can handle in that department, thank you .

可以看出，框架语义例句标注具有以下特点：（1）语义表示较为细化，包含语义信息比较丰富；（2）框架语义标注只关注例句中与目标词元直接相关的句法-语义搭配信息；（3）将某一框架元素所在的成分视为一个整体进行标注，不再细分层次。

构建初始阶段，框架语义标注的例句通常通过手工方式完成。从理论上讲，经过一定规模的标注实践并总结相应规则后，可以在框架网络工程中将基于规则方法与机器学习方法相结合进行语义角色自动标注。

三、词元配价表示模式

词元配价表示模式主要通过词元注释报告（Annotation by LexUnit Report）和词条报告（Lexical Entry Report）实现。

词元注释报告展示一个给定词元的所有已注释例句，即按词元分类的标注例句库。标注例句的框架元素与框架元素表中的框架元素着色一致。词条报告分为词元配价模式表（Valence Patterns Report）和框架元素表（Frame Element Table）。

词元配价模式表显示一个词元所有可能的配价形式。框架元素表显示一个词元的所有框架元素、标注例句数目及其句法实现。下面仍以词元 want 为例进行说明。

表 3-2　词元 want 的配价模式表

Num						
01		Cause	Experiencer	TARGET	Event	
	01	Sub.Dep	NP.Ext	want.V	VPto.Dep	
07		Event	Experiencer	TARGET		
	02	NP.Obj	NP.Ext	want.V		
	05	VPto.Dep +VPto.Dep	NP.Ext	want.V		
01		Event	Experiencer	TARGET	Place	
	01	NP.Dep +VPto.Dep	NP.Ext	want.V	NP.Dep	
01		Event	Experiencer	TARGET	Purpose of Event	
	01	NP.Obj	NP.Ext	want.V	VPto.Dep	
01		Event	Experiencer	TARGET	Time	
	01	NP.Obj	NP.Ext	want.V	AVP.Dep	
01		Event	TARGET	Experiencer		
	01	NP.Ext	want.V	PP_by.Dep		
01		Experiencer	Degree	TARGET	Event	
	01	NP.Ext	AVP.Dep	want.V	NP.Obj	
02		Experiencer	Degree	TARGET	Focal participant	
	02	NP.Ext	AVP.Dep	want.V	NP.Obj	
01		Experiencer	Degree	TARGET	Focal participant	Event
	01	NP.Ext	AVP.Dep	want.V	NP.Obj	VPto.Dep
01		Experiencer	Degree	TARGET	Focal participant	Reason
	01	NP.Ext	AVP.Dep	want.V	NP.Obj	PP_for.Dep

表 3-3 词元 want 的框架元素表

lemma want

No.	Frame Def.	LexUnit	pos	disp.	LU Def.	WordNet	LexEntry	Anno
1	Desiring	want	V	withFE	COD: have a desire to possess or do (something); wish for	want	lexEntr	anno.

Cause(2)	PP_because.Dep(1), Sub.Dep(1),
Degree(5)	AVP.Dep(5),
Event(90)	AJP.Dep(3), NP.Dep(1), NP.Ext(1), NP.Obj(18), PP_in.Dep(1), PP_on.Dep(1), Sfin.Dep(3), Sto.Dep(3), VPing.Dep(4), VPto.Dep(55),
Experiencer(110)	CNI.xNI(2), NP.Ext(106), PP_by.Dep(2),
Experiencer+Experiencer(1)	NP.Ext(1),
Focal participant(50)	AVP.Dep(1), NP.Ext(2), NP.Obj(47),
Manner(1)	AVP.Dep(1),
Place(1)	NP.Dep(1),
Purpose of Event(12)	PP.Dep(3), PP_for.Dep(8), VPto.Dep(1),
Reason(3)	AVP.Dep(1), PP_for.Dep(1), Sfin.Dep(1),
Role of focal participant(4)	PP_as.Dep(4),
Time(2)	AVP.Dep(1), PP_during.Dep(1),
Time of Event(3)	AVP.Dep(1), PP_by.Dep(1), PP_on.Dep(1),

配价模式是框架网络词元库中最为重要的成分，对于自动理解语义应用意义重大。Fillmore 在论文 *Valency issues in FrameNet*（2007）中详细分析了框架网络的配价模式。

四、框架语义依存表示模式

“核心依存图”（KDG）是一种语义分析模型，主要针对一个给定句子中的谓项（predication）进行局部分析。KDG 包括：（1） 在一组“控制项-依存项”关联中与控制项（governing word）相关的框架；（2） 框架中以句子形式表达或埋解的框架元素；（3） 表达框架元素的成分的词汇核心；（4） 框架元素句法表现的方式（俞士汶，黄居仁，2005：44）。

句子中的每一个谓词都设有“核心”，一个复杂句如果可以分解为 n 个核心句，就有 n 个谓词核心。如“*I think they wanted to leave*”可以分解成三个核心句 I think、they want 及 they leave，谓词核心分别为 think、want 和 leave。

定义 KDG 是为了在信息抽取、词义消歧、自动问答、机器翻译等 NLP 应用中直观演示 FrameNet 数据。KDG 从 FrameNet 已标注例句（多为单句）中生成，能够形式化表示整个句子（包含单句和复句）的语义框架及语义依存关系。简言之，生成 KDG 的步骤为识别目标谓词词元、识别该目标词元所在框架和识别已被标注的框架元素和其对应成分中的核心词。由于框架元素与其属性和其所在的短语类型间的对应关系有规律可循，因此 KDG 无需将有关句法功能的信息一一标识。

KDG 是 DOMLFSR 语义表示模式的重要组成部分。Fillmore（2002，2006）、由丽萍（2005）、李茹（2012）均专门论述了该问题。

第二节 DOMLFSR对FrameNet语义表示模式的改进

FrameNet 以框架作为语义分析单元、分层级进行语义标注、统计词元配价模式具有原型范式的性质，为许多仿制 FrameNet 构建的本语种框架网络所共有，但面向 NLP 应用的 DOMLFSR 模式不能完全沿用或照搬 FrameNet 语义表示模式，需要在多个方面对其进行改进。

本节将从现有多语种 FrameNet 在面向 NLP 方面的不足、跨语言“多语”性对 DOMLFSR 的新要求以及“面向领域”特定性对 DOMLFSR 的新要求三方面论述 DOMLFSR 模式改进的必要性和方向。

一、DOMLFSR 的跨语言“多语”性

FrameNet 具有多语种可扩展性，DOMLFSR 更需要实现的是跨语言的“多语”性。它所强调的不再是“扩展”，而是“整合”。针对同一个概念，构建一个有机整合的框架比同时构建 N 个不同语言的框架高效、实用。

（一）各框架网络在面向 NLP 方面的不足

值得思考的一个问题是，假设语义框架在一定程度上有独立于语言的特性，从理论上看 FrameNet 语义表示模型几乎可以适用于任何自然语言语义词汇库的构建。当一个新语种开始构建类似 FrameNet 的框架网络资源时，一方面可以复用（reuse）FrameNet 数据库中的许多内容，另一方面创建框架和进行标注的整个流程也与 FrameNet 保持一致。那么，已经构建的 17 种不同语言的框架网络应该可以作为高质量的跨语言资源应用于机器翻译、信息抽取、问答系统等 NLP 应用之中，但事实并非如此。综合来看，非英语的各语种框架网络构建虽然发展迅猛，但以单语计算机词典编纂为主，少量双语框架网络

研究也局限于词汇对齐片段，三语以上的多语框架网络更为少见。主要原因如下：

1．构建目标、方法及规模存在差异

作为一个大型网络词典编纂项目，FrameNet 与其他传统词典的不同之处在于它明确地建立在一个特定语义理论的基础之上，其初衷在于揭示每个英语词或短语每一义项的句法—语义结合能力。FrameNet 构建初期强调该阶段的研究目标并非直接面向语言信息处理。其他语种的框架网络也多以构建词典资源为主要目标，语言信息处理只是其兼顾目标之一，各语种框架网络副标题均反映出这一特点（周领顺，2009：47-53），例如：

（1）西班牙语框架网络——在线的词典资源及其在西班牙语 NLP 中的应用；

（2）德语框架网络——在线的德语动词、名词和形容词词典资源；

（3）日语框架网络——基于框架语义学的在线日语词典；

（4）足球比赛语言框架网络词典——基于框架语义学的足球语言多语词典。

即便构建词典的目标大体一致，各语种的框架网络在构建上也存在较为明显的不一致之处。主要体现在：（1）德语 SALSA 项目关注全文标注，而不是从语料库抽取出的孤立句子；（2）日语框架网络使用单语语料库，法语框架网络使用多语语料库和其他现有词汇资源；（3）其他语种框架网络在语料库检索和标注工具上有所不同。日语和西班牙语框架网络基本沿用伯克利 FrameNet 软件；SALSA 在已有 TIGER 语料库句法标注资源基础上自主开发了半自动标注工具，法语和希伯来语框架网络整合了现有 FrameNet 软件包；（4）各语种框架网络构建目标多为宽覆盖数据库，也有少量语义域或主题域方面的研究，但总的来看尚缺乏体系性；（5）使用不同方法构建平行词汇片段（parallel lexicon fragments），德语框架网络和日语框架网络为手工标注；法语框架网络和 BiFrameNet 使用半自动和自动方法构建法语和汉语平行词汇片段（Boas，2009: 21-22）。

从构建规模上来看，FrameNet 自身对框架数目也没有明确的规划，他们一方面表示并不打算为整个语言构拟出全部框架本体，另一方面认为如果时间足够充裕，数据足够全面，可以为每个词的每个意义（即词元）构建自己的框架，数目只是颗粒度问题（周领顺，2009）。新的框架通常是针对已有框架中多义词的其他义项提出，依据语料库内容、采用自底向上的方法进行构建，具有一定的随机性，因此整体上看缺少一个相对统一的框架系统。

根据已发表的文献介绍，各语种框架网络规模各不相同。例如汉语框架网络已对 3151 个词元构建了 309 个框架，标注了 2 万多条句子（刘开瑛，2011：47）；日语框架网络构建了 656 个框架，包含 8500 个词元，已对 60480 个例句进行了框架语义标注（Ohara，2013: 13）；泰语框架网络有词元 22708 个，构建框架 1339 个，标注例句 2333 句，涉及 7 种框架关系（Dhanon LEENOI et al，2011: 27-29）。

2．新建框架的框架元素设置和框架关系确立不统一

FrameNet 中的框架元素以具体框架为基本描述单位而加以区分和确定，概念归类和框架元素的确定主要以真实语料作为主要证据，框架元素的数量和类型是区分和认定框架的根本标志。如果一组词语带有相同数量和类型的框架元素，则归入一个框架，否则分化为不同的框架，相较于格语法、配价语法设置的语义角色类型，FrameNet 中框架元素的数量已大大增加，但仍未能确定一个框架元素列表，只能在构建过程中对每个框架进行具体分析并设定（阿里甫·库尔班等，2013：41-46）。截至 2010 年 FrameNet 1.5 数据发布，FrameNet 已定义了 8252 种框架元素。并且，在多语框架网络中，由于各国生活习惯、宗教信仰和人文文化的差异，相同意义的词元还可能在某语种语料中以新的语义成分出现，此时需要为该词元设立新的框架元素；因此，框架元素集合的构建结果将随着语料的更新不断修正。可见，

FrameNet 的框架元素设置没有统一的标准，类别众多。

另外，FrameNet 构建初期语义框架的编写制作比较粗糙，前后不一致的情况较多，框架元素颜色标识、缩写、大小写方面存在前后矛盾的现象。如 Fighting_activity 和 Hostile_encounter 框架是继承关系，但同一框架元素 Degree（程度）和 Duration（时量）颜色标识和缩写并不相同。有必要将所有框架元素纳入统一的框架元素层级系统，统计并统一可能涉及的所有非核心框架元素。

表 3−4　FrameNet 框架中框架元素不一致例举

框架名	框架元素颜色标识	缩写
Hostile_encounter	Degree	[Degr]
	Duration	[dur]
Fighting_activity	Degree	[Deg]
	Duration	[Dur]

本书认为，构建统一架构的跨语言多语框架网络相较于多个语种分别构建单语框架网络将会发挥更大的效能。

（二）DOMLFSR 模式中的标准化问题

如前所述，框架定义、框架元素、框架关系和词元是框架四大构成要素。

框架定义方面，同一个概念的定义理论上具有相似性，如汉语“给予”框架的定义基本译自 FrameNet 的 Giving 框架，其表述文字目前并不直接参与 NLP 应用。由于框架元素的标注主要使用英语，因此复用 FrameNet 的框架定义更为方便、直观。本书认为，在框架中以英语定义版本为主，必要时辅以其他语种定义版本即可。

Lexical Unit Index

Giving

Definition:

A Donor transfers a Theme from a Donor to a Recipient. This frame includes only actions that are initiated by the Donor (the one that starts out owning the Theme). Sentences (even metaphorical ones) must meet the following entailments: the Donor first has possession of the Theme. Following the transfer the Donor no longer has the Theme and the Recipient does.

给予

框架定义：

领属者(给予者)使受领者得到给予物的过程。该框架仅包括给予者发出的行为(该主体对给予物拥有原始的所有权)。例句(包括隐喻性的)都必须满足以下条件：给予者最初对给予物有领属权，由于接下来的给予行为使得给予者不再拥有对给予物的所有权，因而变为受领者拥有所有权。

图 3-3 英语、汉语框架定义对比例举

框架元素方面，同一个语义框架包含的框架元素类别应相对固定，当其他语种复用 FrameNet 框架时，会根据语种实际复用或调整其中的框架元素；若新建框架对框架元素进行重新配置，各语种框架网络的差异会更大。这种调整和配置需要有一个相对统一的框架元素参照系统，将名称、定义和标注颜色码固定下来。

同理，语义标注模式中框架元素（FE）层最重要，词元配价表示模式和框架语义依存表示模式中对框架元素的依赖度也相当高。可见，事先制订相对固定和规范的框架元素系统对框架的构建、例句标注模式和词元配价模式统计都至关重要，是 DOMLFSR 模式改进的首要环节。从改进方向上看，统一架构的框架模式最好以英语框架定义为主，构建一个可以参照的框架元素系统设置；在 FrameNet 现有框架关系基础上，将《同义词词林》（扩展版）语义分类体系编码引入框架网络关系描述；将激活同一框架的各语种词元集中标注。

二、DOMLFSR 的“面向领域”特定性

高质量的事件语义标注资源对海量文本进行信息挖掘非常重要，理想的情况是构建大规模、宽覆盖的语义知识库。但适用于普遍领域

的通用语义知识库构建还存在着大量的基础难题，难于直接面向NLP应用。在时间及人力、物力有限的情况下，针对特定领域进行细致深入的探索研究，用以解决社会需要解决的实际问题，在一定程度上应用价值更大。从应用领域来看，机器翻译等应用对资源的完备性和质量要求非常高，一般认为信息抽取本身就具有强领域性，是相对容易实现的应用方向。因此，框架网络可以直接面向信息抽取任务针对特定领域进行构建。

相比FrameNet具有的领域延伸性，DOMLFSR需要更加突出框架网络构建的NLP应用导向，明确特定的领域范围，在构建过程中将“语义域”研究和“主题域”研究方法及成果进行整合。

（一）“面向领域”框架网络构建的优势

强调框架网络的领域性具有以下优势：（1）由于领域文本的专业性和术语性，会大大降低一词多义的发生，一定程度上解决一词多义问题；（2）相同主题语料能够减少词汇空缺；（3）领域文本所涵盖的语义类别相对集中，在此基础上进行框架语义分析更具有可行性，有利于信息抽取应用。

从FrameNet最初的构建情况看，领域性并不明显。FrameNet既涉及到通用的语义分类域[①]，如身体部位域（body）、认知域（cognition）、时间域（time）、空间域（space）、情感（emotion）域、感知（perception）域等，又涉及到领域主题知识域[②]，如社会关系（social context）域、医疗卫生域（health care）等。可见，FrameNet对语义域和主题域没有明确划分，但其构建中仍然可以反映出面向应用的倾向，主要表现为其词元库中对某些与应用相关的领域词元进行了详细的描述，其他非相关应用领域词元则描述较为粗略。对于一个给定的话题或者主题域，要想发挥框架网络的应用性就必须扩展领域词元，尤其是术语，如疾病、机器部件、地形特征等名称等；本书认为按照仅语义域的词汇分类进行框架网络构建并不能体现按主题划分的领域语料特征。

---

① 本书称为“语义域”。
② 本书称为“主题域”。

造成框架缺乏系统性的原因在于：一方面 FrameNet 首次尝试构建大规模在线计算机词典，对构建的框架数目并没有明确规划，框架构建的起点和终点尚不够明确；另一方面 FrameNet 涉及的领域有交易、时间、空间、身体、运动、生活、社会、情绪、认知、机会、交流、感知等，每一专门领域的语料库覆盖范围有限，并未形成一个系统化知识体系。

随着研究的深入和扩展，FrameNet 后来的目标有所变化，认为中心工作不是关注语义合成原则本身，而是关注为了信息抽取而在框架网络语料运用的相关项目中发展出来的原则（Mohit，Behrang，Srini Narayanan，2003: 64-66）。Fillmore et a1（2004）就明确指出 FrameNet 作为词典在覆盖范围、框架联系与词元联系的完备性等方面尚有不足，但希望通过该工程填补相关领域的一些空白从而推动 NLP 和信息技术诸多领域的发展。FrameNet 项目在语义网（semantic web）方面也进行了相关研究，表明框架网络的潜在应用价值和前景目标。但其他语言的框架网络的应用导向还没有明显的转变。

NLP 应用方面，汉语框架网络走在前列，值得借鉴。汉语框架网络在理论研究与应用实践相结合方面作出了有益的尝试。汉语框架语义理论方面研究较为深入，框架网络工程方面体现了较为突出的领域性，语义域框架体系搭建与主题域框架分析应用呼应，并探索与本体的转换与映射，应用上有语义角色自动标注、事件抽取、问答系统等，但多语框架网络构建方面尚显不足。

（二）“语义域”和“主题域”研究的优缺点

根据之前领域框架网络的研究情况，我们发现其涉及的领域一般分为“语义域”和“主题域”两种。为有针对性地分析“语义域”和“主题域”框架研究的优缺点，本书以越南语为目标语言分别进行了“语义域”和“主题域”框架网络构建研究。

林丽、毕玉德（2012）以“给予”作为特定语义域，对该类动词进行框架语义学研究，较为系统地考察了其句法-语义特征并进行分类，从句法表现上分析了越南语“给予”类动词与标记 cho 的同现规则；参考董振东的知网（http://www.keenage.com/）语义分类体系，确定了45个动词作为越南语“给予”类词元库。

我们前期曾经基于框架语义学理论，将越南语“给予”类动词作为目标词进行研究，较为系统地考察了其句法语义特征并进行分类，尝试建立给予类词元库，根据不同类型词元及其框架元素拟构建出给予框架库（林丽，毕玉德，2012：42-46）。

越南语语言学界对狭义“给予”动词并未给出明确的定义，相关研究中较常见的是将“给予”动词称做“động từ ban phát”，但各家对该类词的界定并不一致。如：

《越南语动词》（*Động từ trong tiếng Việt*）中列举的“给予”类动词有24个：ban，bán，biếu，bố thí，bồi thường，bù，cấp，cho，cấp phát，dành，dâng，đưa，đút lót，đền，giao，gửi，nhường，hối lộ，phát，phú，nộp，tặng，thí，trả（Nguyễn Kim Thản，1976：146）。

《带谓词 *trao/tặng* 句的语义表现结构》（*Cấu trúc nghĩa biểu hiện của câu với nhóm vị từ trao/tặng*）中提到了63个有“交（给）/赠送”义及相关的谓词：ban，bán，biện，biếu，bón，bồi thường，bù，cấp，chia，cho，chuyền，chuyển，cống，cúng，cung cấp，dành，dâng，dúi，đãi，đào，đem，để lại，đền，đổi，đút lót，đưa，gả，gán，giao，góp/đóng góp，gửi，hiến，hoàn lại，hối lộ，kỷ niệm，lấy，lễ，lĩnh，mớm，mua，mừng tuổi，ném，nhảy，nhận，nhường，nộp，phân，phát，phân phát，phân phối，phó/phó thác，phú，quăng，tặng，tết，thí，bố thí，thưởng，tiến，tiếp tế，trao，trao đổi，trả/giả（Lâm Quang Đông，2008：63）。

诸如此类，大多研究者都仅是列举或举例，未涉及定义和分类。我们以越南语中“给予”类动词为研究对象（即目标词），考察其所具有的句法语义特征，并进行语义上的分类，从而拟构建出“给予”类词元库。

“给予”类动词包含10个语义特征：[－静态]、[+致使]、[+物理]、[－变化]、[－交互]、[+趋向]、[+他动]、[+受惠]、[+方向]、[－信息].（毕玉德，2005：132）结合Lâm Quang Đông（2006）的研究，可以从 3 个语义层来分别考察这些语义特征：

控制-领属层：[+致使]、[+他动]、[+物理]、[－变化]、[－信息]

空间-动态层：[+趋向]、[－静态]、[+方向]

利益义层（Lâm Quang Đông，2008：120）：[+受惠]、[－交互]

从句法表现上看，给予类动词的基本句法框架为两种：NP1+V+NP2+NP3（双补语式）、NP1+V+NP3+cho+NP2 或 NP1+V+cho+NP2+NP3（与格单补语式）；扩展的句法框架：NP2+được（+NP1）+V+NP3（被动句式）、NP3（+NP1）+V+NP2（类似汉语的主谓谓语句式）和省略的句法框架：NP1+V+cho+NP3，NP1+V+cho+NP2；cho 直接做动词使用时还可以出现以下句法框架：NP1+cho+NP3、NP1+cho+NP2 和 NP1+cho。

词元库的语义基础是框架语义网络中同一语义场的同义概念连接、反义概念连接和相关概念连接。综合各家研究后，我们主要参考董振东的知网[①]相关语义分类，提取出 45 个越南语给予动词作为给予类词元库：

供 cấp、cung cấp、cấp phát、phân phát、phân phối、tiếp tế

赠 biếu、tặng、dâng、cống、cúng、hiến、ban thưởng、ban tặng、thưởng、quyên tặng、góp、thí、bố thí、phú、hối lộ、đút lót、lễ、tết

交 giao、trao、nộp、đưa、pho

还 trả、hoàn、bồi thường、bù、đền

租卖 bán、nhường、thuê

借出 mượn （cho）、vay （cho）

押给 gán

---

① http://www.keenage.com/

留给　để lại、dành

寄　gửi、truyền

嫁　gả

我们根据特定语义框架的场景并结合实际语料，参照 FrameNet 中相应的框架式所设立的框架元素，在分析越南语句法语义结构的基础上，最终构拟出越南语给予框架（如表 3-5）。

表 3-5　越南语给予框架

<table>
<tr><td colspan="2">框架定义</td><td colspan="2">领属者（给予者）使受领者得到给予物的过程。该框架仅包括给予者发出的行为（该主体对给予物拥有原始的所有权）。例句（包括隐喻性的）都必须满足以下条件：给予者最初对给予物有领属权，由于接下来的给予行为使得给予者不再拥有对给予物的所有权，因而变为受领者拥有所有权。</td></tr>
<tr><td rowspan="14">框架元素</td><td rowspan="3">核心元素</td><td>Chủ sở hữu [给予者]</td><td>Chủ thể có quyền sở hữu，và làm cho người nhận thu được quyền sở hữu.</td></tr>
<tr><td>Đối tượng thu nhận [受领者]</td><td>Thực thể mà rót cuộc có được vật trao.</td></tr>
<tr><td>Dối tượng trao tặng [给予物]</td><td>Dối tượng mà quyền sở hữu đã thay đổi.</td></tr>
<tr><td rowspan="11">非核心元素</td><td>Điều kiện [条件]</td><td>Biểu thị điều kiện xảy ra hành vi.</td></tr>
<tr><td>Miêu tả [描述]</td><td>Biểu thị sự miêu tả cho Chủ sở hữu，Đối tượng thu nhận，Đối tượng trao tặng hoặc bản thân sự kiện này.</td></tr>
<tr><td>Phương thức [方式]</td><td>Biểu thị cách thức Chủ sở hữu trao thực thể cho đối tượng thu nhận.</td></tr>
<tr><td>Công cụ [工具]</td><td>Biểu thị công cụ được dùng để thực hiện hành động.</td></tr>
<tr><td>Thời lượng [时量]</td><td>Biểu thi thời gian kéo dài của hoạt động，trạng thái</td></tr>
<tr><td>Địa điểm [地点]</td><td>Biểu thị nơi chốn của sự tình，vị trí tồn tại của sự vật.</td></tr>
<tr><td>Mục đích [目的]</td><td>Mục đích của Chủ sở hữu trao đối tượng .</td></tr>
<tr><td>Mục đích của đối tượng thu nhận [受领者意图]</td><td>Mục đích của đối tượng thu nhận đối với thực thể được trao.</td></tr>
<tr><td>Lý do [原因]</td><td>Biểu thị nguyên do tại sao người sở hữu thời điểm diễn ra hoạt động.</td></tr>
<tr><td>Thời gian [时点]</td><td>Biểu thị thời điểm diễn ra hoạt động.</td></tr>
</table>

抽象的给予框架包括了所有可能出现的框架元素，以及框架元素间所有的关系。在真实的世界中，某一个具体的给予行为可能只凸显其中的一些框架元素。而凸显的框架元素不同，唤起的场景也不同。我们要研究的给予类动词进入的是抽象给予框架之下的具体的框架。为此，我们可以根据框架元素的不同凸显情况将交际框架进行分类。得到一些具体的给予框架。越南语给予框架也可以下属 6 个不同的子框架，分别是：销售类（含租卖、押给）、供/赠类（含留给）、嫁类、寄类、上交类、偿还类，而有些给予框架下面又可以分成不同的子框架，最终构建越南语给予框架库并分析其框架关系（图 3-4）。

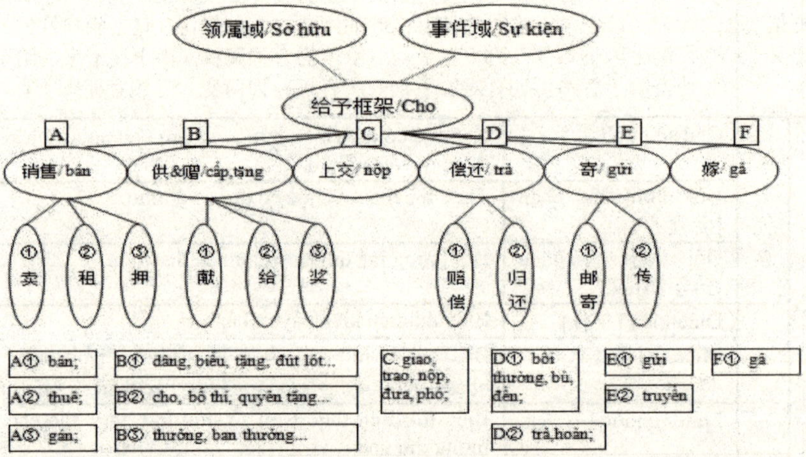

图 3-4　越南语给予框架层级关系及词元示例

另一方面，为探索特定主题域框架网络构建优缺点，林丽（2013a，b）以越南语时事新闻文本作为主题域进行研究，主要方法为在框架语义学理论框架指导下，基于越南语时事新闻语料库[①]筛选出每一个

[①] 越南国防网、越地报网、越南人民军队网、BBC 越南新闻中的时事新闻 899 篇。(http://quocphong.vn/; http://www.baodatviet.vn/;http://www.qdnd.vn/qdndsite/vi-VN/43/Default.aspx; http://www.bbc.co.uk/vietnamese/)

领域词元，为其释义、抽取例句集并进行框架语义标注、最终形成词元报告。对 899 篇越南语时事新闻分词后进行词频统计后得到 17870 个词项，从中选取高频(10 次以上)动词 855 个作为“待选词元集”，对待选词元进行汉语释义（林丽，2013a：201-208）。统计结果如表 3-6 所示。

表 3-6 越南语时事新闻语料库高频动词词表（节选）

序号	词条	词性	汉语释义	词频	频率统计
1	tranh chấp	V	争议	999	0.1559
2	đưa	V	传送；列入	830	0.1295
3	tuyên bố	V	声明	682	0.1064
4	thấy	V	看	678	0.1058
5	muốn	V	想（要）	643	0.1003
6	thăm	V	访问	619	0.0966
7	biểu tình	V	抗议，示威	576	0.0899
8	gây	V	导致	552	0.0861
9	giao	V	交（给）	503	0.0785
10	hoạt động	N/V	活动	476	0.0743
11	giải quyết	V	解决	470	0.0733
12	biết	V	知道	468	0.073
13	thu	V	收，集	464	0.0724
14	tranh	V	竞争	409	0.0638
15	liên quan	V	相关	406	0.0634
16	phát triển	V	发展	403	0.0629
17	tham gia	V	加入	395	0.0616
18	tăng	V	增加，提高	393	0.0613
19	chống	V	反对	387	0.0604
20	bảo vệ	V	保护	383	0.0598

以 THƯƠNG MẠI_BÁN（商业_卖）框架为例，确定其核心框架

元素为：出售者（người bán）、商品（hàng hóa）、购买者（người mua）；非核心框架元素为：方式（cách làm）、结算类型（loại hình thanh toán）、交易金额（tiền）、持续时段（giai đoạn）、地点（nơi）、目的（mục đích）、商品使用目的（mục đích sử dụng）、定价（sự định giá）、转卖（bán lại）、结果（kết quả）、倒回（ngược lại）、时间（thời gian）、商品计量单位（đơn vị）。

例句标注以框架库为基础，给定一个词元，可以对相应例句分框架元素（FE）、短语类型（PT）和句法功能（GF）三个层次进行标注。

从前期对越南语特定语义域和主题域的框架语义研究实践来看，我们得出如下结论：

（1）语义域的框架语义研究更重视在理论上进行较为全面系统的梳理，结合越南语特点对框架语义学进行创造性的研究；主题域的框架语义研究更注重实证和实践研究，开发越南语语料辅助标注工具，构建出一个实验性的越南语时事新闻框架语义知识库。如何将这两方面有机结合起来是需要探索的问题。

（2） 语义域的框架语义研究通常研究范围较小，如越南语“给予”类动词的框架语义分析只涉及约 60 个词元；语义域框架网络和主题域框架网络构建方法有所不同。从词元集选定来看，语义域通过语义特征进行词元筛选，主题域通过词频统计确定词元。框架元素集方面，语义域参照 FrameNet 并进行局部调整；主题域需要构建统一的、层级性的框架元素体系。

（3） 框架语义研究依赖的语料资源本身就需要标注，越南语语料目前的标注精度有待提高。之前关于给予类动词的框架网络构建只是尝试性地标注了数十句例句作为示例，没有确定标注集，数量也较少。主题域框架语义研究通常需要分析新闻语料，真实新闻语料须在有限篇幅内传递最大信息量，因此句子较长，命名实体多，标注难度大，同时缺少类似研究成果作为参考。如何在理论研究指导下标注真实语料，拟定出越南语新闻文本框架语义标注规范需要特别关注。

（4）之前语义域的框架语义研究成果多为自成体系，对于框架体系的构建及其关系的阐释缺乏统一架构。时事新闻词元涉及多个语义域，如何构建全面而合理的框架体系是一大难点。

综上所述，作为初步的越南语动词语义域框架语义研究，其结果是有价值和意义的，但如果从语言工程角度来看，仅从单个语义域进行研究容易失去体系性，出现“只见树木，不见森林”的困惑，研究成果也不能直接为语言信息处理所用。如果先搭建好一个具有层级性、系统性的框架语义构造式系统，再根据各类动词具体研究成果进行框架语义分析和框架体系构建，那研究成果将会更加实用、明确，团队研究成果也容易统一、集中。对于袁毓林（2008）提出的问题，本书尝试的解决办法是起于基于语义域划分的全面框架构造式系统，止于主题域限定的词元激活的框架集合范围。

（三）“语义域”和“主题域”一体化研究

“语义域”和“主题域”一体化研究包含两个部分：一是搭建相对完备的“语义域”，即框架语义构造式系统，二是与义类词典分类体系进行映射细化前期语义分类结果，以便为框架体系层级关系准确定位。

格语法、配价语法的引进促进了汉语句模研究，也为框架语义研究奠定了基础。本节将对比框架语义构造式和句模的关系并将其结合起来用于构建领域多语框架语义构造式系统。

框架语义构造式是目标词元和框架元素构成的语义结构，分为基本形式和由基本形式扩展而成的复合形式。基本框架语义构造式暂未包含非核心框架元素。由丽萍等（2007）参照框架语义学的理论和陈昌来、袁毓林、鲁川等有关汉语语义分析的论著初步构建了24类150个顶层框架的基本构造式。在真实例句中会出现大量非核心框架元素，这部分内容主要在第五章第二节中进行探讨。

句模是根据句子语义平面的特征所划分的类别，是动核结构生成句子时与句型相结合的语义成分的配置模式。朱晓亚（2001：1-9）

根据动核所联系的主事动元的性质将动词分成动作动词、经验动词、性状动词和关系动词 4 大类，下分 16 小类，并在此基础上构建出现代汉语基本句模系统，描写和解释动词组成句子的各种格式和规则。

鲁川（2010）构建的现代汉语基本句模有 26 大类 100 小类，该体系没有明显的层级性。

可见，动词语义类别是框架语义构造式分类和描写的基础。本书的研究重点之一是对句子进行框架语义分析，首先要根据动词及其所支配的语义成分之间的关系进行动词分类。

动词语义分类体系一方面概括度仍较高，另一方面不能显示领域词元的主题分类特征。在此基础上，需要与义类词典分类体系进行映射细化前期语义分类结果，以便为框架体系层级关系准确定位，为为数不多的领域框架确立初始关系提供依据。

VLSP 提供的越南语机器词典语义树（Cây ngữ nghĩa trong VCL）[①] 属于义类结构，类似于汉语《同义词词林》，但过于简略，规模太小。第一级分 2 类，第二级分 12 类，所有层级共计不足 200 类，词例只有数个，尚不足以满足词语分类尤其是动词语义分类要求。

作为一部类义词典，汉语《同义词词林》（扩展版）的分类体系具有在语义分类基础上对题材进行集中的特点，这为本书“基于语义特征”和“基于内容主题”分类相结合进行领域词元划分的设想提供了借鉴。

第三节　DOMLFSR 模式整体架构及核心内容

通过对比分析各语种单语、双语、多语框架网络的构建方法及特点后，本节提出 DOMLFSR 模式，作为构建面向领域的多语框架网络探索实践的理论模型。

---

① http://vlsp.vietlp.org:8080/demo/vcl/SemanticTree.htm

一、 整体架构及特点

DOMLFSR 模式与 FrameNet 语义表示模式相较而言最大的特点是直接面向 NLP，自上而下（即以框架语义构造式系统作为指导）和自下而上（即基于领域语料库归纳和验证，遵循以语料事实为依据的语义知识编写路线）双向构建，领域框架可以纳入一个完整的语义—主题分类体系，即新编《同义词词林》（扩展版）分类体系，实现多语种框架的整合。

（一）DOMLFSR 模式的“多语”设置

以伯克利 FrameNet 为中介语，可以实现框架网络复用和整合。一般而言，通用语的框架网络建设更为成熟，规模更大。非通用语框架网络多为单语，相关的研究较少，但从具体应用上看，需求旺盛，前景良好。目前可知的三语框架网络为“球典”（英语-德语-法语），而它同时也具有突出的领域性。英语—通用语—非通用语模式的三语框架网络实践还未见到。

根据目前框架网络的发展情况，建议语种选择模式是以 FrameNet 为原型和模板，利用其中介语性质进行复用；根据 NLP 优势选择一个扩展的通用语框架网络；根据具体应用需求确定一个作为主要研究开发目标的非通用语种构建多语框架网络；建议研究搭配为英语+通用语+非通用语。

本着发展非通用语语言信息处理的原则，为提高研究和应用效率，非通用语种的语言类型若与通用语语种一致则更佳，如同为屈折型语言的德语、法语等，同为黏着型语言的日语、朝鲜语等，同为孤立型语言的汉语、越南语等。通用语应尽量选择框架语义研究较为成熟的语种。本书选择汉语作为通用语代表，越南语作为非通用语种代表，其语言类型都为孤立语，汉语相关研究成果将更具有借鉴价值，并且可以作为语言类型学研究成果。待今后整体发展比较成熟后，就可以直接根据需求选择英语+N 种语言甚至不需要英语作中介。本书基于此原则确定越南语-英语-汉语的多语框架语义研究方向。

（二）框架网络领域特定性与跨语言性关系

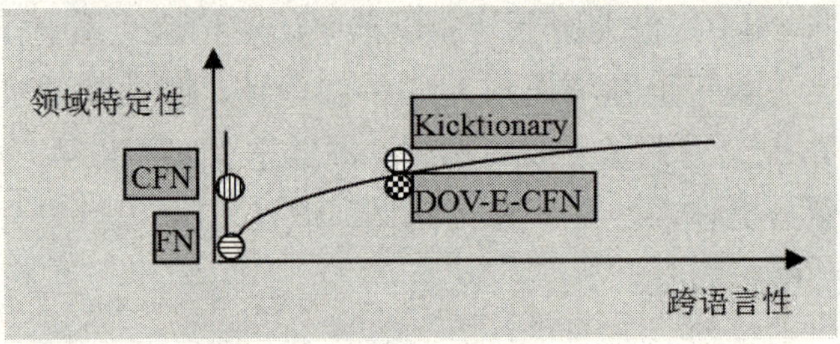

图 3-5　框架网络领域特定性与跨语言性关系图

我们认为，随着框架网络跨语言性的增加，会对领域特定性提出更明确和具体的要求。例如，图中横条圆点代表 FrameNet（FN），其性质是单语言、非领域的框架网络，具有原型、中间语言性质；竖条圆点代表汉语框架网络（CFN），其性质是单语言、领域框架网络，在领域深化和 NLP 应用方面值得借鉴，对孤立型非通用语框架网络研究更有参考意义；方格圆点代表德语-英语-法语足球框架网络，即“球典”（Kichtionary），其性质是多语言、领域框架网络，在多语框架网络构建方面提供了有益的经验。棋盘格圆点代表本书将构建的越-英-汉时事新闻框架网络（DOV-E-CFN），其构建目标是：在复用和整合 FrameNet 框架的基础上，继承“球典”多语言、领域性的基础上，更加侧重学习汉语框架网络的 NLP 应用实践。

（三）DOMLFSR 模式研究思路与方法

FrameNet 作为词典编纂项目在构建过程中对编纂者自身的语言直觉依赖较多。但语义自身具有复杂的系统性，体现出多重的抽象层次。目前框架语义系统尚不够统一完整，层级关系不够鲜明，因此 DOMLFSR 模式研究需要特别注重框架元素的层级性和框架的系统性。

因此，首先要建立一个语义分析系统，自上而下重视语义域框架语义研究，以具体语义域的框架语义分析作为体现框架语义分析原则的范例和规则、调试修订系统的依据，自底而上注重主题域语料和词元的选择，将两种研究模式有机结合。已有的特定语义域框架语义成果如移动域、消息域、言说域、制作域、致使域、认知域等可以借鉴。

领域多语框架网络构建方法为：

1. 构建多语领域语料库，条件成熟时进行平行语料库构建。根据 NLP 应用需求选定一个特定的主题领域，查询各语种相应的互联网网站爬取网页文本构建领域语料库。

2. 经过语料预处理及统计数据，构建三语领域词表/词库。检查语料编码及格式，进行分词和词性标注处理，分词性统计词频，以高频动词为主构建三语词表/词库。各语种高频动词数量若大致相当可以进行匹配和相互补充，若数量差异较大则选取数量最大语种，将其词元通过双语词典翻译成其他各语种词元。[①]

3. 描述给定词元所隶属的概念结构或者框架，进行领域框架半自动映射。

待描述的领域词元与其所对应框架之间关系通常可以分为以下三种情况：

第一，若待描述的领域词元在 FrameNet 中无对应框架，需要构建新框架，为框架定名、确定框架元素并进行释义、选取例句等；

第二，若待描述的领域词元在 FrameNet 中有对应框架且分类合理，则参考“框架元素层级系统”对其框架元素设置进行整合，对 FrameNet 框架可复用的内容进行翻译并根据具体语言特点进行相应的调整；

第三，若待描述的领域词元在 FrameNet 中有对应框架但分类不适合待描述的领域词元，则考察两种语言的词汇化方式有何不同，为同一意义在不同语种中选择相应的表达单位。

[①] 此步骤需要进行多义词到词元的拆分。一个多义词在领域语料中出现的义项数目即相应的词元数目，同形词元需要加序号进行区分。

对 FrameNet 框架进行合并或分化等整合处理有利于实现 FrameNet 框架"最大化复用"。另外，需要对复用或新建的框架进行"准确定位"，即通过"框架语义构造式系统"和《同义词词林》(扩展版）分类系统为其确定框架关系。

4. 筛选例句进行框架语义标注。从领域语料库中检索出包含某个目标词元的例句，根据"框架语义构造式系统"中相应类别从中筛选出较为典型的部分；通过将框架元素指派到包含词元的句子成分上对其进行语义层面的标注；同一框架下有多个语种的词元，在分别检索各语种语料库抽取出含目标词元的例句进行标注后将形成多语同主题标注句对库。

5. 形成最终词元库和例句标注库。显示每个词元在句法—语义组合上的可能性，即对其进行"配价描述"。

（四）OMLFSR 理论模型图

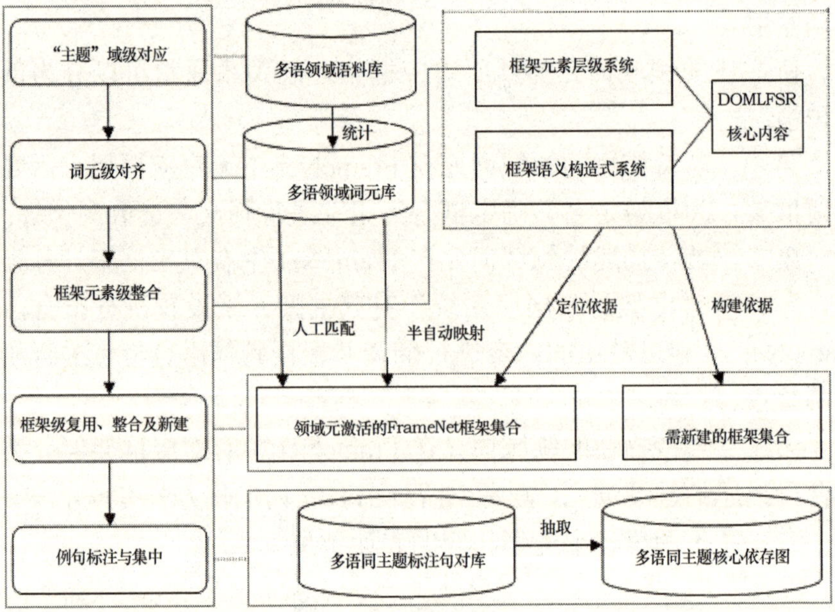

图 3-6 面向领域的多语框架语义表示模式（DOMLFSR）整体架构图

（五）DOMLFSR 模式特点

第一，DOMLFSR 模式继承了框架语义语义分析方法的优势，重视对语义信息进行详细的形式化描写，在对词元和框架元素的句法-语义特征的组合分析和聚合分析等理论研究的同时加强资源建设，构建框架语义构造式系统、多语词元库、框架元素库、框架库和多语同主题标注句对库等；

第二，DOMLFSR 模式强调多语框架网络构建的标准化和精细化。设置框架和框架元素的最基本判定标准可参见由丽萍等（2007：453-461） 在多语框架网络构建中，我们构建了框架元素层级系统和框架语义构造式作为参照标准，研究了多语领域文本语料语义标注的标记规范。

同时，领域多语框架网络体系的构建可以视为一个先激活复用，后整合加新建的问题。语义域系统的分类体系从整体来看过于抽象和庞杂，难于统一，但可以根据现有各具体语义域的研究进行局部细化；而主题域的确定从多语领域语料库构建开始本身就已经是一种更大范围的对应。

第三，DOMLFSR 模式重视非通用语框架语义研究在多语框架网络构建中的作用。一般来说，作为非通用语语种语义学研究积淀较少，相关框架语义研究也相对缺乏，因此，这部分内容需要重点关注，其研究程度会最终决定多语框架语义研究的高度。本章在讨论框架元素层级系统和框架语义构造式系统构建的同时会专门针对越南语的特点进行相关问题的研究，以便为越-英-汉时事新闻框架网络（DOV-E-CFN）构建做好准备。

二、 框架元素层级系统构建

语义角色（Semantic Roles）这个概念是语言学家针对句子结构成分之间的意义关系分类提出的，指有关语言成分的所指在语句所表达的事件中所扮演的参与者角色（Participant Roles）（袁毓林，2007：

10-20)。其主要表示方法有 Arg 0、Arg 1、Arg 2、Arg 3 等谓词论元关系标记、配价语法的行动元（actant）和状态元（circonstant）等标记以及格语法中 Fillmore 提出的“格”标记。在 1966—1977 年间，Fillmore 一共提出了 13 个格，但他本人未明确列出一个完整而明确的格清单。常见格的定义如下（冯志伟，2006：1-9）：

1．施事格常为生物，是能察觉到的动词所指动作典型发出者；

2．工具格常表示动词所指动作或状态涉及的自然力及客体；

3．承受格也称“给予格”，是指受到动词所指的动作或状态影响的生物；

4．使成格常指由动词所指动作或状态形成的生物或者客体；

5．处所格指由动词所指动作或状态的处所、空间或方向；

6．客体格后称受事格，表示受到动词确定的事物或状态影响的事物；

7．受益格是指动词所指动作针对的有生命之服务对象；

8．源点格是指由动词所指动作影响的事物之来源，或者指发生位移过程中的起始点；

9．终点格是指由动词所指动作影响的事物之终点，或者指发生位移过程中的终结点；

10．伴随格是指动词所指动作与施事共同完成时的伴随者。

语义关系复杂繁多，任何所谓标准清单都难以完全覆盖，FrameNet 针对具体框架设置框架元素名称，这种语义角色基本上是中观层次上基于特定领域的角色（袁毓林，2007：10-20）。框架语义学解决了前期格语法中存在的诸多问题，但语义框架描写具有较强的主观性。人们对同一个语义框架的宏观认识基本一致，但深入到框架元素数目、核心框架元素和非核心框架元素的判定等细节时难以完全一致，相对客观的标准是基于语料库数据驱动和现实应用需求来增减框架数目、设置框架内容。

本书认为，这两种方法处于演绎和归纳的两个极点，前一种颗粒度过于粗，后一种颗粒度较细，但分布不均，原因在于缺少框架元素体系和层级架构。因此，构建领域多语框架网络需要选定一种语言为其确定框架元素层级系统。下面将对越南语框架元素系统进行详细定义和描述。

语义角色系统可以称作“框架元素”系统，分为核心框架元素和非核心框架元素两类。总的来说，框架元素系统的构建和描述应该遵循以下原则：穷尽性、系统性、实用性、顺序性（鲁川，2010：258）；基于事件原则、面向语料原则、句法为本原则、意念驱动原则（毕玉德，2005：64）。但能否将非核心框架元素枚举清楚始终是个问题。以往的相关研究中各家确定的语义角色数目均不相同：Diệp Quang Ban（叶光斑）在《越南语语法-理论问题》[①]中介绍了常见的9类语义角色，VLSP提出16个，毕玉德（2005：80-81）提出36类，由丽萍（2005：61-62）提出27类，鲁川（2010：244-266）提出26类，阿里甫·库尔班（2013：41-46）提出52类等等。本书综合参考后根据越南语具体的特点拟定了越南语框架元素层级系统，共包含35个框架元素。值得注意的是，由于越南语缺乏形态标识，需要根据其具体特点确定框架元素格标（FK）体系的特征。另外，第四级框架元素数目尚不确定，暂不便在表3-7中体现，例如：destroyer（破坏者）在必要时可以作为第四级框架元素细化Agent（施事/vai tác thể）这个第三级框架元素。

[①] Viện khoa học xã hội Việt Nam. Ngữ pháp tiếng Việt-những vấn đề lí luận[M],Hà Nôi: Nhà xuất bản khoa học xã hội,2008: 21-23.

表 3-7 越南语核心框架元素层级及标注标记集

第一级	第二级	第三级				
		汉语名称	英语名称及代码	越南语名称	越南语泛形态标记	HEX 颜色码
核心框架元素	主体	施事	agent，Agt	vai tác thể	bị，được，do，bởi	FF0000（红色）
		当事	essive，Ess	vai thực thể	bị，được	FFFF00（纯黄）
		感事	expierencer，Exp	vai nghiệm thể	bị，được，vì	DC143C（猩红）
		致事	causer，Cau	vai gây sự	bị，được	008080（水鸭色）
		领事	possessor，Pos	vai chủ sở hữu	của	FF00FF（品红）
	客体	受事	patient，Pat	vai bị thể	vào	00008B（深蓝色）
		客事	entity，Ent	vai đối tượng	đối với，đến，ở，vào，cho	FF1493（深粉）
		役事	causee，Cae	vai bị bắt buộc		6495ED（矢车菊蓝）
		成事	product，Prod	vai sản vật	thành，ra	00FF7F（薄荷奶油）
	关联	与事	dative，Dat	vai tiếp thể	cho	FFE4C4（浓汤乳脂）
		协事	companion，Comp	vai đối chiếu	với，cùng，bằng	00FF7F（秋麒麟）
		类事	classification，Clas	vai tương ứng	như，trừ，làm，trở thành，trở nên	FF7F50（珊瑚）
		属事	belongings，Belo	vài thuộc thể	của	7FFFAA（绿玉）
		位事	destination，Dest	vai đích thể	ở，tại	F5DEB3（小麦色）

具体定义和示例如下：

1. 施事 agent，Agt

可控行为或可控状态的发出者，也可以是有意识的思维活动主体。

- Tôi$_{Agt}$ đánh nó. 我$_{Agt}$打他。
- Chó$_{Agt}$ nhà ông cắn tôi. 爷爷家的狗$_{Agt}$咬我。
- Cậu bé$_{Agt}$ đang viết thư. 孩子$_{Agt}$正在写信。

2. 当事 essive，Ess

非可控状态或变化的主体，包含造成某种变故、变化的自然物[1]，也可以是类同或关联关系的主体。

- Hòn đá$_{\text{Ess}}$ rơi xuống giếng. 石头$_{\text{Ess}}$掉进井里了。
- Quả bóng$_{\text{Ess}}$ bay lên trời. 球$_{\text{Ess}}$飞上了天。
- Tàu$_{\text{Ess}}$ đang vào ga. 火车$_{\text{Ess}}$正进站。
- Trời$_{\text{Ess}}$ đang mưa. 天$_{\text{Ess}}$正下雨。
- Gió$_{\text{Ess}}$ giật từng hồi. 风$_{\text{Ess}}$一阵阵刮。

（3）　感事 expiencer，Exp

非可控心理、情感、认知过程的主体。

- Tôi$_{\text{Exp}}$ mệt. 我$_{\text{Exp}}$累了。

4.　致事 causer，Cau

引发事件的主体。

- Bố$_{\text{Cau}}$ bắt tôi cưới vợ. 父亲$_{\text{Cau}}$强迫我娶妻。

5.　领事 possessor，Pos

领属关系中的主体，也可以是部整关系中的整体。

- Tôi$_{\text{Pos}}$ còn tiền. 我$_{\text{Pos}}$还有钱。
- Chiếc xe$_{\text{Pos}}$này có bốn bánh xe. 这辆车$_{\text{Pos}}$有四个轮子。

6.　受事 patient，Pat

施事所发出的动作行为的直接客体。

- Tôi đánh nó$_{\text{Pat}}$. 我打他。
- Ông bắt trâu$_{\text{Pat}}$ đi cày. 爷爷牵牛$_{\text{Pat}}$去耕地。
- Bộ đội phá cầu$_{\text{Pat}}$. 部队摧毁桥梁$_{\text{Pat}}$。
- Công nhân chặt cây$_{\text{Pat}}$. 工人砍树$_{\text{Pat}}$。
- Tôi đưa cuốn sách$_{\text{Pat}}$cho nó. 我把书$_{\text{Pat}}$递给他。
- Ông đặt con gà$_{\text{Pat}}$vào đĩa. 爷爷把鸡$_{\text{Pat}}$放到盘子里。

7.　客事 entity，Ent

事件的行为涉及但未造成改变的客体，包括心理活动的体验对象、感知对象，传递或探寻的消息等。

---

[1] VLSP 的语义角色系统称为 vai lực tự nhiên (Force, Fo)，即自然力。

- Nó si mê cô ấy$_{\text{Ent}}$. 他痴迷于她$_{\text{Ent}}$。
- Cảnh sát thông báo tin tức$_{\text{Ent}}$. 警察通报消息$_{\text{Ent}}$。
- Họ đang bàn về một dự án$_{\text{Ent}}$ mới. 他们正在讨论一项新项目$_{\text{Ent}}$。
- Tôi còn vé$_{\text{Ent}}$ trong túi. 我口袋里还有票$_{\text{Ent}}$。

8. 役事 causee，Cae

致事导致的发生变化的客体。

- Bố bắt tôi$_{\text{Cae}}$ quỳ xin lỗi. 父亲强迫我$_{\text{Cae}}$跪下道歉。

9. 成事 product，Prod

事件主题的动作行为所创建或产生的新客体或事件结果。

Cậu bé đang viết thư$_{\text{Prod}}$. 孩子正在写信$_{\text{Prod}}$。

10. 与事 dative，Dat

事件中的受益者或受损者，也可以是给予行为的接受者。

- Tôi tặng mẹ$_{\text{Dat}}$ bó hoa. 我送给母亲$_{\text{Dat}}$一束花。
- Cô cho bé$_{\text{Dat}}$ điểm 10. 老师给孩子$_{\text{Dat}}$10 分。
- Cậu bé gửi thư cho bạn$_{\text{Dat}}$. 孩子寄信给朋友$_{\text{Dat}}$。
- Nó trông nhà giúp tôi$_{\text{Dat}}$. 他帮我$_{\text{Dat}}$看家。
- Bà mẹ rửa chân cho con$_{\text{Dat}}$. 大娘给孩子$_{\text{Dat}}$洗脚。

11. 协事 companion，Comp

动作行为的协同者，事件中的相关者、伴随者、被排除者或参照物。

- Tôi đang thảo luận với luật sư$_{\text{Comp}}$. 我们正与律师$_{\text{Comp}}$进行讨论。
- Nhà xa trường$_{\text{Comp}}$. 家离学校$_{\text{Comp}}$远。

12. 类事 classification，Clas

事件中存在或被认同的类同者，也可以是事件主体或客体之最后状态。

- Nó giống mẹ$_{\text{Clas}}$. 他像妈妈$_{\text{Clas}}$。

13. 属事 belongings，Belo

领属关系中所属的属性、构成部分、拥有的财物等。

- Tôi còn tiền$_{\text{Belo}}$. 我还有钱$_{\text{Belo}}$。
- Chiếc xe này có bốn bánh xe$_{\text{Belo}}$. 这辆车有四个轮子$_{\text{Belo}}$。

14. 位事 destination，Dest

事件主体始终所在的空间归宿点。

- Khách sạn Hồ Gươm nằm ở góc của trung tâm phố cổ Hà Nội$_{Dest}$.
还剑湖宾馆位于河内古街中心一角$_{Dest}$。

表 3-8　越南语非核心框架元素层级及标注标记集

第一级	第二级	第三级				
		汉语名称	英语名称及代码	越南语名称	越南语泛形态标记	HEX 颜色码
非核心框架元素	凭借	工具	instrument，Inst	vai công cụ	bằng	808080（灰色）
		材料	material，Matc	vai tài liệu	bằng	808000（橄榄色）
		依据	evidence，Evid	vai căn cứ	theo	BA55D3（中兰花紫）
	因果	原因	reason，Rea	vai nguyên nhân	vì，do，bởi，nhờ，tại，với	B0C4DE（淡钢蓝）
		目的	purpose，Pur	vai mục đích	để，cho，mà，vì	800080（紫色）
		基准	criterion，Cri	vai tham chiếu	bằng，như，hơn	F0FFFF（蔚蓝色）
	环境	处所	location，Loc	vai địa điểm	ở，tại	32CD32（酸橙绿）
		时间	time，Time	vai thời điểm	khi，trong，vào，từ，về	FFA500（橙色）
		范围	range，Ran	vai phạm vi	trong，về	BC8F8F（玫瑰棕）
		条件	condition，Con	vai điều kiện	với	4B0082（靛青）
		程度	degree，Deg	vai trình độ	đến（mức）	FF69B4（热情粉红）
		方式	manner，Manr	vai cách thức	với，bằng	A52A2A（棕色）
	度量	数量	quantity，Quan	vai số lượng	với	6A5ACD（板岩暗蓝灰）
		速度	speed，Spe	vai tốc độ	với	FFD700（金）
		频率	frequency，Freq	vai tần số	với	00FFFF（青色）
		时量	duration，Dur	vai thời lượng		FFF0F5（脸红淡紫）
	趋向	起点	start，Star	vai điểm bắt đầu	từ，ở	F0E68C（卡其布）
		路径	path，Path	vai đường đi	qua	90EE90（淡绿）
		路程	distance，Dis	vai cự ly	qua，theo	228B22（森林绿）
		方向	direction，Dir	vai phương hướng	về	FFFFF0（象牙）
		终点	terminal，Ter	vai điểm cuối cùng	đến，tới，về	D2B48C（晒黑）

具体定义和示例如下：

1. 工具 instrument，Inst

指实施行为所凭借的物件。

- Họ đến bằng máy bay$_{Inst}$. 他们乘飞机$_{Inst}$来的。

- Hắn đánh ông ta bằng một khúc củi to$_{Inst}$.那家伙用一根大柴棒$_{Inst}$打他。

2. 材料 material，Mate

作制作成品（成事）时所凭借的原材料。

- Cái bàn này làm bằng gỗ quý$_{Mate}$. 这张桌子用珍贵木材$_{Mate}$制成。

- Chiếc nhẫn này bằng vàng$_{Mate}$. 这只戒指是黄金$_{Mate}$的。

3. 依据 evidence，Evid

发出动作时所凭借的根据、标准、法规等。

- Các bạn đi theo cô ấy$_{Evid}$ nhé! 大家跟着她$_{Evid}$走吧！

- Tùy theo tình hình cụ thể$_{Evid}$，họ luôn luôn sửa đổi lề lối công tác. 根据具体情况$_{Evid}$，他们常常调整工作方法。

4. 原因 reason，Rea

动作、行为、状态、事件等产生或发生的原因。

- Biết bao đồng bào ta chết vì dịch bệnh$_{Rea}$ này. 不知我们多少同胞死于这种疫病$_{Rea}$。

- Mọi sai lầm đều do đó$_{Rea}$ mà ra. 一切错误都因它$_{Rea}$而起。

5. 目的 purpose，Pur

动作、行为、状态、事件等发生所要达到的目的。

- Chuyển hóa phương châm tác chiến để giành thắng lợi$_{Pur}$. 转变作战方针以夺取胜利$_{Pur}$。

- Nhà nào cũng có bộ bàn ghế để tiếp khách$_{Pur}$. 每家都有套桌椅用来招待客人$_{Pur}$。

- Tôi học tập tốt để ngày mai lập nghiệp$_{Pur}$. 我学习成绩好以便将来干一番事业$_{Pur}$。

6. 基准 criterion，Cri

事件中比较或测定时参照的间接客体。

- Tôi hát không hay bằng anh$_{Cri}$. 我唱歌不如他$_{Cri}$好。

-Anh ấy cao hơn tôi$_{Cri}$ rất nhiều. 他比我$_{Cri}$高很多。

7. 处所 location，Loc

指事件发生的地点。

- Tàu đang vào ga$_{Loc}$. 火车正进站$_{Loc}$。

- Tôi sống ở Hà Nội$_{Loc}$. 我在河内$_{Loc}$生活。

8. 时间 time，Time

动作、状态发生的时点。

- Tôi vừa gặp nó hôm qua$_{Time}$. 我昨天$_{Time}$刚遇到他。

- Họ đến Bắc Kinh vào tháng sáu năm nay$_{Time}$. 他们今年六月$_{Time}$到的北京。

9. 范围 range，Ran

动作、心理经验、情状等发生的范围。

- Ông là một chuyên gia về các vấn đề quốc tế$_{Ran}$. 他是一位国际问题$_{Ran}$专家。

- Tỷ lệ lạm phát của Việt Nam cao nhất trong các nước Đông Nam Á$_{Ran}$. 越南通货膨胀率在东南亚国家中$_{Ran}$是最高的。

10. 条件 condition，Con

动作、心理经验、情状等发生所需要的条件。

- Với kế hoạch rõ ràng và lòng hăng hái$_{Con}$，chúng tôi chắc sẽ làm tròn nhiệm vụ này. 有明确的计划和积极的心态$_{Con}$，我们一定能圆满完成这项任务。

11. 程度 degree，Deg

动作发生或状态出现时所达到的程度。

- Tình hình cử nhân thất nghiệp đã lên đến mức báo động$_{Deg}$.本科毕业生失业情况已经达到惊人的程度$_{Deg}$。

12. 方式 manner，Manr

参与者在事件过程中所处的状态。

- Anh ấy học tập với tinh thần quên mình$_{Manr}$. 他以忘我的精神$_{Manr}$学习。

13. 数量 quantity，Quan

事件参与者的数量。

- Đường băng sân bay này dài 1287 mét$_{Quan}$.这座机场的跑道长 1287 米$_{Quan}$。

14. 速度 speed，Spe

动作在特定时间内所达到的速度。

- Gỗ Trường Thành có tốc độ phát triển trên 50%/năm$_{Spe}$.长城木的发展速度在每年 50%以上$_{Spe}$。

15. 频率 frequency，Freq

动作在特定时间内所发生的次数。

- Những hội chợ dưới đây chỉ họp duy nhất một lần mỗi năm$_{Freq}$. 以下博览会每年仅举办一次$_{Freq}$。

16. 时量 duration，Dur

动作行为造成的结果状态持续的时间长度；

- Ông ấy hưởng thọ 80 tuổi$_{Dur}$. 他享年 80 岁$_{Dur}$。

- Họ chầu chực cả ngày$_{Dur}$. 他们等了一整天$_{Dur}$。

17. 起点 start，Star

参与者位移动作的出发点。

- Họ từ Bắc Cực$_{Star}$ đến. 他们从北极$_{Star}$来。

18. 路径 path，Path

参与者位移动作过程中所经过的地点。

- Đang chạy qua cầu$_{Path}$，xe máy cháy trơ khung.正驶过桥$_{Path}$，摩托车起火烧得只剩车架。

19. 路程 distance，Dis

参与者位移动作过程中经过的距离。

- Thủy phi cơ DHC-6 bay hàng nghìn kilomét$_{Dis}$ tìm máy bay Malaysia.（越南海军）DHC6 水飞机飞行上千公里$_{Dis}$ 寻找马航飞机。

- Băng qua một con suối$_{Dis}$. 越过一条小溪$_{Dis}$。

20. 方向 direction，Dir

参与者位移动作的方向。

- Chim non đang bay về phía nam$_{Dir}$ để tránh rét.幼鸟正飞向南方$_{Dir}$ 过冬。

21. 终点 terminal，Ter

动态主体或致使客体所到达的归宿点，也可以指时间的归宿点。

- Gần 200 hành khách đi Đà Lạt lại được chở đến Nha Trang$_{Ter}$.近 200 名去大叻的旅客却被载到芽庄$_{Ter}$。

该框架元素系统针对越南语特点设定，但作为基本参照同样适用于面向领域的多语框架网络构建。该系统和以往的语义角色系统相比有如下特点：具有与动词语义类对应的层级性、颗粒度较细且不封闭，第四级语义角色名称为拓展层。在上一级框架元素可以满足 NLP 应用需求时，不需向下一级细化命名，这样可以实现按需制订的动态框架元素层级系统；另外，该层级系统包括标记符号集和框架元素 HEX 颜色码及相应背景颜色名称。这样可以保证同一种框架不重复同一种颜色，同时确保同一框架元素在不同框架中背景颜色一致，提高标记一致性和可读性。

三、 框架语义构造式系统构建

FrameNet 认为新框架的制作原则是基于本族语分析者的直觉判断把在语义框架中定义好的框架元素指派给句子中的某些成分，以此揭示存在于某个或某些词元背后的某种系统概念化图式。但此过程不论对本族语还是非本族语分析者都缺乏客观的参照和标准。本书认为应当根据各语种本族语语言研究者的相关研究成果构建“框架语义构造式系统”作为目标词元和核心框架元素搭配的理论推演层级系统，为分析和标注句子语义结构提供依据。该系统是面向信息处理的语义描述系统，把词汇语义信息跟句法语义的构造联系起来，下一步还可以延伸到对篇章语义的描述上面，是 DOMLFSR 模式的重点。本节主要关注汉语和越南语的框架语义构造式构建。

（一） 越南语动词语义描写及分类研究成果

越南有关动词语义研究、词汇/句法语义相关的研究大多非直接面向 NLP 应用，但其中一些成果在一定程度上可以为越南语语义知识库建设提供借鉴。与知识库形式化地整体呈现模式不同，这些研究通常更加侧重对语言现象进行微观的描述。

1976 年 Nguyễn Kim Thản（阮金坦）在专著 *Động từ trong tiếng Việt*（越南语动词）中论述了动词在越南语词类体系中的地位、越南语动词构造类型、动词的虚词、动词的分类及其语法范畴等问题。关于越南语动词分类问题，笔者认为根据动词的支配性质分类最为有益，并将越南语动词分为三个层级，分别列出了其句法表现、变式和例举。该分类带有朴素的配价思想，相比其他一些综合语法著作更为详细。

1995 年 Nguyễn Thị Quy（阮氏归）所著的 *Vị từ hành động tiếng Việt và các tham tố của nó-so sánh với tiếng Nga và tiếng Anh*（越南语行为动词及其论元—与俄语和英语对比）是越南较早较为系统地论述动词论元结构和语义角色的研究成果。其理论来源中提及 Tesnière 和 Fillmore 的理论，但并未详细论述。该研究对“谓词”的界定和分类进行了论述；对行为谓词进行了次范畴划分；对越南语中的“行为”谓语框架中语义角色的表现方式进行了阐述。

1995 年 Nguyễn Văn Lộc（阮文禄）出版的专著 *Kết trị của động từ tiếng Việt*（越南语动词的配价）以配价理论为基础，基本参考 1992 年以前的俄语和越南语文献，相对陈旧。该文主要论述了动词的必有配价的确定、分类及其实现，对本书的研究有一定的参考价值。笔者

2008 年发表的论文 *Các mô hình kết trị của động từ tiếng Việt*（越南语动词的配价模型）一文力图确定越南语动词可能出现的全部配价模型。他认为动词的配价模型与句子的句法模型并不重叠，是从最小的具体动词结构概括出的抽象结构略图（即动词结构只包括核心以及与核心有直接关系的必有配价成分）。动词配价模型确定的依据是：（1）结构中成分的数目；（2）与核心的关系中考察出的配价意义；（3）各配价的形式特点。该文确定了越南语动词中的 4 大类、25 小类配价模型。但这种“配价模型”实质上还只是越南语动词深层句法结构表达式，并未涉及到语义层面。

2000 年 Đỗ Hữu Châu（杜友洲）出版了专著 *Từ vựng-ngữ nghĩa tiếng Việt*（越南语词汇语义）。该书主要介绍了越南语词汇意义的类型，词汇系统中的语义类别、同义、反义现象等，对越南语词汇-语义进行了较为全面的研究。

2008 年 Nguyễn Văn Hiệp（阮文协）在专著 *Cơ sở ngữ nghĩa phân tích cú pháp*（句法分析的语义基础）中分析了句法分析和描写的主要方法并进行了对比，将语义分成描写义、情态义、主题义、言语目的义等，还回顾了越南语句法研究的历史，提出了语法语义研究趋向。

2008 年 Lâm Quang Đông（林光东）在 *Cấu trúc nghĩa biểu hiện của câu với nhóm vị từ TRAO/TẶNG*（句子的语义结构表现——TRAO/TẶNG 类谓词）一书中综述了有关句法—语义结构的各种学术观点，提出了通过语义层考察语义特征的方法。针对 TRAO/TẶNG 类谓词，详细分析了控制-领属层、空间-动态层、利益义层等语义层的特点。该研究对本书研究越南语动词框架语义，特别是给予类框架研究具有借鉴价值。

VLSP[①]（Vietnamese Language and Speech Processing）课题是越南国家级科技项目“越南语文本和语音处理（VLSP）的必要产品研

① http://vlsp.vietlp.org:8080/demo/?page=home

发”（编号 KC01.01/06-10）的子课题，该课题由越南国内外多家 NLP 研究机构联合承担。VLSP 初步拟定了以下几种构建信息处理资源的基本规范，包括越南语机器词典动词谓语框架（Khung động từ làm vị ngữ trong VCL） 和越南语机器词典语义树（Cây ngữ nghĩa trong VCL）。VLSP 谓词框架标记模式与 FrameNet 中 FE、PT、GF 三个层次的例句标注模式具有类似之处，可以为越南语框架语义构造式系统构建提供参考。

（二） 越南语-汉语基本框架语义构造式层级系统

在上节框架元素层级系统研究的基础上，结合 VLSP 的语义树[①]以及毕玉德“韩国语动词系统分类树型结构图”（毕玉德，2005：132），可以进行动词分类定位。参照本节前述各家的越南语动词分类体系，本书归纳出越南语基本框架语义构造式层级系统。该层级系统分为三层：第一层分五级，代码为一位阿拉伯数字 1-5；第二层为两位阿拉伯数字分 26 小类，代码为 1-11 不等；第三层约 60 个细类，编码为两个小写英文字母，第一个代表具体语种，汉语为 c，越南语为 v，英语为 e 等等，第二位使用 a-z 代表序数。这样可以赋予每个框架语义构造式唯一代码，例如越南语置放动词的框架语义构造式 Np_Pat + Np_Agt +Vp+ Np_Dest 代码为 111vd。当然，事实上即便在框架语义构造式这一层级，不同语种间也可能相同。为了叙述和分类方便，本书仍按语种将其进行区分。

---

① http://vlsp.vietlp.org:8080/demo/vcl/SemanticTree.htm

表 3-9　越南语—汉语基本框架语义构造式层级系统

第一层	第二层			第三层	
	语义分类	语义特征	词元配价	汉语框架语义构造式	越南语基本框架语义构造式
1.动作/行为	01.自主动作	[动作][自主]	一价	ca.施事+Vp； cb.Vp+施事； cc.领事+Vp+施事；	va.Np_Agt+Vp; vb.Vp +Np_Agt;
	02.涉受	[动作][自主] [承受]	二价	ca.施事+Vp+受事； cb.施事+把/将+受事+Vp； cc.受+被/由/归+（施事）+Vp；	va.Np_Agt +Vp+Np_Pat; vb.Np_Pat +bị+（ Np_Agt）+Vp; vc.Np_Pat + bị+Vp +do+Np_Agt;
	03.制作	[动作][自主] [结果]	二价	ca.施事+Vp+成事； cb.施事+把+成事+Vp； cc.成事+被+施事+Vp； cd.成事+（施事）+Vp；	va.Np_Agt +Vp+Np_Prod; vb.Np_Prod +bị +Np_Agt +Vp; vc.Np_Prod +（Np_Agt）+Vp;
	04.位移	[动作][自主] [位移]	二价	ca.施事+Vp+（介词）+位事； cb.施事+位事+Vp； cc.位事+Vp+施事；	va.Np_Agt+Vp+K+Np_Dest; vb.Np_Agt+Np_Dest+Vp; vc.Np_Dest+Vp+Np_Agt;
	05.针对	[动作][自主] [针对]	二价	ca.施事+介词+与事+Vp； cb.施事+Vp+（于）+与事；	va.Np_Agt +K+Np_Dat +Vp; vb.Np_Agt +Vp+K +Np_Dat;
	06.协同	[动作][自主] [相互]	二价	ca.施事+介词+协事+Vp； cb.施事+协事+Vp；	va.Np_Agt +K+Np_ Comp +Vp; vb.Np_Agt +Np_Comp +Vp;
	07.交接	[动作][自主] [交接]	三价	ca.施事+Vp+当事+与事； cb.施事+当事+Vp+与事；	va.Np_Agt +Vp+ Np_Ess + Np_ Dat; vb.Np_Agt + Np_Ess +Vp+ Np_ Dat;
	08.协商	[动作][自主] [相互]	三价	ca.施事+协事+Vp+客事； cb.施事+协事+Vp+成事； cc.客事+施事+协事+Vp；	va.Np_Agt+Np_Comp +Vp+ Np_Ent; vb.Np_Agt+Np_Comp+Vp+Np_Prod; vc.Np_Ent + Np_Agt + Np_Comp +Vp;
	09.认定	[动作][自主] [相互][认定]	三价	ca.当事+被+施事+Vp（为）+类事； cb.施事+Vp+（当事）+类事； cc.施事+（把）当事+Vp（为）+类事； cd.类事+由+施事+Vp；	va.Np_Ess+（được/bị） Np_Agt+Vp（là）+Np_Clas; vb.Np_Agt+Vp+ （Np_Ess）（là）+Np_Clas; vc.Np_Clas+（được/bị）Np_Agt+Vp;
	10.置放	[动作][自主] [置放]	三价	ca.施事+位事+Vp+受事； cb.施事+Vp+受事+位事； cc.施事+(把)受事+Vp+位事； cd.受事+（被）施事+Vp+位事； ce.位事+施事+Vp+受事； cf.施事+Vp+位事+受事； cg.位事+Vp+受事（施事隐含）；	va.Np_Agt +Vp+ Np_Pat + Np_Dest; vb.Np_Pat + （được/bị）Np_Agt +Vp+ Np_Dest; vc.Np_Dest + Np_Agt +Vp+ Np_Pat; vd.Np_Agt +Vp+ Np_Dest + Np_Pat; ve.Np_Dest +Vp+ Np_Pat;

第一层	第二层			第三层	
	语义分类	语义特征	词元配价	汉语框架语义构造式	越南语基本框架语义构造式
2.致使	01.致使	[致使][±自主]	二价	ca.致事+Vp +役事； cb.致事+役事+Vp； cc.役事+被+致事+Vp；	va.Np_Cau +Vp + Np_Cae； vb.Np_Cau + Np_Cae +Vp； vc.Np_Cae +bị+ Np_Cau +Vp；
	02.使役	[致使][±自主]	三价	ca.致事+Vp+役事+类事； cb.致事+役事+Vp+类事； cc.役事+致事+Vp+类事；	va.Np_Cau +Vp+ Np_Cae + Np_Clas； vb.Np_Cau + Np_Cae +Vp+ Np_Clas； vc.Np_Cae + Np_Cau +Vp+ Np_Clas；
3.心理	01.情绪	[心理][±自主]	一价	ca.感事+Vp	va.Np_Exp+Vp;
	02.经验	[心理] [±自主]	二价	ca.当事+Vp+感事； cb.当事+感事+Vp； cc.感事+当事+Vp；	va.Np_Ess +Vp+ Np_Exp； vb.Np_Ess + Np_Exp +Vp； vc.Np_Exp + Np_Ess +Vp；
	03.感知	[心理] [±自主]	二价	ca.当事+Vp+客事； cb.当事+客事+Vp； cc.客事+当事+Vp；	va.Np_Ess +Vp+ Np_Ent； vb.Np_Ess + Np_ Ent +Vp； vc.Np_ Ent + Np_Ess +Vp；
	04.遭遇	[心理] [±自主]	二价	ca.当事+Vp+客事	va.Np_Ess+Vp+ Np_Ent;
4.性状	01.状态	[性状] [-自主]	一价	ca.当事+Vp；	va.Np_Ess+Vp;
	02.态度	[性状][-自主] [针对]	二价	ca.当事+对+客事+Vp； cb.客事+当事+Vp； cc.当事+Vp+客事；	va.Np_Ent + Np_Ess +Vp； vb.Np_Ess +Vp+ Np_Ent；
	03.存在	[性状][-自主] [位移]	二价	ca.当事+Vp+位事；	va.Np_Ess+Vp +Np_Dest;
	04.互向	[性状][-自主] [相互]	二价	ca.当事+协事+Vp； cb.当事（复数）+Vp；	va.Np_Ess+Np_Comp+Vp; vb.Np_Ess+Vp;
	05.欠缺	[性状][-自主] [交接]	三价	ca.当事+Vp+与事+客事；	va.Np_Ess+Vp+ Np_Dat + Np_Ent;
	06.分属	[性状][-自主] [相互]	三价	ca.当事+Vp+与事+客事；	va.Np_Ess+Vp+ Np_Dat + Np_Ent;
5.关系	01.判断	[关系][-自主]	二价	ca.当事+Vp+类事；	va.Np_Ess+Vp+ Np_Clas;
	02.所属	[关系][-自主]	二价	ca，领事+Vp+属事；	va.Np_Pos +Vp+ Np_Belo；
	03.比较	[关系][-自主]	二价	ca.当事+Vp+类事；	va.Np_Ess+Vp+ Np_Clas;
	04.称谓	[关系][-自主]	二价	ca.当事+Vp+类事；	va.Np_Ess+Vp+ Np_Clas;

综合汉语方面有关动词语义分类的研究，本书整理了 1833 个汉语常用动词，为其标明配价及类别，为越南语和英语相关研究打下基础。下面简要介绍汉语和越南语各类动词特点及其在时事新闻领域的典型例句。

101 一价自主动作动词

传统语法研究中所称的“不及物动词”。汉语中有“跑、自杀、休息、巡逻、站岗”等；越南语中有“đi、chạy、nhảy、bơi、bò、bay”

等。[①]具体如：

- 美国/nsf 说/v，/wd 不/d 是/vshi 我们/rr 主动/ad 去/vf 讲/v ，/wd 而是/c 他们/rr **跑**/v 过来/vf 找/v 我们/rr 要/v 我们/rr 去/vf 讲/v 。

- 韩/b 军/n 又/d 曝/vg 2/n 名/q 陆/m 军/n 新兵/n **自杀**/vi /w

- 我/rr 看/v 着/uzhe 船上/s 人员/n 井然有序/vl 地/ude2 工作/vi ，/wd 快快乐乐/z 地/ude2 **休息**/v 聊天/vi ，/wd 心中/s 陡/ad 生/v 无限/vd 感慨/v !/wt

- 一/m 位/q 消息/n 人士/n 表示/v ，/wd 菲/b 海军/n "/wyz 德尔毕拉尔/nrf "/wyy 号/q 巡逻舰/n 已/d 前往/v 中/f 业/ng 岛/n （/wkz 菲/b 称/v 帕/ng 加/v 萨/nr1 岛/n ）/wky 核实/v 情况/n ，/wd 并/cc 在/p 当地/s 进行/vx **巡逻**/vn 以/p "/wyz 捍卫/v 主权/n "/wyy 。

- 退潮/vi 时/ng 露出/v 水面/n 的/ude1 礁石/n ，/wd 个个/q 像/v 军人/n 一样/uyy 矗立/v 在/p 大海/n 上/f 为/v 祖国/n **站岗**/vi 放哨/vi 。

- Tuy nhiên，cho đến thời điểm này，họ đã tiến thêm bước nữa bằng cách là cử phóng viên của họ **đi** cùng.

- Song song，họ cũng c một số tầu ngầm **chạy** bằng năng lượng nguyn tử.

- Tất cả đều liên quan đến yếu tố thời gian: tinh nhanh，chính xác，kịp thời，chạy nhanh，trèo nhanh，**bơi** nhanh，**nhảy** nhanh.

- chiếc xe l ạch **bò** lên dốc.

- Tàu bay **bay** trên vùng trời vẫn phải xin phép.

102 二价涉受动作动词

该类动词具有典型的动作性，施事的动作对受事产生影响。汉语中有"吃、喝、搬、拔、铲、打"等；越南语中有"ăn、ấn định、bẻ、bó、bóp méo、bắt、cắt、cấy、đạp、đập、đè、gò、hạ bệ、làm、mở、

---

① 部分例词除了可以充当一价自主动作动词，在其他句式中也可能表现为二价动词。

ném、nhặt、phá”等。具体如：

- 单/d 只/d 牛/ag 的/ude1 重量/n 和/cc 整个/b 牛群/n 的/ude1 数量/n ，/wd 都/d 比/p 狮子/n 和/cc 狮/n 群/q 大/a 得/ude3 多/a ，/wd 但/c 改变/v 自己/rr 被/pbei **吃**/v 掉/v 的/ude1 命运/n 了/y 吗/y ？

- 形象/n 地/ude2 说/v ，/wd 美国/nsf 要/v **吃**/v 肉/n ，/wd 联盟/n 也/d 要/v **喝**/vg 汤/n 。

- 德国/nsf 《/wkz 时代/n 周报/n 》/wky 16 日/t 评论/n 说/v ，/wd 国际象棋/n 比赛/vn 被/pbei **搬**/v 到/v 海面/n 上/f 。

- 少将/n ：/wm 勿/d 欺人太甚/vl 逼/v 中国/ns **拔**/v 下/vf 这/rzv 把/pba 心头/s 刀/n

- 最近/t 美军/n **铲除**/v 本/rz 拉/v 丹/b 作战/vn 那样/rzv 的/ude1 跨/v 洲际/b 、/wn 短促/a 、/wn 准确/ad 打击/v 的/ude1 特点/n ，/wd 还有/v 相当/vi 的/ude1 困难/an 。/wj 首先/c ，/wd 类似/v 作战/vi 的/ude1 关键/n 在于/v 情报/n 是否/v 准确/a ，/wd 这/rzv 方面/n 需要/v 长期/d 准备/v 、/wn 大量/m 的/ude1 投资/vn 。

- 法/b 总统/n 竞选/v **打**/v 出/vf 中国/ns 牌/n /w

- nhưng họ không bao giờ ngừng chiến lược dài hạn “Tàm thực” – tằm **ăn** dâu.

- các quốc gia ven biển **ấn định** ranh giới thềm lục địa ngoài phạm vi 200 hải lý của mình.

- Trung Quốc đang **bẻ** gãy chiếc đũa yếu nhất là Philippines.

- Nga cũng chưa bao giờ cấp giấy phép cho Trung Quốc sản xuất hệ thống tên lửa phòng không S-300，nhưng cũng **bó** tay chịu để người Trung Quốc sao chép hoàn toàn phiên bản này dưới tên gọi là HQ-9.

- Việc chính quyền nói sai về các nước khác và **bóp méo** lịch sử khiến người Trung Quốc chẳng biết gì cả và phản ứng như vậy”.

- FGFA cũng cho phép Ấn Độ **bắt** kịp các tiến bộ của không quân Trung Quốc trong tương lai.

- Động thái này **cắt** đứt đường lui của Trung Quốc.

- Mãi đến khi thiết bị điều khiển một máy bay trực thăng của Không quân Trung Quốc mất tác dụng，máy bay bị rơi vỡ thì mới phát hiện thiết bị “backdoor” do người Mỹ **cấy** vào.

- Đảng Cộng sản Nhật Bản thậm chí coi hành động này là “giẫm **đạp** lên Hiến pháp”.

- Người Mỹ liên hợp triển khai đối kháng quân sự nhằm vào Trung Quốc，là lấy đá **đập** vào chân mình.

- Một số người còn nảy ra ý tưởng rất hay là dán hình sao vàng năm cánh **đè** lên chữ Trung Quốc in trên đèn lồng.

- Ngoại trưởng Lim và ông Osman chỉ ra việc người dân Triều Tiên bị **gò** ép tư tưởng nặng nề đang phá hỏng các bước tiến tích cực.

- Trung Quốc **hạ bệ** vai trò của diễn đàn Shangri-La không phải vì họ coi nhẹ.

- Trong chuyến thăm **làm** việc tại Campuchia của Chủ tịch Trung Quốc Hồ Cẩm Đào ngay trước hội nghị thượng đỉnh ASEAN，hai bên đã ra Tuyên bố chung，thúc đẩy hợp tác trong nhiều lĩnh vực.

- Bắc Kinh đã **mở** cửa cho các công ty dầu lửa hàng đầu của Mỹ vào thăm dò và khai thác năng lượng ở Vùng biển này.

- Có thể tiến hành **ném** bom cả từ độ cao trung bình 1.000-2.000 m.

- Mấy năm trước，tàu Hải giám Trung Quốc từng **nhặt** được một chiếc phao nổi của quân Mỹ trên Vùng biển này.

- Hai thuyền viên trên tàu 9226 đã dũng cảm đứng ra mũi tàu xịt vòi rồng để cản **phá** tàu Trung Quốc.

103 二价制作动作动词

“施事”发出的行为动作导致了“成事”，即新事物或新现象的产生或出现。汉语中有“出版、建造、生产”等。“施事”和“成事”之间常出现“成、出”等形式特征。越南语中有“xây dựng、phát minh、đẻ、thành lập”等。“施事”和“成事”之间常出现“thành、ra”等形式特征。具体如：

- 在/p 法国/nsf **出版**/v 的/ude1 《/wkz 大西洋/nsf 月刊/n 》

/wky 称/v ，/wd 对/p 越南/nsf 和/cc 菲律宾/nsf 来说/uls ，/wd 中国/ns 太/d 大/a 、/wn 太/d 强/a ，/wd 情绪/n 又/d 太/d 复杂/a ……

- 文章/n ，/wd 呼吁/v 美国/nsf 海军/n 在/p 军费/n 缩减/v 的/ude1 情况/n 下/f ，/wd 建造/v 更/d 多/a 的/ude1 成本较低/n 的/ude1 柴/n 电/n 潜艇/n 。

- 仪表/n 企业/n 为/p 俄/b 菊花/n -S/x 反/vi 坦克/n 导弹/n 生产/vn 计算系统/n

- Chúng tôi đang có kế hoạch **xây dựng** cơ sở tại Việt Nam để sản xuất một phiên bản của Uran Nga [SS-N-25].

- Dù không phải là một loại vũ khí mới được **phát minh** trên thế giới, tuy nhiên tàu sân bay đầu tiên của Trung Quốc, được tạm gọi là Thi Lang （Shi Lang） đánh dấu sự tiến bộ vượt bậc của công nghệ hàng hải của nước này.

- Mỹ không thể vừa muốn ăn con vịt quay vừa muốn ăn trứng nó **đẻ** ra hàng ngày.

- ……tăng cường sự hợp tác Mỹ-Nhật, Mỹ-Hàn và Mỹ-Philíppin để **thành lập** "liên minh chống Trung Quốc ở châu Á", kiềm chế ảnh hưởng của Trung Quốc ở khu vực này.

104 二价位移动作动词

该类动词的"施事"即运动场景中的运动者，并且能带"位事"，体现出强空间性。汉语中有"处在、离开、路过、到达"等；越南语中有"ở、xuống、lên、nằm、vượt、đến"等。

- 泰国/nsf 春/tg 武里/nr 府/ng 梭/ng 桃/n 邑/ng 县/n ，/wd 海军/n 第十五/m 训练/vn 基地/n ，/wd 一/m 片/q 长长的/z 海滩/n **处在**/v 几/m 座/q 山峰/n 环抱/v 之中/f ，/wd 天空/n 湛蓝/z ，/wd 能见度/n 极/d 佳/a 。

- 直至/v 2 月/t 20 日/t 8 时/t 15 分/t ，/wd 目标/n 船/n **离开**/v 中国/ns 管辖/v 海域/n 。

- 这/rzv 2/n 艘/q 船/n 要/v **路过**/v 我们/rr 的/ude1 海区/n ，……

- 从/p 潭/n 门/q 镇/n 出发/vi ，/wd 将/p 航向/n 调/v 到/v 东南/f 110/m 度/qv ，/wd 3/n 天/qt 3/n 夜/qt 后/f 可/v **到达**/v 黄岩/ns 岛/n ，……

- Chẳng riêng một ai，anh em chúng tôi **ở** ngoài đảo đều khao khát những người từ đất liền ra thăm.

- 2 khu trục hạm và 2 tàu hộ vệ **xuống** biển diễn tập.

- Bọn họ đã "bò từ cơ sở **lên** chức vị hiện nay，chứ không làm quan tắt".

- Là siêu cường quân sự có thực lực từ cả trăm năm nay，mà cũng là một "quốc gia hải đảo" **nằm** giữa hai đại dương lớn nhất địa cầu，Mỹ cần phát triển khả năng lưu thông tự do trên mọi mặt biển để bảo vệ quyền lợi của mình.

- Cần lưu ý rằng，tên lửa JASSM được phát triển chuyên dùng để **vượt** qua các tuyến phòng không của các hệ thống tên lửa phòng không Liên Xô S-300，Tor và Buk mà hiện nay Nga，Trung Quốc và nhiều nước khác đang được trang bị.

- Như chúng ta đã thấy，các máy bay cất cánh từ lãnh thổ Mỹ phải bay qua quãng đường gần 7.000 km **đến** Moskva.

105 二价针对动作动词

该类动词能够带"与事"。汉语中有"示威、致词、投降、道歉、示范、挑战、请假、起诉"等，形式标志为介词"和、跟、同、为、向"；越南语中有"gửi lời、xin lỗi、xin phép、đầu hàng"等。

- 美/nsf 轰炸机/n 向/p 朝鲜/nsf **示威**/v

- 《/wkz 重/d 获/v 力量/n 》/wky 一/m 书/n 在/p 9 月/t 11 日/t 这天/rzt 出版/v ，/wd 她/rr 说/v ：/wm 绝不/d 会/v 向/p 恐怖/a 分子/n **投降**/v 。

- 令/v 人/n 不解/v 的/ude1 是/vshi，/wd 国内/s 反/vi 东洋/n 的/ude1 影视/b 作品/n 越来越/d 多/a ，/wd 反/vi 西洋/n 的/ude1 影视/b 作品/n 却/d 越来越/d 少/a ，/wd 更/d 没有/v 人/n 要求/v 西方/s 列强/n 反思/vn 侵华/vn 历史/n 和/cc 向/p 中国/ns 人/n **道**

歉/vi 。

- 而/cc 如果/c 中国/ns 在/p 被/pbei 逼/v 和/cc 自卫/vn 的/ude1 情况/n 下/f ，/wd 走向/v 中/b 俄/b 结盟/vn ，/wd 就/d 意味着/v 一个/mq **挑战**/vn 美国/nsf 在/p 世界/n 领导/vn 地位/n 的/ude1 对立/vn 阵营/n 正式/ad 形成/v 。

- 菲律宾/nsf 环境/n 部门/n 官员/n 已/d **起诉**/v 12/m 名/q 中国/ns 渔民/n 非法/b 捕捞/vn

- Tôi xin được **gửi lời** chúc mừng đến bảy vị thẩm phán vừa trúng cử trong cuộc bầu cử Tòa án Luật Biển năm nay và chào mừng thành viên mới của Ủy ban Ranh giới ngoài thềm lục địa. Tôi chúc các ngài thành công trong công việc của mình.

- Hồi tuần trước, Trung Quốc đã công bố một luật đánh bắt mới, yêu cầu tất cả các tàu thuyền nước ngoài **xin phép** các cơ quan chức năng Trung Quốc khi vào Vùng biển này. Động thái này đã gây ra các cuộc biểu tình giận dữ từ Philippines.

- Từ đó triển khai những chiến dịch tấn công đổ bộ lên đảo Okinawa, Nhật hoàng tuyên bố **đầu hàng** Đồng minh vô điều kiện.

106 二价协同动作动词

该类动词也能够带“协事”，但“协事”时常和“施事”产生框架元素融合，界定不清“施事”和“协事”，而是作为动作的共同发出者。汉语中有“谈话、吵架、拥抱、见面、联系、会晤”等；越南语中有“trò chuyện、đối thoại、tạm biệt、gặp mặt、phù hợp、bắt tay、liên hệ、thảo luận”等。

- 没有/v 什么/ry 事/n 比/p 领导人/n 面对面/dl **谈话**/vi 更/d 能/v 强化/v 两/m 国/n 关系/n 了/y 。

- 白天/t 兵/n 看/v 兵/n ，/wd 晚上数/t 星星/n ，/wd 我们/rr 守/v 礁/n 的/ude1 官兵/n 平时/t **见面**/vi 都/d 没/v 话/n 说/v 。

- 菲律宾/nsf 国防部长/n 加斯明/nrf 27 日/t 透露/v ，/wd 两/m 国/n 还/d 在/p 进行/vx 的/ude1 保安/b **联系**/vn 谈判/vn ，/wd 内容/n 包括/v 部署/vn 更/d 多/a 战斗/vn 舰艇/n 和/cc 侦察/vn 飞机

/n 。

- 该/rz 报道/v 称/v ，/wd 去年/t 希拉里/nrf 访/v 菲/b 时/ng ，/wd 两/m 人/n 曾/d 在/p 马尼拉/nsf **会晤**/v ，……

- Đại tướng Phùng Quang Thanh và Bộ trưởng Quốc phòng Nga Sergei Shoigu **trò chuyện** sau cuộc hội đàm.

- Trong khi đó，các nước trong khu vực cần tiếp tục **đối thoại** với Trung Quốc về an ninh trên biển tại các diễn đàn như Diễn đàn Khu vực ASEAN và Hội nghị Cấp cao Đông Á.

- Hiểu rằng mình đang đi đúng hướng，những kỹ sư Viettel lại bắt tay **tạm biệt** những người đi chào hàng.

- Hai bên đã **thảo luận** về các vấn đề như xây dựng cơ chế đối thoại cấp cao thường xuyên，hợp tác quân y，an ninh biển và cứu hộ cứu nạn，rà phá bom mìn còn sót lại sau chiến tranh，tẩy trừ chất độc da cam…

107 三价交接动作动词

该类动词包含“给予”、“索取”、“告知/探问”等类别，是最典型的三价动词。汉语中有“付给、供给、赠送、支付、转交、卖、拿、索取、购买、抢”等；越南语中有“bán、biếu、bồi thường、bù đắp、cung cấp、chiếm đoạt、cho、cướp、dành、đút lót、bàn giao、mua、nhận、nộp、phát、tặng、thưởng、trả、vay”等。

- 分子筛/n 制/v 氧/n 系统/n （/wkz OBOGS/x ）/wky 并/cc 不/d 是/vshi **供给**/vn 飞行员/n 所/usuo 需/v 氧气/n 的/ude1 唯一/b 装置/n 。

此外/c ，/wd 伊柳姆日诺大/nrf 还/d 向/p 卡扎菲/nrf **赠送**/v 了/ule 一/m 枚/q 做工/n 精致/a 的/ude1 国际象棋/n 棋子/n 。

- 越南/nsf 外交部/n 发言人/n 21 日/t 晚/tg 要求/v 中方/n 立刻/d 无条件/d 释放/v 被/pbei 扣押/v 的/ude1 越南/nsf 渔民/n ，/wd 并/cc 表示/v 不/d 会/v **支付**/v 中方/n 所/usuo 要求/v 的/ude1 7 万元/nr 人民币/n 罚款/vi 。

- 三/m 是/vshi 军/n 演/v 首/m 次/qv **转交**/v 部分/m 指挥权/n 。

- 《/wkz 菲律宾/nsf 星/n 报/n 》/wky 21 日/t 自嘲/vi 道/v ，/wd 在/p 西班牙/nsf 殖民/vn 时期/n ，/wd 中国/ns 移民/n 靠/v **卖**/v 水/n 、/wn 给/v 菲律宾人/nz 清理/v 耳朵/n 和/cc 看/v 孩子/n 谋生/vi ，……

- 菲律宾/nsf 士兵/n 还/d 强行/d **拿走**/v 渔民/n 们/k 辛苦/ad 捕/v 来/vf 的/ude1 水产/n 。

- 需要/v 指出/v 的/ude1 是/vshi ，/wd 中国/ns 从/p 1993 年/m 开始/v 已/d 向/p 俄罗斯/nsf **购买**/v 了/ule 多/m 种/q 型号/n 的/ude1 S-300/x 系列/n 防空/vn 导弹/n 系统/n 。

- 印/b 将/d 打造/v 战舰/n 研究/vn 基地/n 与/p 中国/ns **抢**/v 印度洋/nsf 主导/n 权/n /w

- Đối với kết quả nghiên cứu chỉ 1 câu nói，Công ty RAND muốn **bán** cho quân đội với giá 2 triệu USD.

- Quà **biếu** sức khỏe cho người già không chỉ nằm ở giá trị vật chất mà còn mang lại ý nghĩa sâu xa.

- Việt Nam kiên quyết phản đối，yêu cầu phía Trung Quốc điều tra，xử lý nghiêm hành động sai trái và vô nhân đạo nói trên，**bồi thường** thiệt hại cho ngư dân Việt Nam.

- Những năm gần đây，máy bay tuần tra săn ngầm P-3C từng nhiều lần tiến hành theo dõi tàu thuyền trên biển của Trung Quốc，**cung cấp** thông tin tình báo để bảo vệ lợi ích trên biển cho Mỹ，Nhật Bản.

- chị **cho** em cái áo; **cho** chứ không bán.

- Chiến tranh đã **cướp** mất chồng của chị ấy.

- Cô ấy ăn uống rất đạm bạc，những thức ăn ngon toàn để **dành** lại cho tôi.

- Loại máy bay đã được cải tạo khả năng mạng này đã được bàn giao cho Hải quân Mỹ.

- Cùng đợt sắm xe tăng PT-91M，Malaysia cũng **mua** 28 khẩu pháo hạng nặng G5 Mk III 155 mm của Nam Phi và 18 cỗ pháo phản lực nhiều nòng Astros MRLS của Brazil.

- Từ năm 2002 đến nay，Philippines đã **nhận** gần 500 triệu USD viện trợ quân sự từ Mỹ，theo Đại sứ quán Mỹ tại Manila.

- Nếu Việt Nam và Mã Lai khai thác chung vùng thềm lục địa mà Việt Nam và Mã Lai đã **nộp** báo cáo chung cho LHQ thì có thể hợp lý.

- Năm 2004, Nga cam kết **tặng** tàu sân bay cũ Đô đốc Gorshkov cho Ấn Độ，chỉ cần Ấn Độ bỏ ra kinh phí cải tạo.

- Nhiều thủy thủ - chiến sĩ trinh sát điện tử được **thưởng** huy chương "Hoàn thành xuất sắc nhiệm vụ".

- Nhưng vấn đề là, Mỹ hầu như hoàn toàn không có ý định muốn **trả** lại căn cứ quân sự Okinawa cho Nhật Bản.

108 三价协商动作动词

三价协商动作动词可以带"协事"、"客事"或"成事"。汉语中有"切磋、交流、商量、讨论、签订"等；越南语中有"trao đổi、đàm phán、chia sẻ、thảo luận、ký kết"等。

- 我们/rr 的/ude1 士兵/n 拥有/v 越来越/d 多/a 对外/vn 交流/vn 、/wn 与/p 军事/n 先进/a 国家/n 进行/vx 演练/vn 和/cc **切磋**/v 的/udc1 机会/n 。

-很多/m 人/n 认为/v 印度/nsf 未/d 能/v 与/p 这/rzv 将/p 中国/ns 领导人/n **交流**/vn 是/vshi 错失良机/vl 。

- 日/t 本/d 会/v 就/p 此问题/n 跟/p 美国/nsf 、/wn 中国/ns 、/wn 韩国/nsf 等/udeng 国家/n **商量**/v ，/wd 以/c 共同/d 采取/v 外交/n 努力/an ，/wd 但/c 日本/nsf 能/v 做/v 的/ude1 非常/d 有限/a 。

- 而/cc 日本/nsf 防卫/vn 省/n 也/d 开始/v **讨论**/v 在/p 石/ng 垣/ng 岛/n 和/cc 冲绳/nsf 本/rz 岛/n 各/rz 部署/vn 爱国者/n -3/m 反/vi 导/vg 系统/n 的/ude1 相关/vn 装备/n

- 日本/nsf 已经/d 向/p 美国/nsf **签订**/v 了/ule 海拉姆/nrf 防空/vn 系统/n 购买/v 合同/n

- AIT cũng đã riêng biệt yêu cầu Hội đồng An ninh Quốc gia Đài Loan （NSC） nâng cao chính sách nội bộ trong việc phối hợp và **trao đổi** thông tin với Chính phủ Mỹ về các hoạt động của lực lượng Hải

Quân/Tuần phòng Bờ biển Đài Loan trong khu vực đảo có tranh chấp Đông Sa.

- 6 bên **đàm phán** về vấn đề hạt nhân Bắc Triều Tiên

- Singapore và Hoa Kỳ **chia sẻ** lợi ích tương đồng trên trên hầu hết vấn đề đối ngoại cốt lõi.

- Thủ tướng Lý Hiển Long khuyến khích Thượng nghị sĩ Bond **thảo luận** trực tiếp về vấn đề tham nhũng với Tổng thống Yudhoyono.

- Mỹ đã kêu gọi **ký kết** một hiệp định chính thức theo đúng kiểu vụ việc trên biển hơn，tương tự như hiệp định **ký kết** với Liên Xô cũ trong thời kỳ chiến tranh lạnh.

109 三价认选动作动词

该类动词带有“施事”、“当事”、“类事”等框架元素。汉语中有“推选、评选、提拔”等；越南语中有“coi、lấy...（làm）、thừa nhận、công nhận、xác định”等。

- 日/b 媒/ng 评选/v 2010 年/m 中/b 日/b 关系/n 十/m 大/a 新闻/n

- Nếu ngày nay Trung Quốc **coi** Đông hải là khu vực chiến lược của họ thì chẳng khác gì Mỹ đã từng xem Tây Bán cầu，là đại lục châu Mỹ nếu nhìn từ châu Âu，là khu vực ảnh hưởng của Mỹ.

- Tại vịnh Cam Ranh，Panetta không nói về Trung Quốc，nhưng **lấy** vấn đề này **làm** bối cảnh，chắc chắn Panetta cho biết Mỹ sẽ duy trì sự hiện diện mạnh mẽ ở khu vực này，giúp đỡ bảo vệ đồng minh và quyền lợi của họ.

- Trung Quốc **thừa nhận** khu vực châu Á – Thái Bình Dương là nơi có nhiều đan xen lợi ích giữa Mỹ với Trung Quốc.

- một chính phủ không được **công nhận** là đại diện cho quốc gia nào

- Các cầu tàu，bãi đáp trực thăng và một số súng phòng không đã được dựng lên，cùng với một hệ thống tên lửa chưa **xác định** được là loại gì.

110 三价置放动作动词

该类动词带有“施事”、“受事”、“位事”。汉语中有“隐藏、放、搁、铺、陈列、停放”等，介词“在、往、朝、向”常充当形式标志；越南语中有“đặt、đưa、trút、thọc、châm、mắc”等。

- 美国/nsf 将/p 不可告人/bl 的/ude1 险恶/a 用心/n **隐藏**/v 在/p 真实/a 面目/n 背后/f。

- 他们/rr 一直/d 把/pba 活动/vn 房屋/n **停放**/v 在/p 航母/n 甲板/n 上/f。

- Quan điểm của Mỹ đã thể hiện rất rõ，và Bắc Kinh cũng có lẽ đã nhận ra，không thể **đặt** Mỹ bên ngoài cuộc chơi ở vùng biển này.

- Lần này，có bốn quốc gia đã **đưa** tầu ngầm vào cuộc và Mỹ là nước duy nhất gửi tới loại tầu ngầm nguyên tử.

- **Trút** nỗi tổn thương của mình lên Nga，Nhật，các nước phương tây là không thể nên giới lãnh đạo mới ở Trung Quốc muốn trút nó sang các quốc gia nhỏ bé hơn.

201 二价致使动词

该类动词通过“施事”使“客事”改变性状，因此兼具性状动词的性质。汉语中有“增强、开拓、结束、分裂、瓦解、平息”等；越南语中有“tăng cường、mở rộng、chia rẽ、tan vỡ”等。

- 美/b 将/d 继续/v **增强**/v 在/p 该/rz 地区/n 的/ude1 军力/n ，/wd 并/cc 帮助/v 盟友/n 提高/v 军事/n 实力/n 。

- 比如/v 中/f 航/vg 证券/n 与/p 中/f 航/vg 期货/n 以/p 各种/rz 贴心/a 措施/n 留住/v 和/cc 吸引/v 客户/n ；/wt 中/f 航/vg 信托/b 、/wn 中/f 航/vg 财务/n 、/wn 中/f 航/vg 证券/n 、/wn 中/f 航/vg 期货/n 、/wn 中/b 航/ng 租赁/v 之间/f ，/wd 尝试/v 在/p **开拓**/v 市场/n 中/f 进行/vx 产品/n 和/cc 业务/n 模式/n 创新/vi 的/ude1 共/d 融/vi 性/ng ，/wd 寻求/v 多/ad 赢/v 带来/v 的/ude1 利润/n 增长点/n 等/udeng 。

- 俄罗斯/nsf 希望/v 能/v 在/p 2011 年/m **结束**/v 长跑/vn 加入/v 世贸组织/nt 的/ude1 心情/n 十分/m 迫切/a。

- 美国/nsf 误/d 读/v 中国/ns 军力/n 发展/vn 的/ude1 根本/n

在于/v ，/wd 担心/v 中国/ns 会/v 逐渐/d **瓦解**/v 其/rz 在/p 国际/n 事务/n 中/f 先发制人/vl 的/ude1 角色/n ，/wd 改变/v 战后/t 美国/nsf 建立/v 的/ude1 国际/n 秩序/n 。

- 报道/v 说/v ，/wd 东南亚/nsf 许多/m 国家/n 可能/v 认为/v 没/d 必要/a 对/p 美国/nsf 的/ude1 决定/n 大惊小怪/al ，/wd 甚至/d 欢迎/v 美国/nsf 的/ude1 这/rzv 一/m 决定/n ，/wd 因为/c 这/rzv 一/m 决定/n 能够/v **平息**/vi 各国/rzs 在/p 争议/vn 海域/n 方面/n 的/ude1 敌意/n 。

- Đầu năm nay，Bộ Tư lệnh Hệ thống Hàng không Hải quân đã bàn giao 74 máy bay P-3C được cải tạo kỹ thuật hệ thống âm thanh，đã **tăng cường** khả năng tiếp nhận phao sonar cho máy bay.

- Trong lịch sử，phát triển nhanh chóng bên trong thường thúc đẩy các nước xác định lại và **mở rộng** lợi ích của mình ra bên ngoài.

- Tuy nhiên，khu vực này vẫn đang thiếu các cơ chế hữu hiệu để đạt được sự hợp tác có tính thực tiễn，và thực tế của cuộc sống chính trị trong khu vực đồng nghĩa với việc những thách thức đó có khả năng sẽ **chia rẽ** các quốc gia hơn là gắn kết họ.

- Đây là lần đầu tiên Sách Trắng Quốc phòng Trung Quốc tiết lộ cấu trúc các lực lượng đóng quân tại 7 quân khu đồng thời đề cập đến sự tồn tại của các lữ đoàn độc lập chuyên thực hiện các nhiệm vụ ở nước ngoài và không giấu diếm những quan ngại của Trung Quốc đối với vấn đề an ninh nội bộ và nguy cơ **tan vỡ** đất nước.

202 三价使役动词

该类动词带两个必有名词性框架元素“施事”和“受事”，以及一个谓词性框架元素“类事”。其对应的句型一般称为兼语句。汉语三价使役动词常见的有“派遣、要求、请求、委托、嘱咐、嘱托、叮嘱、指示、命令、勒令、号召、迫使、召集”等；越南语中有“bắt、buộc、sai、bảo、mời、khuyên、ép、hướng dẫn、kêu gọi、kích thích、khuyến khích”等。

- 美国/nsf 不/d 会/v 派遣/v 第七/m 舰队/n **解决**/v 该海域/ns

的/ude1 鱼/n 或/c 珊瑚/n 问题/n 。

- 费尔南德斯/nrf 声称/v 菲律宾/nsf **要求**/v 中国/ns 船只/n 立即/d 撤离/v 黄岩/ns 岛/n 海域/n

- 孟加拉国/nsf 驻/v 印度/nsf 大使/n 最近/t 接受/v 访问/v 时/ng ，/wd 曾/d 就/d 美国/nsf 是否/v **请求**/v 允许/v 将/p 吉大港/nsf 用作/v 他们/rr 的/ude1 海军/n 基地/n 回应/vn

- 中国/ns **委托**/v 该/rz 公司/n 设计/v 了/ule 一/m 艘/q AMD150/x 型/k 穿/v 浪/n 高速/b 船/n 。

- 到/v 了/ule 以后/f 舰队/n **指示**/n 我/rr ，/wd 不要/d 休息/v ，/wd 第二/m 天/qt 一早/t 去/vf 考察/vn

- 李圣鹏/nr **命令**/n 另外/rz 两/m 个/q 探/v 摸/v 组/n 相继/d 下/f 潜/vg ，/wd 采取/v 拉网式/b 方法/n 进行/vx 探/v 摸/v 。

- 虽然/c 卡扎菲/nrf 依然/d 通过/p 各种/rz 途径/n 发声/vn ，/wd **号召**/v 人们/n 继续/v 战斗/vi ，/wd 并/cc 扬言/v 将/d 集结/v 人马/n 夺回/v 首都/n 的黎波里/nsf

- 但/c 这种/r 行为/n 的/ude1 意图/n 并非/v 挑起/v 军事/n 冲突/vn ，/wd 而是/c 对/p 菲/b 施压/vn ，/wd 迫使/vi 其/rz 与/p 中国/ns **谈判**/vn 。

- Mỹ muốn thông qua “lưỡng hóa” này để **buộc** Trung Quốc phải dành nhiều nguồn lực chiến lược hơn cho giải quyết vấn đề biển Đông.

- Philippines **mời** Mỹ triển khai máy bay do thám không người lái Global Hawk ở vùng biển này.

- xã luận trên Thời báo Hoàn Cầu ngày 4/5 còn cao giọng "**khuyên**" Philippines và Việt Nam phải xem như Trung Quốc đang có "thiện chí" trong giải quyết tranh chấp này.

- Nhưng，dưới sức ép to lớn của Trung Quốc，rất nhiều nước đã từ chối bán vũ khí trang bị hiện đại cho Đài Loan，thậm chí Mỹ cũng bị **ép** hạn chế bán vũ khí cho Đài Loan.

- Giám đốc Đại học Quốc phòng đã giới thiệu chức năng nhiệm vụ và **hướng dẫn** đoàn thăm một cơ sở vật chất，trang thiết bị của trường.

- Bộ trưởng Phùng Quang Thanh cũng **kêu gọi** Mỹ bỏ cấm vận vũ khí đối với Việt Nam，coi đó là hành động “cùng có lợi” của hai nước.

- Đông Nam Á muốn biết khi nào thì Ấn Độ sẽ khẳng định vai trò khu vực của mình và đang tìm kiếm các yếu tố có thể **kích thích** Ấn Độ thúc đẩy các nỗ lực hội nhập và tham gia một cách quyết liệt hơn.

- Tôi **khuyến khích** mọi người hợp tác song phương và đa phương để đạt được sự hiểu biết rõ hơn.

301 一价情绪心理动词

该类动词只带有“感事”，表示心理感受、体验或经验。汉语中有“怒、伤心、兴奋、急躁”等；越南语中有“giận、mừng、xấu hổ”等。

- 挑衅/vn 者/k 最/d 想/v 看/v 到/v 的/ude1 是/vshi 中国/ns 失去/v 理智/n 、/wn 因/p **怒**/vg 而/cc 战/ng ，

- **兴奋**/v 之/uzhi 余/ng ，/wd 我/rr 一直/d 在/p 期待/v 自己/rr 这个/rz 毕业/v 设计/vn 中/f 的/ude1 潜艇/n 什么/ry 时候/n 能/v 变成/v 现实/n 。

- Tôi thật sự rất **giận** và hi vọng sẽ có sự can thiệp sớm từ cấp trên để chấm dứt tình trạng này ngay lập tức.

- Nói tóm lại đây là sự kiện theo tôi rất đáng **mừng**

- Không hề **xấu hổ** khi chia sẻ về việc "cắt cỏ，chăn bò" ở quê ...

302 二价经验心理动词

该类动词带有“当事”、“感事”，特殊之处在于“感事”既是涉及对象又是刺激物。汉语有“热爱、羡慕、敬佩”等；越南语中有“yêu、thích、chán ghét、sợ、ngưỡng mộ、tin、nghi ngờ、tôn trọng”等。

- 多种形式/n 的/ude1 军事/n 实践/vn 活动/vn ，/wd 充分/ad 彰/ag 显/v 了/ule 中国/ns **热爱**/v 和平/n 、/wn 积极/ad 履行/v 国际/n 义务/n 的/ude1 负/b 责任/n 大国/n 形象/n……

- 至今/d ，/wd 军人/n 的/ude1 待遇/n 和/cc 工资/n 在/p 中国/ns 社会/n 仍/d 是/vshi 令/v 人/n **羡慕**/v 的/ude1 ，

- 水文/n 气象/n 中心/n 的/ude1 同行/n 们/k **敬佩**/v 李文波/nr

的/ude1 专业/n 素质/n ，/wd 想/v 把/pba 这个/rz 优秀/a 的/ude1 年轻人/n 调/v 到/v 中心/n 工作/vn 。

- Nhưng với tinh thần **yêu** nước nồng nàn，nhiệt huyết của người dân mất nước vừa giành độc lập…

- Họ cho học viên bắn súng thoải mái. Học viên **thích** bắn bao nhiêu cũng được，chỉ là để cảm nhận được cò súng và thật quen với tiếng súng nổ.

- Tổng thống Obama **chán ghét** quyết đấu về quân sự，hy vọng thông qua phân tán lính thủy đánh bộ ở Okinawa tới các khu vực như Guam và Australia để tránh rủi ro.

- Dân Nhật phản đối kế hoạch vì **sợ** mất an toàn

- Điều này cơ bản có thể giải thích tại sao họ（Việt Nam）không hề **ngưỡng mộ** quan hệ giữa Philippines và Washington.

- Người ta **tin** rằng 1.42 và 1.44 là tên gọi của 2 nguyên mẫu，1.42 được sử dụng trong các chuyến bay thử nghiệm khung máy bay.

- Nhưng với lò Đà Lạt thì không hề có biểu hiện gì để có thể **nghi ngờ** về sự nghiêm túc đối với luật pháp quốc tế của phía Việt Nam.

- Nếu có ai đó，không **tôn trọng** chủ quyền của nhau，thì chúng tôi sẽ phản đối.

303 二价感知心理动词

表示“当事”对“客事”的感觉的感觉和认知，或是主体自身的感觉和认知情况。汉语中有“推断、预感、知道、理解、明白、懂得、发现、忘记”等；越南语中有“biết、hiểu、quên、lý giải、phỏng đoán”等。

- 美国/nsf 方面/n **推断**/vn ，/wd 中国/ns 今后/t 将/d 正式/ad 建立/v 航母/n 战斗/vi 群/ng 。

- 来到/v 长/a 满/a 绿/a 树/n 和/cc 有/vyou 汽车/n 的/ude1 地方/n ，/wd 便/d **预感**/v 到/v 了/ule 要/v 有/vyou 惊天动地/vl 的/ude1 事/n 发生/v 。

- 在/p 21/m 世纪/n 里/f ，/wd 我们/rr 想/v **知道**/v 美国/nsf 能

/v 清醒/a 吗/y ？/ww 也/d 想/v 知道/v 美国/nsf 能/v 轻松/a 吗/y ？/ww

- 也/d 可以/v **理解**/v 为/v 正好/z 抓住/v 这么/rz 一个/mq 时机/n 来/vf 试/v 水/n 它/rr 的/ude1 武器/n 出口/vn ，……

- 罗援/nrf 少将/n 认为/v 美国/nsf 很/d 多/a 人/n 对/p 中国/ns 的/ude1 情况/n 很/d 了解/v ，/wd 他们/rr **明白**/v 中国/ns 不/d 可能/v 对/p 美国/nsf 构成/v 威胁/vn ，/wd 中国/ns 和平/n 崛起/v 是/vshi 真心实意/dl 的/ude1 。

- 只/d 有/vyou 非常/d 强硬/a 、/wn 果敢/a 的/ude1 总统/n ，/wd 或是/c 懂得/v 优先/vd 处理/v 国家/n 重要/a 问题/n 并/cc **懂得**/v 战争/n 总/d 是/vshi 具有/v 不/d 确定性/n 的/ude1 总统/n ，/wd 才/d 能/v 抵制/v 住/vi 这样/rzv 的/ude1 诱惑/vn 。

- 不过/c 仔细/ad 分析/v 该/rz 型/ng 导弹/n 的/ude1 设计/vn 概念/n 、/wn 基本/a 结构/n 和/cc 固有/b 特点/n ，/wd 可以/v **发现**/v 其/rz 反/vi 舰/ng 效率/n 可能/v 并/cc 不/d 像/v 西方/s 媒体/n 渲染/v 的/ude1 那么/rz 强/ng 。

- 中/b 巴/b 在/p 设计/v JF-17/x 时/ng 没有/d **忘记**/v 充分发挥/n 这种/r 空战/v 技术/n 优势/n ，……

- Chúng tôi **biết** hiện nay chúng tôi đang ở đâu.

- Đối với nước Mỹ，chúng tôi phải mất khoảng 50 năm để **hiểu** hết việc làm thế nào để sử dụng các tàu sân bay，luân chuyển chúng như thế nào，làm thế nào để tổ chức các hoạt động của nó.

- Hoa Kì cũng là một đất nước của Thái Bình Dương，nhiều khi người ta **quên** rằng là chúng tôi cũng thuộc khu vực Thái Bình Dương.

- các nhân tố này không thể **lý giải** được nguyên nhân tại sao Trung Quốc lại sử dụng vũ lực ở ba thời điểm nêu trên，chứ không phải là những thời điểm khác.

- Ngoài ra，các phương tiện truyền thông cũng **phỏng đoán** sôi nổi về các vấn đề như tàu ngầm hạt nhân vẽ phác thảo “bản đồ đáy biển”.

304 二价遭遇心理动词

该类动词属于非自主动词，动词所表示的动作行为不是“当事”主动发出，不涉及他物，而是“当事”被动接受。汉语中有“挨、遭受、经受、饱尝、忍受、面临”等；越南语中有“bị、chịu、chịu đựng、chuốc、được、gặp、nhiễm”等。

- 比如/v 60/m 多/m 年/qt 前/f 的/ude1 那场/r 战争/n ，/wd 怎么/ryv 就/d 输/v 得/ude3 那么/rz 惨/a ，/wd 挨/v 了/ule 原子弹/n 炸/v ，/wd 还/d 引来/v 这么/rz 多/a 美军/n 基地/n 。

- 这种/r 挑战/vn 已/d 令/v 许多/m 经济体/n **遭受**/v 挫折/n 并/cc 令/v 大量/m 预测/v 成为/v 笑谈/n 。

- 无论/c 动力系统/n ，/wd 还是/c 指控/v 、/wn 通信/vn 、/wn 预警/vn 探测/vn 系统/n ，/wd 都/d **经受**/v 住/vi 了/ule 较长时间/n 、/wn 较/d 高/a 强度/n 连续/ad 使用/v 的/ude1 考验/vn 。

- 另/rz 一/m 位/q 读者/n 表达/v 的/ude1 更为/d 强烈/a ，/wd 称/v 我/rr 可以/v 受/v 穷/a ，/wd 但是/c 不/d 能/v **忍受**/v 中国/ns 没有/v 航母/n 。

- 记者/n 在/p “/wyz 兰州/ns 舰/ng ”/wyy 上/f 了解/v 到/v ，/wd 防空/vn 、/wn 反潜/vn 本/n 就/d 是/vshi 水面/n 舰艇/n **面临**/v 的/ude1 两/m 道/qv 难题/n 。

- Chúng tôi không muốn mối quan hệ đó **bị** ngừng trệ.

- Theo giới quân sự Mỹ，nhờ đặc tính tàng hình của F-22 và tầm bay xa của bom SDB （gần110 km），có thể tiêu diệt thậm chí các hệ thống tên lửa phòng không S-300 mà không **chịu** rủi ro quá lớn.

- Một số người Việt ở Đức giúp người nhà mà **chuốc** vạ vào mình.

- Nội dung cải tiến gồm: liên kết dữ liệu Link 16，thông tin vệ tinh băng thông rộng **được** mã hóa của vệ tinh thông tin hàng hải quốc tế，và hiển thị hình ảnh chiến thuật tích hợp dựa trên Windows.

- Tuy nhiên，các nỗ lực nhằm thống trị vùng này đang **gặp** phải nhiều thách thức lớn.

- Một tàu sân bay khác，chiếc Independence，đậu ở ngoài vùng bán kính huỷ diệt nên không bị chìm，nhưng cũng bị hư hại nghiêm trọng，và bị **nhiễm** xạ nặng.

401 一价状态动词

该类词包括状态动词和性质动词，但性质动词和性质形容词是否等价仍存在争议。本书中仅涉及状态动词，主体为“当事”。汉语中有“牺牲、中毒、昏迷、死”等；越南语中有“sống、chết、nở、nổ、viêm、ngứa、đau、thắng lợi、thất bại”等。

- 越南/nsf 兵/n 一/m 开枪/vi 他/rr 很/d 可能/v 就/d **牺牲**/v 了/y 。

- 13/m 名/q 中国/ns 渔船/n 船员/n 遭到/v 韩国/nsf 海警/n 殴打/v ，/wd 3/n 名/q 船员/n 当场/d **昏迷**/v 。

- 中国/ns 常熟/ns 大巴/n 撞/v 货车/n 13/m 人/n **死**/v

- Lúc đó tổng số người Liên Xô **sống** trong khu quân sự là 6.000 người，kể cả công nhân xây dựng.

- Bài viết cho biết，chiến tranh Iraq đã kết thúc，Osama bin Laden đã **chết**，NATO cũng chuẩn bị rút quân quy mô lớn vào năm 2014.

- Trung Quốc “có khả năng có ý đồ đang phát triển những kỹ năng chuyên nghiệp，để ẩn náu ở gần các vệ tinh khác，một khi khủng hoảng **nổ** ra，tiện lợi cho nghe trộm thậm chí làm tê liệt vệ tinh của đối phương”.

- phát huy hết mức các cơ chế song phương hiện có và ưu thế của mỗi nước，tăng cường lòng tin chính trị lẫn nhau và hợp tác thiết thực trong các lĩnh vực，thực hiện cùng có lợi，cùng **thắng lợi** và cùng nhau phát triển.

- Nếu can dự của các nước lớn không được sự đồng tình của các quốc gia trong khu vực thì can dự đó sẽ không đem lại lợi ích cho ai cả，và sẽ **thất bại**.

402 二价态度性状动词

该类动词可以带“当事”、“客事”。汉语中有“满意、自愿、同意、忍心”等；越南语中有“bằng lòng、tự nguyện、xung phong、đồng ý、đành、nỡ”等。

- 印度/nsf 对/p 克里希纳/nrf -/n 李克/nr 强/vg 会面/vi 的/ude1 结果/n 感到/v **满意**/v 。

- 通过/p 让/v 那些/rz **自愿**/vd 参与/v 行动/vn 的/ude1 人/n 来/vf 完成/v 军事/n 行动/vn ，/wd 公众/n 对/p 战争/n 的/ude1 反对/vn 意见/n 就/d 会/v 更/d 容易/a 被/pbei 控制/v 住/vi 。

- 宋晓/nr 军/n /w 特约/b 评论员/n ：/wm 我/rr **同意**/v 尹/nr1 老师/n 刚才/t 说/v 的/ude1 。

- Các nhà hoạch định chính sách có thể **bằng lòng** để cho sự việc tự diễn biến như họ đã làm cách đây một thế kỷ.

- đông đảo trí thức，công nhân，tầng lớp nhân dân **tự nguyện** đóng góp vàng bạc，máy móc xây dựng cơ sở sản xuất cho cách mạng.

- nhưng các đồng chí ấy không đồng ý và **xung phong** được tiếp tục bám biển，làm nhiệm vụ bảo vệ Tổ quốc".

- Nhật Bản，Hàn Quốc，Ấn Độ và nhiều quốc gia khác tất nhiên cũng **đồng ý** như vậy!

- Một số cho rằng，các chế độ độc đoán vốn dĩ đã dễ đổ vỡ，**đành** phải huy động sự ủng hộ trong nước bằng thực tiễn cũng như giọng điệu chủ nghĩa dân tộc và chủ nghĩa bành trướng.

403 二价存在性状动词

该类动词可以带“当事”、“位事”。汉语中有“座落、聚集、居住”等；越南语中有“ngụ、tọa lạc、tụ tập、cư trú”等。

全体/n 船员/n **聚集**/v 在/p “/wyz 井冈山/ns ”/wyy 号/q 登陆舰/n 的/ude1 甲板/n 上/f 宣誓/vi 。

- 早/ad 在/p 唐宋/nr 时期/n ，/wd 中国/ns 渔民/n 就/d 在/p 西沙/ns 群岛/n 上/f **居住**/v 并/cc 从事/vi 捕捞/v 和/cc 种植业/n 。

- **Tọa lạc** ở vị trí cao nhất của đỉnh núi Tam Đảo，biệt phủ có giá hàng triệu USD.

- Tối 29/06 hàng chục siêu xe，xe độ **tụ tập** tại bến cảng Nhà Rồng，Tp. Hồ Chí Minh.

- Quyền tự do đi lại và lựa chọn nơi **cư trú** trên lãnh thổ Việt Nam là một quyền quan trọng của cá nhân được Hiến pháp năm 2013 ghi nhận.

404 二价互向性状动词

汉语互向状态动词中常含有“相、重、合、交、接、同、等、通”等表示“互向”的语素，数量较少。主要有“相交、重叠、连接、相识、相反、接壤、相同、对峙、毗连”等。越南语中表示“互向”常用 nhau 或 với nhau 与相应动词/形容词搭配成词组，如“giao nhau、chồng chéo、nối liền （với） nhau、quen nhau、trái ngược nhau、giáp giới、như nhau、giằng co”等。因此，不建议为越南语动词单独设立二价互向状态动词细类，但本书仍保留相应的框架语义构造式。

- 中东/ns 媒体/n 报道/v 说/v ，/wd 卡扎菲/nrf 与/p 伊柳姆日诺夫/nrf **相识**/vi 于/p 2004 年/m 世界/n 国际象棋/n 锦标赛/n 。

- 与/p 中国/ns 边界/n **接壤**/vi 的/ude1 国家/n 有/vyou 15/m 个/q （/wkz 如/v 俄罗斯/nsf 、/wn 印度/nsf 、/wn 朝鲜/nsf 和/cc 越南/nsf 等/udeng ）/wky ，/wd 此外/c 还有/v 数目/n 大体/d 相同/a 的/ude1 非/b 接壤/vn 邻国/n （/wkz 如/v 韩国/nsf 、/wn 日本/nsf 及/cc 南亚/ns 、/wn 东南亚/nsf 一些/mq 国家/n ）/wky 。

- 美国/nsf 也/d 希望/v 菲律宾/nsf 挑/v 头/n 跟/p 中国/ns 对峙/vi ，/wd 配合/v 美国/nsf 重返/v 亚/b 太/b 。

- Nhìn theo giác độ kinh tế thì biển Đông Nam Á mới là khu vực then chốt vì **nối liền** Thái Bình Dương với Ấn Độ Dương và là vùng sinh hoạt sinh tử của Nhật Bản phía Bắc với lãnh hải của Úc ở phía Nam.

- Dù mục đích **như nhau** nhưng cách thức can dự của mỗi thế lực bên ngoài khu vực vào đây có những điểm khác nhau.

- Trung Quốc - Philippines đang trong thế **giằng co**。

405 三价欠缺性状动词和 406 三价分属性状动词只有几个个例，并不典型。根据陈昌来（2002: 240-241），汉语“欠缺”类性状动词有“（拖）欠、该、少、短”等，表示“当事”和“与事”间拖欠“客事”的关系；越南语中对应的该类词有“nợ、thiếu”等。三价分属性状动词主要表示“当事”和“与事”在所属、距离等“客事”方面的关系，如“分属、隔、连成、相距、相隔”等；越南语中对应的该类词或词组有“cách、cách nhau、gắn liền （nhau）”等。

- 印/v 媒/ng 称/v 巴/b 财务/n 状况/n 堪忧/v /w 购/vg 枭/x 龙/n 战机/n 费用/n 暂/d **欠**/v

- Công ty đó **nợ** anh một cái hẹn.

- Số tiền mà anh của bà ấy **thiếu** bà ấy

- 中国/ns 疆域/n 广阔/a ，/wd 东西/n 跨度/n 5/f ,/wd 500/m 公里/q ，/wd 南北/f **相距**/vi 5/f ,/wd 200/m 公里/q 。

- 广东/ns 与/p 海南/ns 被/pbei 一/m 弯/q 30/m 公里/q 宽/a 的/ude1 琼州/ns 海峡/n **相隔**/v 。

- Hai nhà **cách nhau** một hàng rào.

501 二价判断关系动词

汉语中表示判断关系的有“是、系、为、即、指、表示、标志着、象征、（价）值、折合”等；越南语中有“là、tức là、đánh dấu、tượng trưng （cho）、trị giá、tính bằng、tương đương”等。

- 这/rzv 不仅/c **是**/vshi 东盟/ns 各国/rzs 的/ude1 关切/vn ，/wd 也/d **是**/vshi 整个/b 地区/n 的/ude1 关切/vn ，/wd 我们/rr 有/vyou 能力/n 协调/vn 内部/f 各/rz 成员国/n 所/usuo 持/v 的/ude1 不同/a 立场/n 。

- 而/cc 在/p 中期/f ，/wd 也/d **即**/v 在/p 航母/n 入列/v 成/v 军/n 以及/cc 发展/vn 航母/n 战斗/vi 群/ng 之前/f ，/wd 有/vyou 必要/a 演练/vn 空中/s 加油/vi 补给/vn 、/wn 以及/cc 三/m 大/a 舰队/n 夹击/v 联训/v 。

- 鲍沃/nrf 表示/v ，/wd 美军/n 强调/vd 加强/v 巡逻/vi ，/wd 而/cc 不/d 是/vshi 建立/v 军事基地/nl ，/wd **象征**/v 着/uzhe 美国/nsf 在/p 亚太地区/n 迈出/v 了/ule 轻盈/a 但/c 又/d 将/d 无所不在/vl 的/ude1 步伐/n 。

- Mục đích chủ yếu của P-3C phiên bản cải tiến chỉ **là** lấp chỗ trống tác chiến trước khi đưa P-8A vào hoạt động.

- Chuyến thăm Cam Ranh của Panetta **đánh dấu** quan hệ quân sự Mỹ-Việt không ngừng cải thiện，cho thấy Mỹ muốn dựa vào quan hệ đối tác để đối phó với vai trò ảnh hưởng ngày càng gia tăng của Trung Quốc.

- Phía Mỹ cho rằng chính quyền Noda của Đảng Dân chủ Nhật Bản hoàn toàn không hợp tác，nhưng việc triển khai máy bay Osprey vốn đã là **tượng trưng** cho sự thay đổi vị trí chiến lược của Okinawa.

- Khoảng 1 năm trở lại đây，Philippines tìm mọi cách để hiện đại hóa quân đội，dự kiến dùng 40 tỉ peso（**tương đương** hơn 914 triệu USD）để nâng cấp các trang thiết bị quân sự trong vòng 5 năm bắt đầu từ năm 2012.

502 二价所属关系动词

该类动词表示领事和属事之间的领有关系。汉语中有“有、含、包括、属于”等；越南语中有“có、chứa、bao gồm、thuộc”等。

- 我们/rr **有**/vyou 能力/n 协调/vn 内部/f 各/rz 成员国/n 所/usuo 持/v 的/ude1 不同/a 立场/n

- 东盟/ns 领导人/n 将/d 重点/d 讨论/v 落实/v 东盟/ns 共同体/n 建设/vn ，/wd 贯彻/v 东盟/ns 宪章/n 方面/n ，/wd **包括**/v 东盟/ns 一体化/vn 和/cc 东盟/ns 的/ude1 互联互通/n 。

- 我们/rr 在/p 海外/s 的/ude1 资产/n 和/cc 投资/v 安全/an 、/wn 工作人员/n 和/cc 当地/s 华侨/n 华人/n 的/ude1 人身/n 安全/an 都/d **属于**/v 我们/rr 应/v 保护/v 的/ude1 安全/an 利益/n 。

- Olongopo là nơi **có** Vịnh Subic，nơi đến năm 2001 vẫn tồn tại một căn cứ hải quân khổng lồ của Mỹ.

- Một khi dây chuyền hàng hải **bao gồm** các ngành đánh cá，sinh học biển，dầu khí，vận tải，du lịch，dịch vụ… được thành lập sẽ trở thành động lực kinh tế lớn lao cho tỉnh Hải Nam và cả nước Trung Quốc.

- Trong cuộc chiến Nga – Nhật 1905，hơn 100 chiến thuyền **thuộc** Hạm đội Thái Bình Dương số 2 của Hải quân Nga Hoàng đã từng tập trung tại Cam Ranh.

503 二价比较关系动词

该类动词对当事和类事之间有某些相似或相异之处进行比较或比喻。汉语中有“像、似、犹如、等于、大于、小于”等；越南语中该类意义主要由如“giống、như、bằng、hơn”等形容词或关联词承担，动词有“tượng trưng、so sánh、đối chiếu、phân biệt”等。

- 它/rr 的/ude1 主体/n 犹如/v 一/m 座/q 奇特/a 的/ude1 珊瑚/n 岩柱/nr2

- 菲/b 政府/n 需要/v 明白/an ，/wd 让/v 美国/nsf 感到/v 犹豫/a 的/ude1 是/vshi ，/wd 如果/c 确保/v 了/ule 亚太地区/n 的/ude1 问题/n ，/wd 是否/v 就/d **等于**/v 确保/v 了/ule 世界/n 安全/an。

- Cùng là tàu tấn công đổ bộ，nếu đem **so sánh** tàu lớp Mistral do Pháp chế tạo và tàu Wasp do Mỹ chế tạo sẽ không khó thấy được，hai loại này không có sự khác biệt lớn về kết cấu tổng thể.

504 二价称谓关系动词

表达当事和类事有称谓关系，类事是当事的称名。汉语中有“叫、称、叫作、称为”等；越南语中有“là、gọi （là）、xưng”等。

- 北京/ns 把/pba 对/p 海外/s 能源/n 的/ude1 依赖/vn **称为**/v 马/n 六甲/ns 困境/n 。

- Nếu không bị bó trong khuôn khổ tư duy và cảm nhận đó，người ta cũng có thể **gọi** biển Dông này **là**… biển Tây của Mỹ.

尽管基于理论假设来看，动词语义分类的顶层部分具有普适性，与具体语种相关度较小，但具体到框架语义构造式，汉语和越南语之间仍然有明显差别。以 110va-e 三价置放动作动词为例，越南语中没有类似汉语“把”字句的句型将宾语提置与动词之前，不存在“施事+（把）受事+Vp+位事”类的框架语义构造式。

该类动词框架语义构造式中 vb 形式在汉语中也较为常见。例如：

vb.Np_Agt +Vp+ Np_Pat + Np_Dest；

- Anh đặt một quyển sách lên bàn.

他放了一本书在桌上。

vf 形式在越南语中常见，在汉语中相对较少使用。

vf.Np_Agt +Vp+ Np_Dest + Np_Pat；

- Anh đặt lên bàn một quyển sách.

他放在桌上一本书。（直译）

但另一方面，汉语和越南语语言类型相似，越南语中存在大量汉语借词广泛运用于新闻文本中，通过分析和借鉴汉语、越南语动词语义研究成果，本书拟构出的越南语框架语义构造式系统具有重要意义，但其合理性和完备性需要经过对大量真实语料进行框架语义标注后才能验证，实证工作的过程也是对理论假设的补充、调整和完善的过程。

第四节　小结

本章分析了 DOMLFSR 的基本模式、改进方向和整体架构及核心内容。

DOMLFSR 的语种配置方面，本书认为应以应用需求为驱动，充分体现 FrameNet 的“中介”性质，采用“英语+通用语+非通用语”模式将更利于框架语义学普适性研究和语言类型学研究。本书选定“英语—汉语—越南语”进行框架网络构建研究。

在详细考察各语种仿造 FrameNet 构建的框架网络基础上，我们发现有以下方面需要改进：第一，语种“整合”的多语性比单纯语种扩展更为重要，这需要加强框架网络构建在全局上突出语义框架的系统性和层级性，即确立相对统一的“框架元素层级系统”作为框架元素名称、定义和标注颜色码的基本参照；第二，领域延伸性的实现需要将“语义域”和“主题域”研究有机结合，构建“框架语义构造式系统”作为相对完备的“语义域”系统，在此基础上与义类词典分类体系《同义词词林》（扩展版）进行映射，以实现语义分类基础上对主题的集中。

DOMLFSR 整体架构中，框架元素层级系统和框架语义构造式系统是其核心内容。由于越南语前期相关研究成果较少，为了使理论模型和实践应用落到实处，本书在框架元素层级系统和框架语义构造式系统中都着重对越南语相关语言现象进行了分析和整理，同时着力于语言类型特点方面的探索，便于今后向其他同类型语种的扩展。具体而言，框架元素层级系统设置了三级相对固定的 35 个框架元素，第四级框架元素为可扩展层，根据具体框架设置需求确定；框架语义构造式系统分为三层：第一层分五级，第二层分 26 小类，第三层约 60 个细类。

第四章 越-英-汉时事新闻框架网络的体系构建

第四和第五章将对越-英-汉时事新闻框架网络（DOV-E-CFN）构建进行探讨。DOV-E-CFN 的构建过程具体如下：（1） 设计开发多语种 Web 新闻语料抓取软件进行越-英-汉时事新闻框架网络语料库制备；（2） 探索领域词元库构建方法，对领域语料进行词频统计，将语料中出现的高频动词抽取出来作为“待选词元集”；（3）基于 FrameNet 1.5 数据进行半自动框架库映射，对映射成功的 FrameNet 框架进行复用和整合；对于未能映射 FrameNet 框架的高频词元，根据已构建的框架语义构造式系统（FSCES）确定其语义类别后新建框架，最终构建领域框架库；为每个框架确定核心及非核心框架元素并进行详细地描写；（4） 根据特定语义框架的场景并结合实际语料，参照框架语义构造式系统和《同义词词林》（扩展版）语义分类编码为框架定位，确定框架关系；（5） 设计并实现辅助建库、标注工具，从越-英-汉领域语料库中分别检索出包含该语种目标词元的例句，并按照其义项选择相应的框架对例句进行框架元素、短语类型和语法功能三个层级的标注，经过框架语义标注的例句将存入“标注例句库”；（6） 对例句标注结果中的框架元素分布进行统计和汇总，对每个词元在句法-语义组合上的可能性即“配价”进行描述，以研究各类语义框架的句法实现规律，最终形成“词元库”。

本章将具体实现三个层次的整合，构建相应的资源：主题域层面构建越-英-汉时事新闻语料库；框架层面构建领域框架库；框架元素层面通过框架元素层级系统进行整合。

第一节 越-英-汉时事新闻框架网络语料制备——主题域层面的对应

语料库已经成为语言学理论研究、应用研究和语言工程不可缺少的基础资源，其重要特征之一是机器可读。尽管原始的语料本身可以反映语言使用的许多特征，但要进行更为深入的语言研究，就需要对语料进行不同层次的标注，这直接影响着从语料中发掘信息的丰富性和准确性。语料库的标注（赋码）是提高语料库利用价值的关键问题。标注即对语料库中的原始语料进行加工，将表示各种语言特征的赋码标注在相应的语言成分上，以便于计算机识读。目前研究的标注问题主要包括由计算机系统自动完成语料分析和语言学特征注记工作的标注软件问题和对语料库进行标注的过程中需要解决的语言知识形式化问题。

语料的标注包括词法标注、句法标注、语义标注等等。其中，词法标注是语料库最基本的加工之一。通过标注语料库，人们可以从各个角度考察和分析语言事实，统计各种语言单位出现的频率，譬如，词语或词类的分布、搭配和共现，专有名词的结构方式，兼类词在句子中的表现，语素字的使用情况等等。也可以从语料里提取各种语言单位或语句片段作为研究实例。

一、领域语料库构建方法

通用的网页抓取工具难以对特定信息进行批量抓取。就多语种语料库构建而言，较为理想的方式是构建适用于大多数新闻网站的语料抓取模型，由用户自定义抓取规则，实现半自动化、半通用批量抓取。

本节主要对越南语、英语和汉语网络媒体语料半自动爬取方法进行探索。为实现各语种语料的自动爬取，我们开发了爬取软件NPCrawler。该软件以C#作为开发环境，使用SQL Server 2005作为后台数据库。用户可自行设置网站地址和使用内容抓取正则表达式来实现自动或者手动抓取指定网页内容。

NPCrawler根据Web新闻语料抓取的特殊性和动态网页技术的特点，研究解决新闻标题页URL生成规则和内容页URL范围限定问题，由人工定义简洁的封装器，实现语料抓取规则的自由匹配和抓取目标的准确定位，以实现对不同网站的Web新闻语料数据进行精准、高效抽取（陈荟慧等，2013：34-39）。通过对国内外28个网站近百个栏目中的测试，结果标明该软件的采集效率和采集质量都能满足语料库的构建需求。

二、越-英-汉时事新闻语料库构建

采用在线电子文本构建语料库，首先要解决选定目标网站及栏目的标准问题。以构建新闻语料库为例，一般来说在选取和确定网站时会优先考虑各国综合性强、更新快，点击和访问率高的门户网站作为首选，再根据研究需求确定领域专业网站，如构建时事新闻语料库应主要关注政治与军事类网站。对构建领域新闻语料库而言，选择包含新闻标题列表、网页格式较为固定的网站更易于实现专用定制WEB内容抓取，也是选择目标网站的重要标准之一。

本语料库的标注工作分为两个部分：文本外部元信息标注和文本内部词级标注。

（一） 文本外部元信息标注

在抓取时事新闻语料时，需要运用国际上广泛使用的跨领域的信息资源描述标准——都柏林核心元数据（Dublin Core，DC）来规范数据的描述，通过可扩展标记语言（XML）进行加工处理，同国际标准接轨，便于进行数据交换和资料共享。在语料的处理阶段坚持纯文本原则和标准化原则，有利于促进越南语编码的统一，对越南语专业语料库的建设和研究具有借鉴意义。具体标注记号主要包括：

1. 标题（Title）<body_title></body_title>
2. 时间（Date）　<date></date >
3. 作者（Author）　<author></author>
4. 主题（Subject）　<subject></ subject >
5. 来源（Source）　<source></source>
6. 正文（Text）<text></text>

“作者”这一标签在文学作品等类型的语料中是显性和确定的，具有重要的标识作用，但在网络新闻文本中，许多情况下并无作者姓名，或显示的记者署名并非真实姓名。因此，在本语料库中，不考虑“作者”标签的标注。

综合以上各种因素后，本书以凤凰网[①]、环球网[②]军事栏目作为汉语的主要新闻语料来源，以 BBC 新闻网[③]、菲律宾《每日问讯报》官网[④]、新华网英文版[⑤]等作为英语的主要新闻语料来源。

越南语相关网站方面，根据龚晓辉（2011：186-187）所述，越南快讯网（VnExpress）和越南网（VietNamNet）是 Alexa.com 网站统计出的越南两大门户网站。越南政治与军事网站方面的重要网站是越南《人民军队报》网站[⑥]、越南国防网[⑦]。但以上网站的网页格式不适于专用定制 WEB 内容抓取。由于越南时报网网页 html 格式、分页链接生成均比较理想，易于自动生成内容页列表链接进行抓取，因此本书选取了该网站时事新闻专题[⑧]作为主要语料来源。该网站内容均为转引新闻，来源为越南各大网站，主要包括：Infonet、GDVN、Dân

① http://news.ifeng.com/mil/
② http://mil.huanqiu.com/
③ http://www.bbc.co.uk/
④ www.inquirer.net
⑤ http://www.xinhuanet.com/english/home.htm
⑥ www.qdnd.vn
⑦ vndefence.info
⑧ http://biendong.vntime.vn/

trí、Vietnamplus、Báo Đất Việt、VOV、Baotintuc、TTXVN 等。

NPCrawler 抓取的网页内容包括标题、发表时间、正文内容、抓取事件和网址来源。语料抓取后可以根据需要过滤后勾选需要导出的内容，选择[文件格式]确定编码后，单击[导出文本]，选择导出路径，可以将语料保存为 txt 文件。图 4-1 为 NPCrawler 抓取语料数据导出界面。

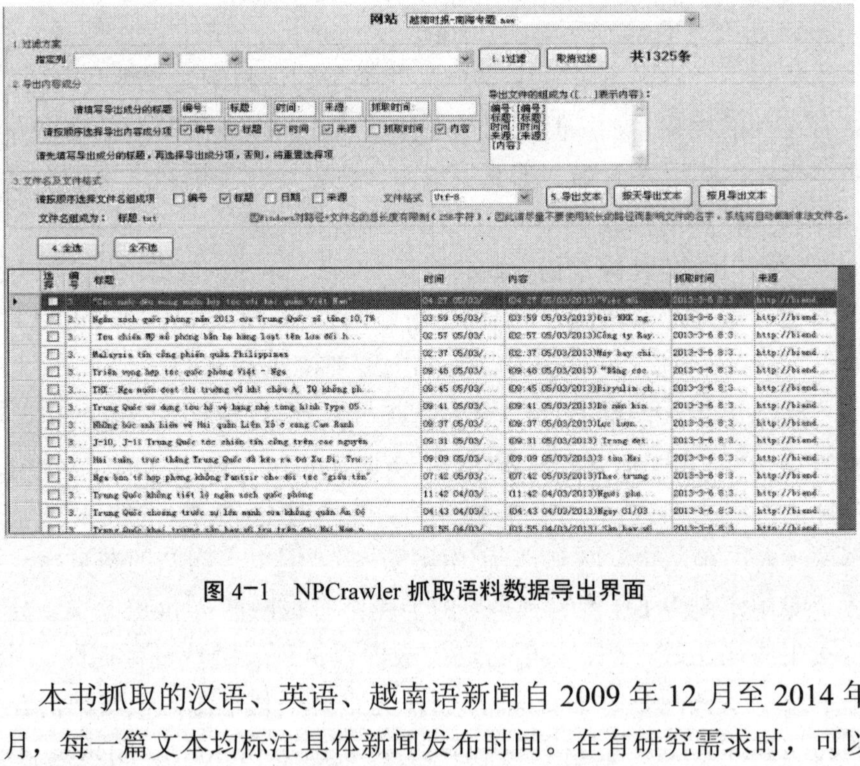

图 4-1　NPCrawler 抓取语料数据导出界面

本书抓取的汉语、英语、越南语新闻自 2009 年 12 月至 2014 年 8 月，每一篇文本均标注具体新闻发布时间。在有研究需求时，可以通过新闻发布时间进行排序和对比。

经汇总后，共获取中文时事新闻语料 2296 篇（8.35M），2154035 个字（图 4-2）；英语时事新闻语料有 1782 篇（8.77M），661712 个词（图 4-3）；前期抓取的越南语语料有 7060 篇（33.2M），共 5838080 个音节/字，但由于编码问题导致文本中有部分元音缺失。我们校正了其中的2500篇文本（15.0M），3203598个音节/字，可以加几篇新闻实例。

名称	修改日期	类型	大小
453_韩媒认为不能输给中国 至少得有1艘小型航母.txt	2012/6/13 13:33	文本文档	3 KB
457_菲外长：若与中国冲突代价太高 未来将被毁.txt	2012/6/13 13:33	文本文档	2 KB
458_日非常用心 对华侦测活动早已深入西北边陲.txt	2012/6/13 13:33	文本文档	4 KB
459_菲称中国正炫耀武力 所以不着急取消休渔令.txt	2012/6/13 13:33	文本文档	2 KB
462_美军力报告最关注我3件宝DF21D歼20国产航母.txt	2012/6/13 13:33	文本文档	4 KB
465_印媒称4艘印度军舰正穿行南海 彰显地区存在.txt	2012/6/13 13:33	文本文档	2 KB
466_外媒称中国航母应配专用舰载攻击机 可改L15.txt	2012/6/13 13:33	文本文档	9 KB
469_菲为壮声势曝光130多军购项目 只是一厢情愿.txt	2012/6/13 13:33	文本文档	2 KB
470_专家：菲拿黄岩岛喊冤是向美日澳骗钱骗军火.txt	2012/6/13 13:33	文本文档	12 KB
477_菲寻求第三方介入 美再次呼吁为南海定规矩.txt	2012/6/13 13:33	文本文档	3 KB
478_专家：效法历史尽快在南海成立生产建设兵团 .txt	2012/6/13 13:33	文本文档	4 KB
480_俄媒：美不会为菲与中国对决 害怕致命反击.txt	2012/6/13 13:33	文本文档	3 KB
482_美议员再次鼓吹对台军售 促台购买F-16战机.txt	2012/6/13 13:33	文本文档	4 KB
488_外媒：中国实施小棒外交 在南海胜出机会大.txt	2012/6/13 13:33	文本文档	3 KB
492_日刊：15年内中国将拥1艘核航母2艘常规航母.txt	2012/6/13 13:33	文本文档	3 KB
500_俄首次正式表态：反对非当事国干预南海争端.txt	2012/6/13 13:33	文本文档	1 KB
504_日称我海军编队太平洋演练无人机扩势力范围 .txt	2012/6/13 13:33	文本文档	3 KB
506_外媒称我大造两栖舰航母防备高强度海上冲突 .txt	2012/6/13 13:33	文本文档	3 KB
509_美称菲采用拖延战术削弱中国优势或最终获胜 .txt	2012/6/13 13:33	文本文档	3 KB
512_分析认为日对中国虎视眈眈 野心绝不会改变.txt	2012/6/13 13:33	文本文档	5 KB
514_少将：若菲律宾违反我禁渔令中国可实施拿捕.txt	2012/6/13 13:33	文本文档	10 KB
518_越南发声明反对中方南海休渔令 称决定无效.txt	2012/6/13 13:33	文本文档	2 KB
520_俄媒称南海局面已类似钓鱼岛 前景不容乐观.txt	2012/6/13 13:33	文本文档	3 KB
522_印放弃南海争议油气项目 但未完全退出南海.txt	2012/6/13 13:33	文本文档	2 KB
523_美媒：中国“准制裁” 让菲开始口头上服软 .txt	2012/6/13 13:33	文本文档	3 KB

2,296 个对象

图 4−2　汉语时事语料

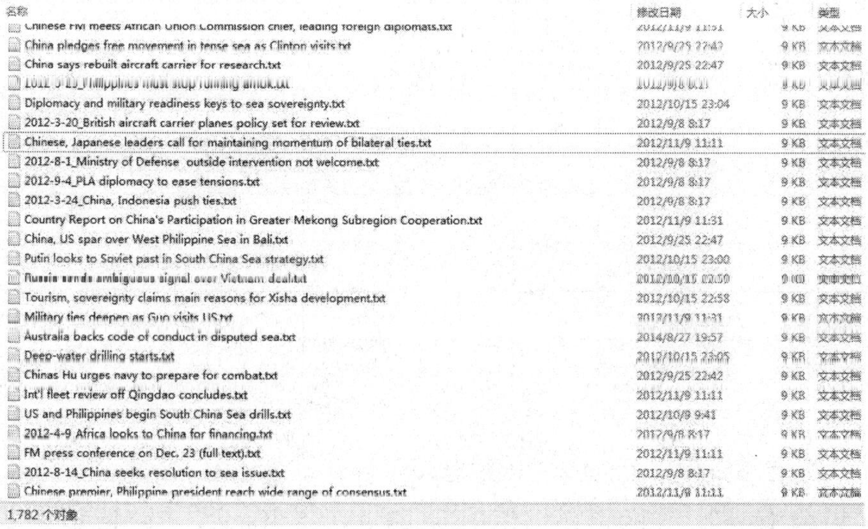

名称	修改日期	大小	类型
Chinese FM meets African Union Commission chief, leading foreign diplomats.txt	2012/11/9 11:31	9 KB	文本文档
China pledges free movement in tense sea as Clinton visits.txt	2012/9/25 22:42	9 KB	文本文档
China says rebuilt aircraft carrier for research.txt	2012/9/25 22:47	9 KB	文本文档
2012-3-25_Philippines must stop running amok.txt	2012/9/8 8:17	9 KB	文本文档
Diplomacy and military readiness keys to sea sovereignty.txt	2012/10/15 23:04	9 KB	文本文档
2012-3-20_British aircraft carrier planes policy set for review.txt	2012/9/8 8:17	9 KB	文本文档
Chinese, Japanese leaders call for maintaining momentum of bilateral ties.txt	2012/11/9 11:11	9 KB	文本文档
2012-8-1_Ministry of Defense outside intervention not welcome.txt	2012/9/8 8:17	9 KB	文本文档
2012-9-4_PLA diplomacy to ease tensions.txt	2012/9/8 8:17	9 KB	文本文档
2012-3-24_China, Indonesia push ties.txt	2012/9/8 8:17	9 KB	文本文档
Country Report on China's Participation in Greater Mekong Subregion Cooperation.txt	2012/11/9 11:31	9 KB	文本文档
China, US spar over West Philippine Sea in Bali.txt	2012/9/25 22:47	9 KB	文本文档
Putin looks to Soviet past in South China Sea strategy.txt	2012/10/15 23:00	9 KB	文本文档
Russia sends ambiguous signal over Vietnam deal.txt	2012/10/15 23:00	9 KB	文本文档
Tourism, sovereignty claims main reasons for Xisha development.txt	2012/10/15 22:58	9 KB	文本文档
Military ties deepen as Guo visits US.txt	2012/11/9 11:31	9 KB	文本文档
Australia backs code of conduct in disputed sea.txt	2014/8/27 19:57	9 KB	文本文档
Deep-water drilling starts.txt	2012/10/15 23:05	9 KB	文本文档
Chinas Hu urges navy to prepare for combat.txt	2012/9/25 22:42	9 KB	文本文档
Int'l fleet review off Qingdao concludes.txt	2012/11/9 11:11	9 KB	文本文档
US and Philippines begin South China Sea drills.txt	2012/10/9 9:41	9 KB	文本文档
2012-4-9 Africa looks to China for financing.txt	2012/9/8 8:17	9 KB	文本文档
FM press conference on Dec. 23 (full text).txt	2012/11/9 11:11	9 KB	文本文档
2012-8-14_China seeks resolution to sea issue.txt	2012/9/8 8:17	9 KB	文本文档
Chinese premier, Philippine president reach wide range of consensus.txt	2012/11/9 11:11	9 KB	文本文档

1,782 个对象

图 4−3 英语时事语料

三、语料分词和词性标注

进行框架语义研究需要已经进行过分词和词性标注预处理的语料文本。英语和汉语的分词、词性标注等预处理技术已经非常成熟。本节首先简述英语、汉语语料预处理工作，然后再重点对越南语分词和词性标注进行专门研究。

（一）英语、汉语语料分词和词性标注

汉语语料的分词和词性标注使用汉语词法分析系统 ICTCLAS（Institute of Computing Technology，Chinese Lexical Analysis System）。其基本词性标注集有 28 个标记，列表如下：

表 4-1　ICTCLAS 词性标注集

a	形容词	m	数词	p	介词
b	区别词	n	普通名词	q	量词
c	连词	nd	方位名词	r	代词
d	副词	nh	人名	u	助词
e	叹词	ni	机构名	v	动词
g	语素字	nl	处所名词	wp	标点符号
h	前接成分	ns	地名	ws	字符串
i	习用语	nt	时间词	x	非语素字
j	简称	nz	其他专名		
k	后接成分	o	拟声词		

英语语料使用 CLAWS POS tagger 标注词性。本书选择的词性标注集为有 62 个标记的 UCREL CLAWS5 Tagset，详情请参见 http://ucrel.lancs.ac.uk/claws5tags.html。

（二）越南语分词和词性标注研究

越南语文本以 tiếng 音节为分界，空格并非词边界的标记，其语言信息处理也需要完成字串到词串处理这个任务。自动分词是越南语信息处理的基础工程，相关研究已经取得明显成效，但仍旧存在不少问题和任务需要解决。

越南语分词是越南语信息处理的基本步骤，该步结果的优劣约束着各层次信息处理应用的性能。如某个词被错分，随后的命名实体识别、词性标注、句法分析和语义角色标注等就会受到影响。因此，研究者很早就开始关注越南语分词问题，迄今已提出了多种有效的越南语分词算法。最早的分词算法主要是基于词典的，包括最大匹配（Maximum Matching，MM）算法和逆向最大匹配（Reverse Maximum Matching，RMM）算法。基于词典的算法易于实现，但其性能在很大程度上取决于词典的规模和质量。之后，有些高级机器学习方法将分词视为序列标注问题，如最大熵（Maximum Entropy，ME）、条件随机场（Conditional Random Fields，CRF）和支持向量机（Support Vector Machines，SVM）等方法在越南语分词中取得了较好的效果。已有的研究成果包括：结合加权有限状态机和神经网络的分词模型；构建了 10MB 的原始语料库，使用 N-gram 信息优化分词概率总和（Ha Le An，2003）；使用 ME 框架和迭代算法对标注语料库进行训练（Dinh Dien and Vu Thuy，2006）；使用 CRF 和 SVM 模型进行分词（Cam Tu Nguyen et al，2006）。

近年来，混合方法和面向具体任务（如文本分类和自动问答）的分词研究逐渐兴起，同时也有研究者尝试利用搜索引擎构建大规模语料库进行分词。为解决分词歧义问题，还出现了结合有限状态机、正则表达式和最大匹配技术的混合算法，并据此实现了一个高精度的越南语分词器（vnTokenizer）（Hong Phuong Le et al，2008）；面向文本分类，不使用标注训练语料库，使用商业搜索引擎直接抽取统计信息，用遗传算法寻找最合理的分词结果（Doan Nguyen，2008）；还有把词性标签作为一种附加资源用于分词算法中（Thi Oanh Tran et al，2010）（Dang Duc Pham et al，2009）。

尽管对于越南语自动分词的研究和应用已有不少论述，但其中也反映出一些仍然存在的主要问题和亟需解决的任务：

第一，对分词单位的确认，在语言学中，词是一个基本单位。所以，为了计算机处理越南语，首要的工作就是确定词边界，而这正是越南语语言学界悬而未决的问题。目前，必须从工程角度划出信息处理用的越南语“词”的主要特征。尽管越南语言学研究中对词的定义不尽相同，但语言学家在以下问题上达成了以下三点一致：

词是形式和意义的统一体，在句法上具有独立性；

词由 tiếng 构成的；

根据越南语文本分词标准，越南语构词大致可以分为五类：

1. 简单词（1-tiếng，单音节词）：实词、虚词、拟声词、感叹词

2. 复杂词（n-tiếng，n <5，多音节词）：合成词（联合式、偏正式、附加式）、叠音词和词的重叠形式

3. 固定搭配：成语、惯用语

4. 专名（人名、地名、组织机构）、缩略语

5. 类型词：时间格式（日—月—年）、数字—记号、标点符号

第二，歧义切分字段处理

交集型歧义：设 AB 和 BC 都是词典中的词，如果待切分字串中包含“ABC”这个子串，就必然会造成两种可能的切分：“AB/C”和“A/BC”。

例如：在句子“ông già đi nhanh quá”中，子串“ông già đi”产生切分歧义，“ông già”（老人）和“già đi”（变老）都是词典中的词。

组合型歧义：设 AB 和 A、B 都是词典中的词，如果待切分字串中包含“AB”这个子串，就必然会造成两种可能的切分：“AB/”和“A/B/”。

例如：在句子“Bàn là này còn rất mới”中，子串“bàn là”就产生组合型歧义，因为“bàn”（桌子），“là”（是），“bàn là”（熨斗）都

是词典中的词。

第三，专名识别策略方面：（1）尽可能多地收集词汇，以降低碰到未登录词的机会；（2）通过构词规则和上下文特征规则来识别；（3）通过统计方法来猜测经过一般的分词过程后剩下的“连续单字词碎片”是人名、地名等的可能性。

基本标注工具方面，本书主要使用越南河内国家大学 Lê Hồng Phương（黎鸿方）开发的分词软件 vnTokenizer[①]。vnTokenizer 分词例句如下：

- Trên đường đi của áp_thấp，ngày 12/7，hàng_loạt tỉnh_thành phía Bắc chìm trong mưa lớn trên 100 mm như Nam_Định，Hà_Nam，Ninh_Bình，Thái_Bình，Hòa_Bình.

（受低气压影响，7 月 12 日，北部多个省市如南定、河内、宁平、太平、和平将有 100 毫米的持续降雨。）

- Đến sáng nay，mưa tại các địa_phương này giảm dần.

（到今天早晨，各地降雨逐渐减弱。）

- Cụ_thể，lương của một lao_động trong doanh_nghiệp nhà_nước là 3,2 triệu đông，tăng 1, 2% .

（具体而言，一名国有企业的劳动者工资为 320 万盾，增长 1.2%。）

- Ông Nguyễn_Tấn_Dũng đã tham_dự lễ khởi_công nhà_máy A.

（阮晋勇出席了 A 工厂的动工仪式。）

该软件存在的问题是分词精度还有待提高。在扩该软件词表的基础上，我们针对越南语分词问题，提出了一个概率集成学习框架（probabilistic ensemble learning framework，PELF），并设计了一种新的基于概率集成学习的分词算法（PELWS）。在 PELF 下，以音节—音节频率索引（SSFI）为基础，概率集成学习算法可以集成多个弱分词器形成强分词器。实验结果表明在越南语分词任务中，PELWS 的

[①] 据 Lê Hồng Phương 个人主页(http ://www.loria.fr/ lehong/tools/)介绍，vnTokenizer 的准确率和召回率介于 96%—98%之间。

性能为目前最优。（Wuying Liu，Li Lin，2014: 931-934）在今后的相关研究中，将逐步使用该方法对分词结果进行改进。

越南语词性标注方面，本书具体考察了四个越南语自动词性标注软件的标记集设置和标注实例。

1. 由河内国家大学下属科技大学的 Trần Thị Oanh（陈氏莺）主持设计开发的 vnPos（Oanh Thi Tran，2009）。

表 4-2　vnPos 词性标注集

序号	越南语描述	汉语描述	标记名
1	danh từ thường	普通名词	NN
2	danh từ chỉ loại	量词	NC
3	danh từ riêng	专有名词	NP
4	động từ	动词	VB
5	tính từ	形容词	JJ
6	đại từ	代词	PP
7	định từ & số từ	限定词和基数词	D
8	phụ từ	副词	AD
9	giới từ	介词	IN
10	liên từ	连词	CC
11	thán từ	感叹词	UH
12	trợ từ	助词	RB
13	các từ không phân loại	不确定	X
14	các ký tự đặc biệt	标点，符号	punctuation，symbols

vnPos 标注示例如下：

Ngoài_ra//CC,//，từ//IN nay//PP đến//VB hết//VB 28-2//NN，//，các//D khách_hàng//NN hoà//VB mạng//NN mới//JJ thuê_bao//VB trả//VB sau//NN và//CC trả//VB trước//NN được//VB tặng//VB 120.000//D đồng//NC và//CC có//VB thêm//VB cơ_hội//NN cào//VB và//CC trúng//VB thưởng//NN thẻ//NC Phúc//NN Lộc//NN Thọ//NN .//.

（此外，从今天到 2 月 28 日截止，新入网的后付费和预付费包租用户可以获赠 12 万盾并有机会刮奖赢得福禄寿卡。）

2. 由 Phan Xuân Hiếu（潘春孝）主持、河内国家大学下属科技大学信息技术系与澳大利亚新南威尔士大学合作的 JvnTagger（Phan Xuân Hiếu，2009）[①]。

表 4-3　JvnTagger 词性标注集及在越南语树库中的频率信息

序号	越南语描述	汉语描述	频率	标记名
1	danh từ	普通名词	53133	N
2	danh từ riêng	专有名词	8662	Np
3	danh từ chỉ loại	量词	5178	Nc
4	danh từ viết tắt	缩写名词	1528	Ny
5	danh từ đơn vị	单位名词	905	Nu
6	động từ	动词	44040	V
7	phụ từ	副词	15264	R
8	giới từ	介词	13675	E
9	tính từ	形容词	13300	A
10	đại từ	代词	9299	P
11	liên từ	连词	7842	C
12	số từ	数词	7786	M
13	định từ	限定词	4054	L
14	trợ từ,tiểu từ,tình thái từ	助词、小品词、情态词	1452	T
15	các từ không phân loại	不确定	775	X
16	từ viết tắt	缩略语	97	Y
17	thán từ	感叹词	80	I
18	tiếng nước ngoài（vay mượn）	外来词	76	B

① http://www.jaist.ac.jp/~bao/VLSP-text/Mar2009/SP83-Baocaokythuat2009thang3.pdf

JvnTagger 标注实例如下：

Chuỗi "dữ liệu đầu vào" “输入语料”字符串	Chuối nhãn 标注字符串
Nơi	N
thuyền	N
chúng_tôi	P
vượt	V
qua	R
là	V
khu_vực	N
Phillips_Channel	Np
có	V
chiều	N
rộng	A
chỉ	R
khoảng	N
2，8	M
km	Nu
-	Mrk
nơi	N
hẹp	A
nhất	A
của	E
eo_biển	N
...	...

图 4-4　JvnTagger 标注实例

3. 由 Lê Hồng Phương（黎鸿方）与法国南锡 LORIA 实验室合作开发的 vnTagger，其 93.40%的准确率为截止 2010 年越南语词性标注的最好结果[①]。

该软件的标注集与上表内容基本相同，也分为 18 种，不同之处在于无外来词（tiếng nước ngoài，B）、缩写名词（danh từ viết tắt，Ny），添加了粘着语素 （bound morpheme，Z），将连词细分为从属连词（subordinating conjunction，C）和并列连词（coordinating

① Le-Hong, Phuong, et al. An empirical study of maximum entropy approach for part-of-speech tagging of Vietnamese texts. Traitement Automatique des Langues Naturelles-TALN 2010. 2010.

conjunction，CC）。具体见附录（3）。

vnTagger 标注实例如下：

- Bất_kì/N 1/M USD/Nu tăng_trưởng/V nào/P của/E ASEAN/Np cũng/R có/V 6/M cent/N xuất_khẩu/V của/E Nhật_Bản/Np tới/V ASEAN./Np

（不论东盟以何种方式增长 1 美元，其中都有 6 美分为日本向东盟的出口额。）

- Điều/N này/P cho/V thấy/V tỉ_trọng/A của/E kinh_tế/N ASEAN/Np trong/E GDP/Np Nhật_Bản/Np lớn/A như_thế_nào/X ./.

（这一点表明东盟经济在日本 GDP 中的比重有多大。）

- Tình_hình/N với/E Trung_Quốc/Np cũng/R như_vậy/X ./.

（对于中国而言，情况也是如此。）

（4） 越南语机器词典词性标注（Nhãn từ loại trong từ điển VCL）标记集[①]。

表 4-4 VLSP 越南语机器词典词性标注标记集

No.	idPOS	idSubPOS	vnPOS	cnPOS
1	N	Np	danh từ riêng	专有名词
2	N	Nt	danh từ đơn thể	可数名词
3	N	Ng	danh từ tổng thể	集合名词
4	N	Na	danh từ trừu tượng	抽象名词
5	N	Nc	danh từ chỉ loại	类别名词
6	N	Nl	danh từ vị trí	位置名词
7	N	Nu	danh từ đơn vị	单位名词
8	V	Vi	động từ nội động	不及物动词
9	V	Vt	động từ ngoại động	及物动词
10	V	Vs	động từ trạng thái	状态动词
11	V	Vm	động từ tình thái	情态动词
12	A	Ap	tính từ tính chất	性质形容词

[①] 涉及动词次类的标记如下：Vi 即不及物动词(động từ nội động); Vt 即及物动词(động từ ngoại động); Vs 即状态动词(động từ trạng thái); Vm 即情态动词 (động từ tình thái)

No.	idPOS	idSubPOS	vnPOS	cnPOS
13	A	Ar	tính từ quan hệ	关系形容词
14	A	Ao	tính từ tượng thanh	拟声形容词
15	A	Ai	tính từ tượng hình	象形形容词
16	P	Pp	đại từ xưng hô	人称代词
17	P	Pd	đại từ chỉ định	指示代词
18	P	Pq	đại từ số lượng	数量代词
19	P	Pi	đại từ nghi vấn	疑问代词
20	M	Mc	số từ số lượng	数量代词
21	M	Mo	số từ thứ tự	序数代词
22	D	D	định từ	冠词
23	R	R	phụ từ	副词
24	E	E	giới từ	介词
25	C	C	liên từ	连词
26	I	I	trợ từ	助词
27	O	O	cảm từ	叹词
28	Z	Z	yếu tố cấu tạo từ	构词成分
29	X	X	không/chưa xác định	未定成分

在词类规范的基础上制订科学词类标记集是词性标注的重要工作之一。本书认为前三个标记集规模都偏小，缺乏动词次类标记，颗粒度过大；标记名最好能够和英语标记集统一，一级词类用一个英文大写字母标记，次类为一个英文大写字母+一个小写英文字母。第四个标记集相对更为合理，但尚未应用到具体的词性标注工具中。

对比分析后，本书使用 vnTagger 进行语料标注，其原因是尽管每年有许多新的分词或词性标注算法问世，但其中简洁、快速而稳定，经过大量的数据训练的开源软件却很少。其中，vnTagger 可以算作适合初学者和专家的越南语分词和词性标注一体化通用框架。尽管如此，词性标注结果仍存在不少错误和歧义之处，加上越南语存在动词、名词兼类以及动词做短语结构成分等问题，这些问题有些情况下即使人工分辨也很困难，给自动标注造成很大困难。该软件精度尚有待进一步提高，需要对越南语词类兼类情况进行系统、定量的分析研究，着眼于兼类词以及词法分析，从而制订出更为完善的词类标注策略。

第二节 领域词元集的采集和分类——语义域层面的整合

词元是框架的重要组成部分，进行框架语义结构分析通常从词元分析开始。在对领域文本进行分词和词性标注预处理后，需要进行领域词元集的采集和分类。框架中的词元能激活一个语义框架，是具有某个特定义项的语义词。例如，越南语词元 mua（买）能够激活 THƯƠNG MẠI_MUA（商业_买）框架，bán（卖）能够激活 THƯƠNG MẠI_BÁN（商业_卖）框架。框架网络关注的焦点是谓词，但表示抽象或者具体的实体的词对于体现文本的领域性也至关重要。

构建越-英-汉领域高频动词词元集的目标为：(1) 在词元语义分类方面，动词语义分类研究成果如动词配价研究、句模研究、语义分类词典等可以作为借鉴和参考。汉语动词语义分类和越南语相似度较高，通过翻译的汉语动词词元，可以得到一个初始的越南语领域动词词元语义分类表；(2) 通过翻译的英语动词词元，可以与 FrameNet 框架进行匹配，被激活的 FrameNet 框架集合成为越-英-汉时事新闻框架体系的基础。

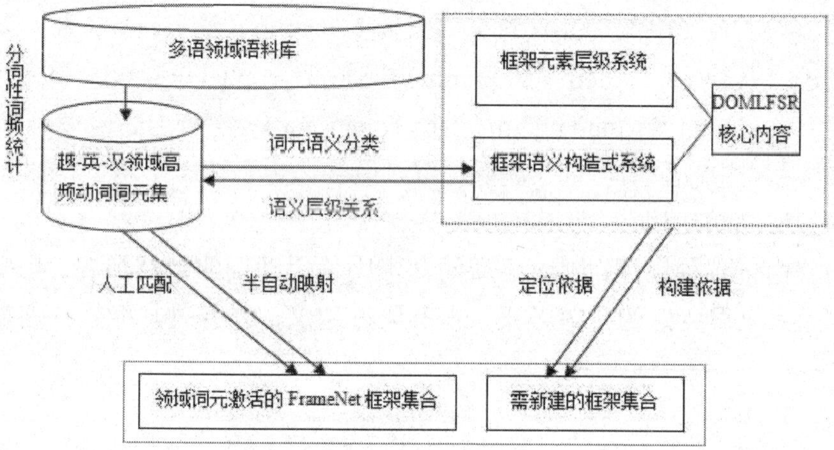

图 4-5 越-英-汉领域词元集采集与分类目标

本节主要实现第一个目标。多语领域词元库的构建中，非通用语相关研究较少，以非通用语语料统计结果作为原型进行词元采集，再辅以英语和通用语语料统计结果补充应该更为可行和适用。

对英语时事新闻语料（1783 篇，8.17M）使用 WordSmith 统计 wordlist 后统计发现，出现频率 200 次以上的高频词元共 445 个，其中动词[①]60 个(13.48%)，所占比例较低。原始统计数据参见附录(1)。

中文时事新闻语料（2296 篇，9.26M）使用 ICTCLAS 分词后，统计出现频率 200 次以上的高频词元共 1064 个，其中含动词 229 个（21.52%）。具体统计数据参见附录（2）。

越南语参与统计的时事新闻语料最多（7060 篇，33.2M），共 5838080 音节/字/token，进行词频统计后，不包括命名实体在内的普通名词共有 10284 个，频率在 5 次以上的共有 2925 个。动词共有 7129 个，频率在 300 次以上的动词有 352 个。[②]作为对照数据，根据越南时报网时事新闻校正文本 2500 篇统计结果为，频率 200 次以上动词 344 个。[③]两组统计共计 696 个动词经过去重后剩余 438 个，经人工校对后，排除超高频动词、趋向动词、介词或情态动词 có（有）、là（是）、được（得以/被）、bị（被）、đi（去）、mời（请）、còn（还有）、ở（在）、ra（出）、vào（进）、lên（上）、cho（给）、tới（到）、qua（过）、về（回）、đến（到）、muốn（想要）、phải（应该）、cần（需要）及明显的名词 tàu ngầm（潜艇）、tên lửa（火箭）、hải（海）、quốc（国）、外来语动词 del（删除）等，最终选定了 352 个越南语时事新闻领域高频动词。

由于各种原因，越南语新闻文本中使用动词的数目最多、频率最高，为取得更好的覆盖效果，本书通过越汉、越英词典将其分别翻译

① 标注工具为 CLAWS POS tagger，见 http://ucrel.lancs.ac.uk/cgi-bin/claws71.pl

② 这显示出名词的长尾效更加明显。统计出的动词和名词整合后通过双语词典进行翻译，可以作为越-英-汉时事新闻领域词元库的雏形。

③ 值得注意的是，频率值的选定可以根据研究的条件确定。在人力、物力和时间条件满足的情况下，该值越小越好。

成汉语和英语。

不同语言的动词所反映的语义类别具有共性，但落实到框架语义构造式或再细化到具体的句式会产生不同程度的差异。越南语中的双音节动词中有很多是汉越词，其语义类别较为一致。根据朱晓亚（2001）《现代汉语句模》的研究，本书将 1833 个汉语动词翻译成越南语和英语，并标明其配价及类别。经过匹配和验证，得到了 352 个越南语时事新闻领域高频动词的语义分类结果及其层级关系[①]，构建了“领域越-英-汉高频动词词元所属框架及语义分类表”，具体内容参见附录（3）。

这样得到的语义分类结果带有动词语义组合信息，主要用作框架构建和例句标注时的依据，但语义类别相对粗略。本书选择了《同义词词林（扩展版）》第一级除 L 敬语外的 11 个大类作为框架网络构建的分类层级参考。该层级分类中，从 A 到 D 分别是“人”、“物”、“时间与空间”和“抽象事物”，基本属于名词范畴；E 为“特征”，主要包含形容词；以上分类常用于对事物的本体知识表示，并非框架网络关注的重点。

从 F 到 J 的五个大类分别是“动作”、“心理活动”、“活动”、“现象与状态”和“关联”，主要对应的词类是动词。经过与“框架语义构造式系统分类”的对比，可以看出，两种分类方式在第一层级基本是一致的。差异仅在于后者从句法语义研究角度将“动作”和“活动”合并作为一个类别，即“动作/行为”，将“致使”单独列类。

① 未能匹配的词元我们参考汉语《动词大词典》《动词用法词典》判定其语义类别。

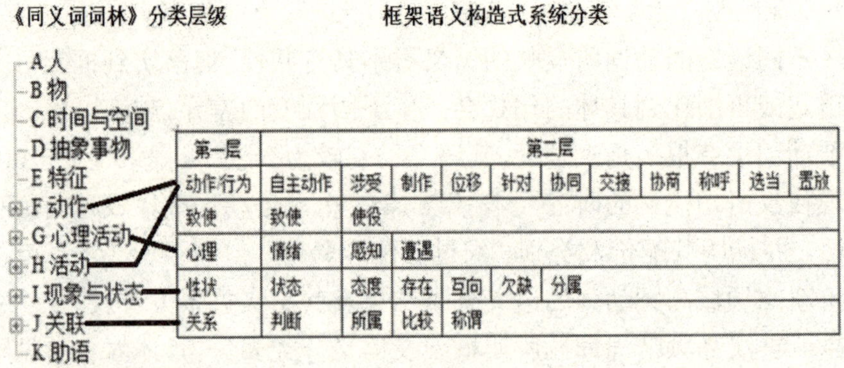

图 4-6　《同义词词林（扩展版）》分类层级与框架语义构造式系统分类对比

以 Hi 类“社交”为例，该类下属 64 个子类，父类为“活动”。前期采集的领域高频越南语动词词元中有下列词元对应了“社交”类的 14 个子类。在已建成的“领域越-英-汉高频动词词元所属框架及语义分类表”中为每个词元标明了“汉语动词语义分类”类别和“同义词词林（扩展版）编码”。表 4-5 主要关注其中的语义分类，未涉及词元所属框架，更详细内容可参见附录（4）。

表 4-5　越-英-汉时事新闻高频动词词元语义分类表示例

越南语词元	英语词元	汉语词元	汉语动词语义分类	同义词词林（扩展版）编码
đề cập	mention	提及	三价言说义针对动词	Hi12A51#
kể	tell，relate	讲述	三价言说义针对动词	Hi13D01
lên tiếng	claim	声明	三价言说义针对动词	Hi13D08
báo cáo	report	报告	三价言说义针对动词	Hi15A01
đối phó	deal	应对	二价涉受动作动词	Hi18B01
chấp nhận	accept，admit	承认	三价言说义针对动词	Hi22A01

越南语词元	英语词元	汉语词元	汉语动词语义分类	同义词词林（扩展版）编码
can thiệp	Intervene，interfere	干涉	二价涉受动作动词	Hi23A01
bàn giao	transfer	移交	三价给予义针对动词	Hi27A08@
đối thoại	dialogue	对话	二价互向动作动词	Hi31A01
thỏa thuận	consent	协商，商定	三价互向动作动词	Hi31A01
đàm phán	negotiate	谈判	二价互向动作动词	Hi31A02
cam kết	commit	承诺	三价言说义针对动词	Hi32A01
cho phép	permit，allow	允许	三价言说义针对动词	Hi32B01
đồng ý	agree	同意	二价心理经验动词	Hi32B01
giúp	help	帮助	二价针对动作动词	Hi36A01
hộ tống	escort	护送	三价使令动词	Hi37D03@
phục vụ	serve	服务	二价针对动作动词	Hi37E01@
thảo luận	discuss	讨论	二价互向动作动词	Hi41C01
cạnh tranh	compete	竞争	三价互向动作动词	Hi41D01@
buộc	force	迫使	三价使令动词	Hi56C01
đe dọa	threaten	威胁	三价使令动词	Hi57B01

语义分类的意义如下：（1） 根据框架语义构造式可以确定动词词元的语义类别，并为该词元集激活的框架体系提供词元性质描述和例句语义标注的依据；（2） 根据《同义词词林（扩展版）》进行词元语义分类，在构建新的框架时可以确定新框架在框架网络中的层级位置，同时体现词元的主题领域性。

第三节　框架体系构建及其关系描述——框架层面的复用、整合及新建

构建框架体系的工作类似于词元语义分类汇编，即将词元按照所激活的语义框架进行分类。FrameNet 构建经验证明，词元语义分类和框架体系构建并非一步到位，而是类似螺旋上升的探索过程。随着对采集词元的分析和分类不断加深，框架体系也会进行相应的拆分、融合、压缩和调整，最终形成一个较为完整和合理的领域框架体系。

FrameNet 收录词元 11829 个，这个数目在英语词典及其他词汇语义知识库中不算突出，但作为高度概括概念结构，FrameNet 构建的 1019 个框架已有相当的覆盖面。就构建越-英-汉时事新闻框架网络而言，经过统计和验证，本书所需要的词元集及其分类体系已经完成，下一步需要构建能够较好覆盖时事新闻领域的框架体系。

一、框架的确定及词元扩充

（一）　越-英-汉时事新闻框架网络框架体系构建技术要点

对于待描述的越-英-汉时事新闻领域词元集合来说，其对应的框架与 FrameNet 英文框架的关系有以下两种：

第一，将领域词元集中的英语词元与 FrameNet 词元集进行匹配，统计出能够激活的 FrameNet 框架，其中一部分框架适合汉语、越南语词元描述且分类合理，可以直接翻译复用；另一部分框架由于具体语言的词汇化方式不同，会出现框架描述基本适合但分类不适合的情况，可以进行合并或分化。

第二，FrameNet 数据库中未包含越-英-汉时事新闻领域词元，即没有相应的框架。本书需要将这部分词元填充进适合的框架或为其新建框架。通过本章第二节的词元语义分类信息验证其是否有相同类别的其他词元，是否能够填充进已有的框架。如果没有，则分析该词元在语料库中的例句，得到其配价信息，再匹配已建成的框架语义构

造式系统及框架元素层级系统新建框架。

填充、新建框架需要把握以下原则：

第一，同一框架所含词元应表示相同的事件阶段及状态；

第二，框架、框架元素的确定和分析不需考虑从语气、情态和特殊句式等语言因素；

第三，语体色彩、方言、感情色彩等不影响词元的框架归属；

第四，同一框架下的词元词性并不一定一致。

（二） FrameNet 框架复用及整合

首先需要通过语料预处理并统计得到领域词元集合，本书选择统计越南语语料，之后通过越-汉、越-英双语词典映射，构建出三语领域词库。因为框架是由词元激活的，所以这一词元集可以激活的 FrameNet 框架构成越-英-汉时事新闻框架网络的初始框架体系。

本书使用了两种方法统计领域词元激活的 FrameNet 框架。一种为半自动统计方法，即通过越—英双语词典提取领域越南语词元对应的英语释义，统计出所有英语释义中出现的英语单词与 FrameNet 词元集进行匹配，统计激活的框架数目及频率。根据半自动统计映射结果，共激活 FrameNet 框架 487 个，其中频率在 10 次以上的 FrameNet 框架 87 个。

表 4-6　领域高频越南语动词激活的 FrameNet 框架频率表（半自动方法）

序号	领域高频越南语动词激活的 FrameNet 框架	频率
1.	（Causation）	69
2.	（Arriving）	68
3.	（Bringing）	60
4.	（Self_motion）	57
5.	（Placing）	53
6.	（Performers_and_roles）	50
7.	（Becoming）	48
8.	（Cause_change）	43
9.	（Building）	40
10.	（Cause_motion）	37

序号	领域高频越南语动词激活的 FrameNet 框架	频率
11.	（Ingest_substance）	37
12.	（Giving_birth）	34
13.	（Removing）	34
14.	（Intentionally_create）	33
15.	（Cause_change_of_position_on_a_scale）	32
16.	（Change_position_on_a_scale）	32
17.	（Statement）	32
18.	（Condition_Symptom_Relation）	31
19.	（Giving）	31
20.	（Capacity）	30
21.	（Earnings_and_losses）	30
22.	（Compatibility）	29
23.	（Motion）	29
24.	（Path_shape）	29
25.	（Conquering）	28
26.	（Manufacturing）	28
27.	（Cooking_creation）	27
28.	（Taking）	26
29.	（Ride_vehicle）	25
30.	（Taking_time）	24
31.	（Grasp）	23
32.	（Body_movement）	22
33.	（Cotheme）	22
34.	（Categorization）	20
35.	（Getting）	20
36.	（Ingestion）	20
37.	（Intentionally_act）	20
38.	（Being_named）	19
39.	（Encoding）	19
40.	（Manipulation）	19
41.	（Becoming_aware）	18
42.	（Change_posture）	18
43.	（Request）	18
44.	（Bail_decision）	17
45.	（Undergo_change）	17
46.	（Cause_harm）	16
47.	（Change_direction）	16
48.	（Coming_to_believe）	16
49.	（Perception_active）	16

序号	领域高频越南语动词激活的 FrameNet 框架	频率
50.	（Cause_change_of_consistency）	15
51.	（Being_located）	14
52.	（Change_of_consistency）	14
53.	（Compliance）	14
54.	（Possession）	14
55.	（Scrutiny）	14
56.	（Bearing_arms）	13
57.	（Evidence）	13
58.	（Awareness）	12
59.	（Board_vehicle）	12
60.	（Cause_to_move_in_place）	12
61.	（Conduct）	12
62.	（Contingency）	12
63.	（Departing）	12
64.	（Disembarking）	12
65.	（Experience_bodily_harm）	12
66.	（Grant_permission）	12
67.	（Moving_in_place）	12
68.	（Opinion）	12
69.	（Posture）	12
70.	（Sending）	12
71.	（Tolerating）	12
72.	（Coming_up_with）	11
73.	（Growing_food）	11
74.	（Impact）	11
75.	（Inclusion）	11
76.	（Motion_directional）	11
77.	（Supply）	11
78.	（Touring）	11
79.	（Cause_to_perceive）	10
80.	（Change_tool）	10
81.	（Create_sensation）	10
82.	（Downing）	10
83.	（Leadership）	10
84.	（Perception_experience）	10
85.	（Process_end）	10
86.	（Replacing）	10
87.	（Taking_sides）	10

第二种方法为人工匹配方法，即通过越-英双语词典将领域越南语词元译为英语单词，然后与 FrameNet 词元集进行匹配，统计激活的框架数目及频率。人工匹配共激活 FrameNet 框架 179 个，其中频率在 2 次以上的 46 个。

表 4-7　领域高频越南语动词激活的 FrameNet 框架频率表（人工方法）

序号	人工匹配的 FrameNet 框架	频率	在表 4—6 中序号
1.	（Statement）	7	17
2.	（Cause_change_of_position_on_a_scale）	4	15
3.	（Intentionally_create）	4	14
4.	（Hostile_encounter）	4	无
5.	（Cause_to_amalgamate）	3	无
6.	（Giving）	3	19
7.	（Taking_sides）	3	87
8.	（Activity_ongoing）	2	无
9.	（Activity_start）	2	无
10.	（Agree_or_refuse_to_act）	2	无
11.	（Amalgamation）	2	无
12.	（Awareness）	2	58
13.	（Becoming_aware）	2	41
14.	（Bringing）	2	3
15.	（Cause_expansion）	2	无
16.	（Cause_motion）	2	10
17.	（Cause_to_make_progress）	2	无
18.	（Cause_to_perceive）	2	79
19.	（Certainty）	2	无
20.	（Change_posture）	2	42
21.	（Communication）	2	无
22.	（Compatibility）	2	22

序号	人工匹配的 FrameNet 框架	频率	在表 4—6 中序号
23.	（Compliance）	2	53
24.	（Confronting_problem）	2	无
25.	（Control）	2	无
26.	（Destroying）	2	无
27.	（Discussion）	2	无
28.	（Exchange）	2	无
29.	（Experiencer_obj）	2	无
30.	（Grant_permission）	2	66
31.	（Impact）	2	74
32.	（Manufacturing）	2	26
33.	（Participation）	2	无
34.	（Perception_experience）	2	84
35.	（Place_weight_on）	2	无
36.	（Placing）	2	5
37.	（Possession）	2	54
38.	（Posture）	2	69
39.	（Process_continue）	2	无
40.	（Process_start）	2	无
41.	（Request）	2	43
42.	（Respond_to_proposal）	2	无
43.	（Subjective_influence）	2	无
44.	（Supply）	2	77
45.	（Trust）	2	无
46.	（Using）	2	无

表 4-7 中有 22 个框架与表 4　6 半自动映射数据重合，另外 24 个框架未出现在半自动映射数据中。其原因共有三点：（1）统计的词集不同，半自动映射方法统计的是越南语高频动词在越-英词典中对应的英语释义，而人工匹配只针对相应的英语词条；（2）以上两个表都是节选的高频部分，人工匹配的 FrameNet 框架只有 179 个，选

取频率≧2 的 46 个与半自动映射高频框架数目保持最大程度相当；（3）由于版本更新，部分框架经过拆分或合并名称有所变化。人工匹配的准确度更高，但半自动映射的结果可以作为参照和补充。因此，首先需要翻译和调整的框架体系共有 22 个。按综合后的权重排序，可以作成表 4-8：

表 4-8　越-英-汉时事新闻框架网络初始框架体系

序号	英文框架名	中文框架名	越南语框架名
1.	（Statement）	声明	Tuyên bố
2.	（Cause_change_of_position_on_a_scale）	造成位置变化	Gây ra thay đổi vị trí
3.	（Intentionally_create）	有意识创造	Cố ý tạo nên
4.	（Taking_sides）	偏袒	Đứng về phe
5.	（Giving）	给	Cho
6.	（Perception_experience）	认知体验	Kinh nghiệm nhận thức
7.	（Cause_to_perceive）	引起感知	Gây ra cảm nhận
8.	（Supply）	供应	Cung cấp
9.	（Impact）	影响	Tác động
10.	（Posture）	姿态	Tư thế
11.	（Grant_permission）	授予权限	Cấp phép
12.	（Awareness）	意识	Nhận thức
13.	（Possession）	拥有	Sở hữu
14.	（Compliance）	遵从	Tuân thủ
15.	（Request）	要求	Yêu cầu
16.	（Change_posture）	变化姿势	Thay đổi tư thế
17.	（Becoming_aware）	知悉	Trở thành nhận thức
18.	（Manufacturing）	制造	Chế tạo
19.	（Compatibility）	相容	Khả năng tương thích
20.	（Cause_motion）	引起运动	Gây ra chuyển động
21.	（Placing）	放置	Đặt
22.	（Bringing）	带来	Đưa

以上22个FrameNet框架将作为越-英-汉时事新闻框架网络框架体系的初始集合。激活框架的越南语高频动词和对应的《同义词词林》（扩展版）语义分类节点[①]如下：

1.（Statement）：đề nghị（提议）、công bố（公布）、khẳng định（肯定）、nói（说）、kể（讲）、khai（招供）、tuyên bố（宣布）。

Hc14A01= 建议 **提议** 纳谏 建言献计

Hc11B01= **宣布** 发布 **公布** 颁布 发表 宣告 通告 昭示 颁发 揭晓 揭示 披露 颁 公布于众

Hc14C04= **肯定** 确认 认可 认定

Hg12A01= 解释 解说 分解 说明 **说 讲** 诠 释 诠释 训诂 释疑

Hm02B02= **招供** 自供 坦白 供 招 交代 不打自招 松口

2.（Cause_change_of_position_on_a_scale）：gia tăng（增加）、đẩy mạnh（推动）、đẩy（推）、giảm（减少）。

Ih05A01= 增多 **增加** 加码 充实 增 长 多 加 添 益 搭 追加 平添 净增 加进 由小到大 口增 大增 有增无减

Je06A01= **推动** 推进 促进 助长 **推** 有助于 推波助澜 推涛作浪 后浪推前浪 递进 推向 力促

Ih05C01= **减少** 减去 缩减 减缩 压缩 削减 裁减 节减 核减 减 刨 抽 裒 消损 打折扣 滑坡 回落 减掉 减下 减小 释减 轻装简从 精减 调减

3.（Intentionally_create）：thiết lập（设立）、thành lập（成立）、phát triển（发展）、lập（立/成立/建立）。

Hc05A01= **建立 成立** 树立 确立 建 立 起 树 植 起家 白手起家 另起炉灶

Ie12A01= 进步 上进 向上 提高 **发展** 前进 长进 百尺竿头 更

---

① 激活框架的越南语高频动词在对应的《同义词词林》(扩展版)语义分类节点中使用黑体加粗表示）。

进一步 更上一层楼 竿头日进 进化 腾飞 升华 迈入 前行 上扬 上移 开拓进取

4.（Taking_sides）：chống（反抗）、phản đối（反对）、ủng hộ（拥护）。

Hb03B01= 抵抗 抵御 抗御 抵挡 **反抗** 对抗 招架 拒 抵 抗敌 御 迎击 抗击 抗拒 顽抗 负隅顽抗 阻抗

Gb15D01= **反对** 不敢苟同 不以为然 不依 唱反调 唱对台戏 不予

Gb15C01= **拥护** 拥 拥戴 爱戴 深得民心 民心所向 匡扶

5.（Giving）：chuyển giao（转交）、gửi（寄给）、bàn giao（移交）。

Hi27A04= **转交** 转送 传递 传送

Hi27A08@ **移交**

Hi11C01= 邮寄 付邮 邮 **寄** 投 邮递 邮发

6.（Perception_experience）：xem（观/看/看作）、coi（看/看作）。

Hj26A01= 观察 观测 察看 相 **观** 察 体察 考察 审察 洞察 着眼 察言观色 观赛

Ja01B01= 当做 当作 作为 看成 **看作** 看做 当 作 用作 视作

7.（Cause_to_perceive）：thể hiện（体现）、hiện diện（到场/出席）。

Ja03C01= **体现** 反映 映现

Hj20A01= **出席** 列席 参加 到 与 到场 在场 到会 与会 在座 到庭 赴会 到位 临场 在座

8.（Supply）：cung cấp（供给）、cấp（供）。

Jc05B03= 供应 支应 **供**

9.（Impact）：ảnh hưởng（影响）。

Je02A01= **影响** 熏陶 潜移默化 默化潜移 震慑

10. （Posture）：đứng（站立）、dựa（倚靠）。

Fb03C04= 站稳 站住 站队 站柜台 **站立**

Fd02B01= 靠 倚 凭 **倚靠** 挂靠

11. （Grant_permission）：chấp nhận（接受/认可）、cho phép（允许）。

Hi32B01= **允许** 容许 同意 允 容 兴 许

12.（Awareness）：biết（知道）、hiểu（了解）。

Gb08A01= **了解** 理解 懂得 **知道** 晓得 明白 了了 领略 领悟 清楚

13. （Possession）: chiếm（占/侵占）、sở hữu（所有/拥有）。

Hn10D01= 侵吞 吞没 **侵占** 强占 抢占 侵夺 并吞 鹊巢鸠占 巧取豪夺

Jd04A01= 有 **拥有** 保有 领有 **所有** 具有

14. （Compliance）：vi phạm（违犯）、xâm phạm（侵犯）。

Hi39C02= **违犯** 触犯 犯忌 犯

Hb11A01= 侵略 **侵犯** 进犯 窜犯 侵入 侵越 侵扰 入侵 入寇 犯 寇 侵 进袭

15. （Request）：gọi（传，命令）、chỉ huy（指挥）。

Hc11C01= 下令 **命令** 指令 通令 传令

Hc09B01= **指挥** 挥 麾

16. （Change_posture）：dựa（倚靠）、đứng（站立）。

Fd02B01= 靠 倚 凭 **倚靠** 挂靠

Fb03C04= 站稳 站住 站队 站柜台 **站立**

17. （Becoming_aware）：phát hiện（发现）、gặp（遇见）。

Gb02A02= 发觉 **发现**

Id18C01= 相遇 遇 撞 逢 相逢 遇到 碰到 **遇见**

18. （Manufacturing）：chế tạo（制造）、sản xuất（生产）。

Hd04A01= **制造** 制作 造作 打造 制 造 做

Hd29A01= 出产 **生产** 产 出 盛产 推出 搞出

19. （Compatibility）：xung đột（冲突）、thỏa thuận（商定）。

Fd08D01= 冲 闯 撞 扑 **冲突** 冲开

Hc14C02= 定局 拍板 定 决断 处决 定案 断 **商定**

20. （Cause_motion）：đẩy（推动）、buộc（迫使）。

Je06A01= **推动** 推进 促进 助长 推 有助于

Hi56C01= 强迫 逼迫 强逼 **迫使** 强使 驱使

21.（Placing）：đứng 站立、dựa 倚靠。[1]

Fb03C04= 站稳 站住 站队 站柜台 **站立**

Fd02B01= 靠 倚 凭 **倚靠** 挂靠

22.（Bringing）：vận chuyển（运送）、vận tải（运输）。

Hf05B01= **运输** 输 运 运送 **运载**

值得注意的是，框架数目与文本“覆盖”率的关系符合“齐夫定律”（Zipf，1949）[2]，框架数目与其使用频率成反比，即高频框架数目所占比例小，而低频框架所占比例相当大。

目前，这种匹配也存在一定的问题，主要是因为框架是针对词元构建的，而词元是语义上的单位，同一个词语形式可能对应多个词元。

经过统计，在 352 个越南语高频动词集中，有 146 个能通过越-英双语词典双语半自动映射能直接激活 FrameNet 框架，所占比例为 41.5%。经过人工匹配，有 188 个词能填充进 FrameNet 框架，所占比例为 53.4%。例如，越南语时事新闻文本中的高频动词 tập trận（演习）对应的英语释义为 to hold manoeuvres/military excercises 或 to manoeuvre，但 FrameNet 词元集中没有 manoeuvre。经过考察，该词元符合（Practice）框架的定义 An Agent enacts an Action that is intended to be performed again at one or more later Occasions. The goal of

---

[1] 统计结果显示 Posture 框架、Posture 框架和 Placing 被相同的两个词元激活，可能存在的具体差别需要经过语料分析后再做甄别。

[2] “齐夫定律”可以表述为在自然语言语料库中，一个单词出现的频率与它在频率表里的排名成反比。

practicing is to ensure that the action at the later Occasion（s） comes off flawlessly。因此，将词元 tập trận 补充到（Practice）框架的词元库中。

（三） 新框架构建

实际上，填充已有框架和新建框架之间的界限并非绝对。条件成熟的情况下，可以为 tập trận 和 diễn tập 等词元专门构建“军事演习”框架。根据考察情况和人力、时间等客观因素，确定 18 个词元在 FrameNet 中没有对应的框架，需要重新构建，所占比例为 5.1%。这时候，新的框架在框架网络体系中的定位有赖于语义域框架构造式系统和《同义词词林》（扩展版）语义分类系统。构建新框架的过程体现了“通过句法描写语义”的思想。（毕玉德，2005：70-71）

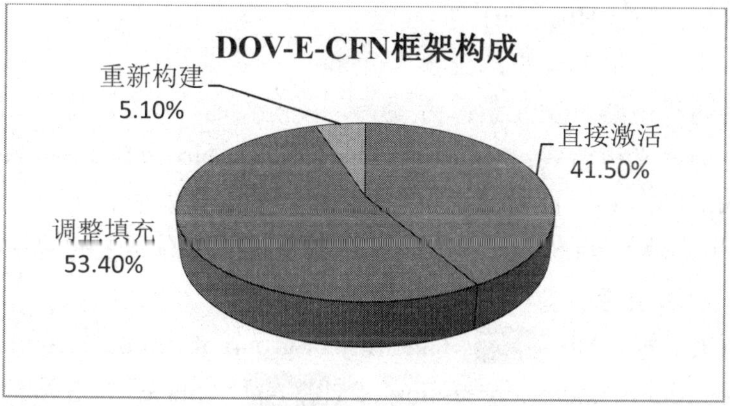

图 4-7　DOV-E-CFN 框架构成

新建框架的具体步骤是：对目标词元进行 KWIC（key word in context）分析，检索出该目标词元的典型语义组合模式例句，参照框架语义构造式系统确定或补充其相应的框架语义构造式，继而选定相应的框架元素。根据该词元的语义分类编码，即可在框架集分类树图中为新框架定位。这个过程体现了“自下而上”和“自上而下”两个构建路线的结合。

下面以词元 chiếm đóng（占领）为例说明新框架构建的过程。

chiếm đóng（占领）的英文释义为 To station occupying troops in, to occupy （territory）。英语单词 occupy 的义项有“（1）占据，占领；（2）居住；（3）使忙碌”。

从词元层面看，词元 occupy②能够激活的 FrameNet 框架 Residence（居住），occupy①尚没有适用的框架。因此，本书将针对 occupy①构建一个新的框架。

首先，chiếm đóng 对应的汉语词元为“占领”，属于二价涉受动作动词。通过查询已构建的框架元素层级系统和框架语义构造式系统可以得到以下信息：

框架名称：Occupy_control[chiếm đóng/占领]

框架定位：Hb12A01

基本核心框架元素：施事、受事

第四级核心框架元素：占领者、被占领地

框架语义构造式：Np_Agt +Vp+Np_Pat; Np_Pat +bị+（Np_Agt）+Vp; Np_Pat +Vp +do+Np_Agt。这三组句法语义表达式主要针对核心句[①]（毕玉德，2005：47）结构，尚未关联真实例句中的非核心框架元素和句法功能。

框架定义：The Agent （an army or group of people） to move into and take control and/or possession of a Patient （place）. 占领者用武装力量取得某个地方。

之后的工作是检测语料库数据以发现框架元素的句法实现模式，即根据真实语料考察该词元的典型语义组合模式以确定框架元素。Wordsmith 中 chiếm đóng 的 KWIC 索引共有 212 条，如图 4-8 所示。

归纳分析后，排除该词元名词化的情况 sự chiếm đóng（占领），做名词短语定语 kẻ chiếm đóng（占领者）等，其常见语义组合方式

① 核心句也被称作“基本句”，是指语义平面最小的述谓结构在句法平面表现为最小的意义上能够自足的主谓结构。

为：

Agt+chiếm đóng+Pat+（bằng）Inst/Manr/Deg;

Pat+（Time）+（bị）Agt+chiếm đóng+（bằng） Inst/Manr/Deg;

Inst/Manr/Deg（工具/方式/程度）框架元素具体有：chiếm đóng（bằng vũ lực/mọi giá）（武力占领/不惜一切代价）占领；chiếm đóng（phi pháp/trái phép/bất hợp pháp）（非法）占领；chiếm đóng （công khai/cưỡng ép/thực tế）（公开/强行/事实）占领。

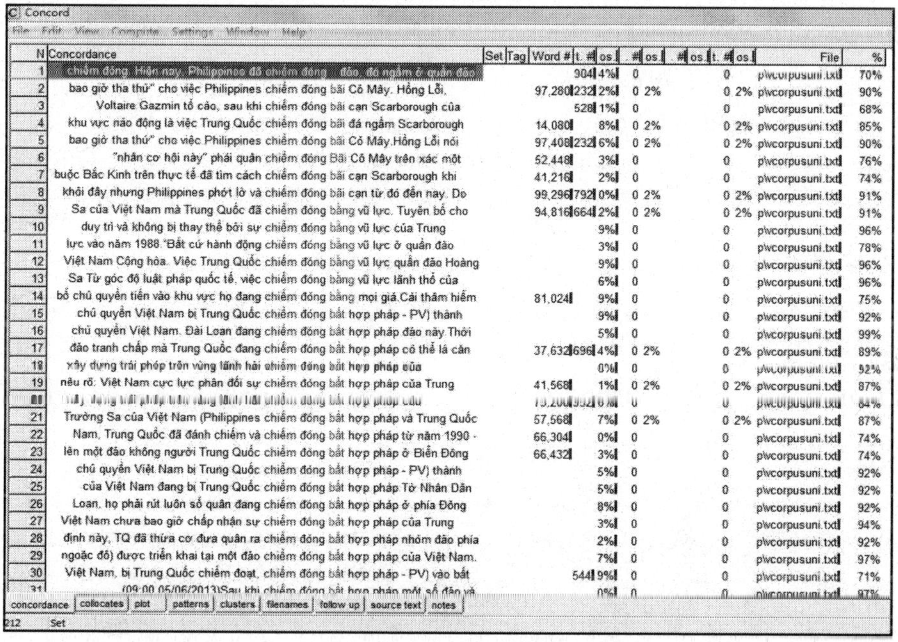

图 4-8　Wordsmith 中 chiếm đóng 的 KWIC 索引

具体例句如：

Đá Vành Khăn hiện đang bị Trung Quốc **chiếm đóng** trái phép.（美济礁目前被中国非法**占领**）。

Chuyên gia Mỹ: Trung Quốc không thể **chiếm đóng** Senkaku. [美专

家：中国不会**占领**尖阁列岛（钓鱼岛）]。

Đài Loan **chiếm đóng** trái phép đảo Ba Bình và Bãi Bàn Than.（台湾非法**占领**太平岛和中洲礁）。

经过以上词元分析得出更加完整的框架语义构造式，完成新框架的框架元素填充。

新建框架可以通过《同义词词林》（扩展版）的同义词集合扩充词元。如该框架定位于节点“Hb12A01= 攻占 抢占 攻克 夺取 袭取 攻破 攻陷 打下 下 破 克 拿下 占领 攻城略地 攻城掠地 一锅端 攻取 把下 夺回”，其所属的20个汉语词语或词组都可以作为该框架的词元，相应的越南语和英语词元也可一并加入。

至此，Occupy_control[chiếm đóng/占领]框架基本构建完成。FrameNet 认为进行框架语义标注的例句可以将给定语义域内的语义关系阐释清楚。因此，新框架将在下一步例句检索和框架语义标注过程中继续完善。

框架构建过程体现了理论指导和数据驱动相结合的“之”字形过程，即定义一个框架，为其填充一组词元进行分析后，为其设置共有的框架元素以描写词元语义。当例句标注过程中发现词元间的差异时，对框架和所填充的词元进行调整。

在词元语义分类和框架元素确定（即语义角色分析）方面，越-英-汉时事新闻框架网络构建了框架元素层级体系和框架语义构造式系统作为理论指导和参考；新框架构建在经过统计的领域高频动词集合范围之内，原则是在 FrameNet 中无对应或不宜填充才新建，因此，目标较为明确，数量可控。

（四）词元扩充方法

FrameNet 认为，对一个给定话题或领域进行框架网络构建和应用，需要进行领域名词及术语的扩充，后续的词元框架分析需要领域专家参与。

新建框架的词元扩充主要依靠《同义词词林》（扩展版）的同义

词集合。具体实例见前文。

根据领域语料统计出的越南语领域高频动词可以激活或填充进 FrameNet 相应的框架，这些框架原本所包含的英语词元可以作为越南语和汉语词元的扩充参照。如（Statement）框架有词元 82 个，与之相对应的越南语和汉语词元见表 4-9：

表 4-9 Statement 框架词元向越南语—汉语词元的扩充

序号	英语词元	词性	越南语词元	汉语词元
1.	acknowledge	v	thừa nhận，công nhận	承认
2.	acknowledgment	n	sự công nhận	承认
3.	add	v	nói thêm	补充说
4.	address	v	nhấn mạnh	演说；向…致辞；与…说话；提出
5.	admission	n	sự thú nhận	承认；坦白
6.	admit	v	thừa nhận	承认
7.	affirm	v	xác nhận	确认；断言
8.	affirmation	n	xác nhận	确认；断言
9.	allegation	n	sự viện lý，sự viện lẽ	主张，断言；辩解
10.	allege	v	cho là，khẳng định，viện lý	主张，断言；辩解
11.	allow	v	cho phép，để cho	允许；认可
12.	announce	v	công bố，tuyên bố	宣布；述说
13.	announcement	n	lời loan báo，lời tuyên bố	公告；宣告
14.	assert	v	xác nhận，khẳng định	断言，主张，声称
15.	assertion	n	sự xác nhận，sự khẳng định	断言，声明；主张
16.	attest	v	chứng nhận，nhận thực	表明；证明；证实
17.	aver	v	xác nhận; khẳng định	断言，极力声明；主张
18.	avow	v	thừa nhận; thú nhận	承认；公开宣称；坦率承认

序号	英语词元	词性	越南语词元	汉语词元
19.	avowal	n	sự thừa nhận; sự thú nhận	声明，公开表示
20.	be like[①]	v	như thế	像…，相像
21.	caution	n	lời cảnh cáo	警告，警示
22.	caution	v	cảnh cáo，quở trách	警告，警示
23.	claim	n	yêu sách，khai là，cho là	要求；声称
24.	claim	v	sự đòi，sự yêu sách	要求；声称
25.	comment	n	lời bình luận	评论；意见
26.	comment	v	bình luận，chỉ trích	发表评论；发表意见
27.	concede	v	nhận，thừa nhận	承认
28.	concession	n	sự nhượng bộ	承认
29.	confirm	v	xác nhận; chứng thực	确认；确定；证实
30.	conjecture	n	sự phỏng đoán，sự ước đoán	推测；猜想
31.	conjecture	v	phỏng đoán，ước đoán	推测；猜想
32.	contend	v	tranh cãi，tranh luận	争论
33.	contention	n	sự cãi nhau; sự tranh luận	争论，争辩
34.	declaration	n	sự tuyên bố; lời tuyên bố	公告；声明
35.	declare	v	tuyên bố	声明，宣布
36.	denial	n	sự từ chối	拒绝；否认
37.	deny	v	từ chối	拒绝；否认
38.	describe	v	diễn tả，mô tả	描述，形容
39.	detail	v	kể chi tiết，trình bày tỉ mỉ	详述
40.	exclaim	v	thốt lên	大声说出
41.	exclamation	n	sự cảm thán	感叹
42.	explain	v	giảng giải，giải thích	说明；解释
43.	explanation	n	sự giảng giải，sự giải nghĩa	说明；解释
44.	gloat	v	hể hả	洋洋自得
45.	hazard	v	đánh bạo nêu ra ý kiến gì	冒险提出建议

① 该词元在FrameNet未找到相应释义和例句。根据词典释义，我们暂不将其作为词元扩充对象。

序号	英语词元	词性	越南语词元	汉语词元
46.	insist	v	nhấn mạnh	坚持，强调
47.	insistence	n	sự nhấn mạnh; sự khẳng định	坚持，强调；坚决主张
48.	maintain	v	giữ vững，không rời bỏ（ý kiến，quan điểm）	主张
49.	mention	n	đề cập đến	提及（的），说起（的）
50.	mention	v	sự kể ra，sự nói đến	提到，谈到
51.	message	n	thông báo，thông điệp	消息
52.	note	v	chú giải，chú thích	注解
53.	observe	v	nhận xét	说；评论
54.	pout	v	bỉu môi	撅嘴
55.	preach	v	biện hộ，chủ trương，khuyên răn	说教；讲道；鼓吹
56.	proclaim	v	công bố，tuyên bố	公告；宣布；宣告
57.	proclamation	n	sự công bố，sự tuyên bố	公告；宣布；宣告
58.	profess	v	tuyên bố，bày tỏ，nói ra	自称；公开表示
59.	promulgation	n	sự công bố，sự ban hành	发布
60.	pronouncement	n	lời tuyên bố，lời công bố	宣言
61.	proposal	n	sự đề nghị，sự đề xuất	建议
62.	propose	v	đề nghị，đề xuất，đưa ra	建议
63.	proposition	n	lời đề nghị，lời gợi ý，lời đề xuất	主张
64.	reaffirm	v	xác nhận lại	重申
65.	recount	v	kể lại	叙述
66.	refute	v	bác，bẻ lại	反驳
67.	reiterate	v	nói lại	重申
68.	relate	v	kể lại，thuật lại	叙述
69.	remark	n	sự nhận xét，sự bình luận	评论
70.	remark	v	nhận xét; bình luận	评论
71.	report	n	bản báo cáo	报告
72.	report	v	báo cáo，tường trình	报告
73.	say	v	nói	说

序号	英语词元	词性	越南语词元	汉语词元
74.	smirk	v	cười điệu，cười ngớ ngẩn	傻笑；假笑
75.	speak	v	nói	说；讲
76.	state	v	phát biểu，tuyên bố	声明；陈述
77.	statement	n	sự tuyên bố; lời tuyên bố	声明；陈述，叙述
78.	suggest	v	đề nghị	建议
79.	talk	v	nói chuyện	谈话
80.	tell	v	nói	告诉
81.	venture	v	dám nói，dám bày tỏ（ý kiến..）	大胆说
82.	write	v	viết	写

从表 4-9 可以看出，词元扩充是在义项层，但多义词是多个词元共用一个词形。因此需要在词元翻译后的所有义项中针对特定框架进行挑选。如 add 这个词元翻译成汉语后作为及物动词的义项有“增加，添加；补充说；计算……总和”。其中，符合（Statement/tuyên bố/声明）框架定义的义项为“补充说”，该义项在越南语中对应的是短语 nói thêm。

另外，孤立语词类兼类现象较为突出，一组派生英语词元翻译成汉语后常同为一个词形，例如：explain 和 explanation 这组英语派生词元，对应的汉语词元均为“解释”。但翻译成越南语后对应的词元为 giải thích 和（sự） giải thích，其中 sự 是越南语中动词/形容词名物化标记。由于框架对词元的词性并没有限制，本书认为越南语和汉语的词元不必考虑词性，只需按照义项区分，标明词性即可。

词元可以扩充的量级需要根据框架数目和框架所含词元数量确定。越-英-汉时事新闻框架网络初步计划复用、新建框架 40 个，词元扩充后约为 800 个。

二、框架关系描述

框架网络的语义关系主要体现概念结构之间的依存关系，框架间的关系的准确描述在 NLP 应用中可以充当数据查询的“导图”（陶明忠，马玉蕾，2007：124）。

FrameNet 对框架关系类型的定义主要有五种：

（1）上位框架表示的概括的概念，下位框架是其具体化，它们之间的关系被定义为继承关系（Frame Inheritance）。上位框架所包含的框架元素被下位框架继承、细化或扩充。这种继承关系并非一一对应，一个框架可以有多个上位框架，也可以下属多个下位框架。

（2）总框架描述复杂事件，其包含的分框架描述事件中的各个组成部分，分框架间先后有序且相互独立。总框架、分框架之间是整体和部分的关系，称为总分关系（SubFrames）。总框架和分框架的框架元素间没有必然的继承关系。在越-英-汉框架网络中，本书用框架集及其下属框架列表来表示框架间的总分关系。框架集相当与 FrameNet 中的无词元框架节点，主要作用是为了显示框架关系。

（3）下位框架反映上位框架的特定视角，上位框架是下位框架的理解背景，这时，下位框架“使用”上位框架，它们之间被称作使用关系（Using）。本书处理的原则是领域框架网络中的框架间如果存在 Using 关系就沿用，并在框架关系中标注出，作为继承、总分关系的补充。

（4）致使关系（Causative_of）和起始关系（Inchoative_of）强调事理上的因果关系。在 FrameNet 中这两种关系的构建还比较少，由此导致的框架分化和调整在还在继续。因此，在本书暂不将这两种框架关系纳入领域框架网络的考察范围。

（5）为了更加准确地理解框架的含义，有时会为相似的框架提供类似注释的提示，提请注意区分。这些框架间存在参照关系（See also）。

领域多语框架网络中的框架数目相对较少，若纳入 FrameNet 的框架关系体系会过于稀疏。本书将其框架关系可以全部纳入统一的语义分类层级体系——框架语义构造式系统，以上下位关系为主。利用《同义词词林》（扩展版）语义分类编码为框架命名，可以避免多语命名的繁杂，同时直观体现框架间的层级关系。其他关系可以参照 FrameNet 框架关系。

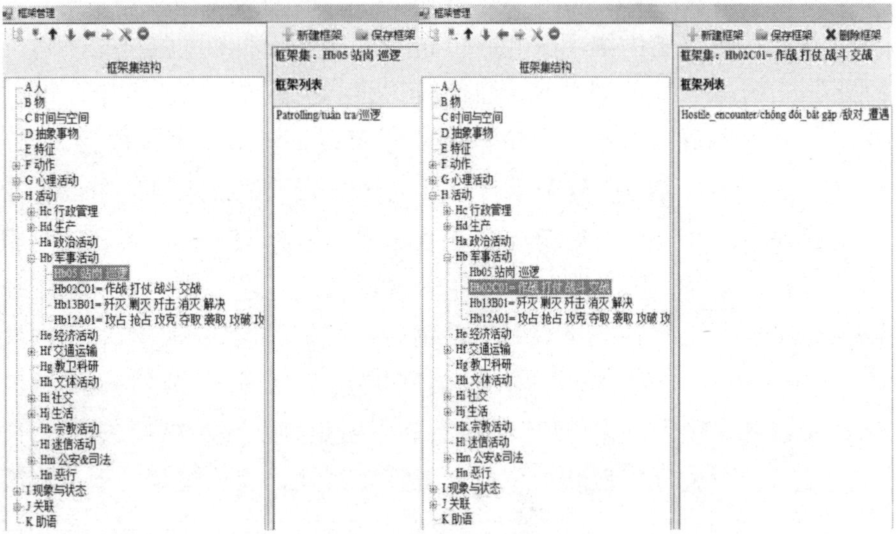

图 4-9　DOV-E-CFN 框架层级关系

从图 4-9 可以看出，（Patrolling）框架和（Hostile_encounter）框架的层级关系为同属于 Hb 军事活动，更上一级的节点为 H 活动。

下面以（Statement/tuyên bố/声明）框架为例，说明框架集和框架间的关系。

“声明”对应的语义分类编码为 Hi13D08=，本书将该框架集命名为 Hi13D08。一个框架所属的词元可能并不单纯属于一个语义分类，本书可以将框架定位到最典型、分类最集中的节点，其他类别通过构建框架关系说明。就（Statement/tuyên bố/声明）框架而言，激活它的越南语词元分属五个不同的《同义词词林》（扩展版）类别：

1. Hc14A01= 建议 **提议** 纳谏 建言献计

2. Hc11B01= **宣布** 发布 **公布** 颁布 发表 宣告 通告 昭示 颁发 揭晓 揭示 披露 颁 公布于众

3. Hc14C04= **肯定** 确认 认可 认定

Hg12A01= 解释 解说 分解 说明 **说 讲** 诠 释 诠释 训诂 释疑

Hm02B02= **招供** 自供 坦白 供 招 交代 不打自招 松口

其中，Hc14 节点最典型，分类最集中，因此将（Statement/tuyên bố/声明）框架定位在 Hc14。从图 4-9 可以看出该框架属于 Hc14 框架集，它的词元属于多个框架集，对应的编号显示在“框架关系”栏中。

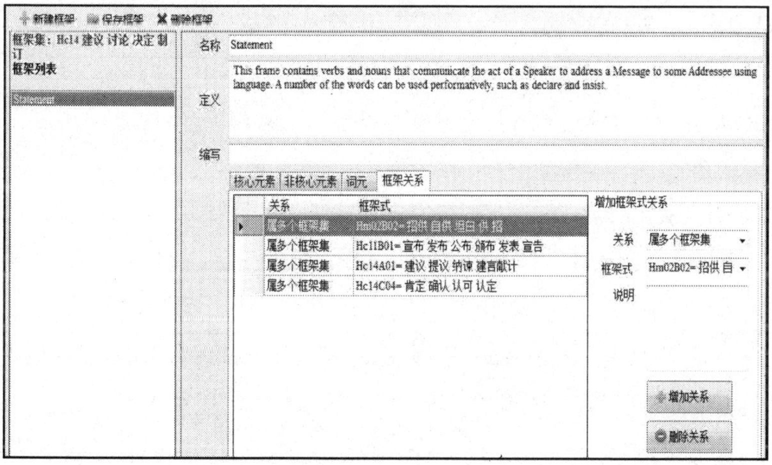

图 4-10　DOV-E-CFN 框架集与框架对应关系

将《同义词词林》（扩展版）语义分类体系引入框架网络关系描述基于以下考虑：该体系结合了主题域和语义域分类，一方面有利于对框架，尤其是新建框架进行定位；另一方面有利于确定框架的层级关系。这种层级关系是较为明晰的树结构，由于使用同义词集合代码作框架 ID，可以较直观地反映出框架间继承关系。

第四节 框架元素的定义和描述——框架元素层面的整合

一、核心框架元素

在本书第三章第三节第二部分中，本书构建了框架元素层级系统作为 DOMLFSR 模式的一部分，具体到框架网络构建时，框架元素（尤其是核心框架元素）的定义还需要根据实际情况确定，因为 FrameNet 框架核心框架元素的名称可能会不在框架元素层级系统之列，或在框架元素层级系统中属于非核心框架元素。本节主要介绍翻译和改造 FrameNet 框架过程中对核心框架元素的处理。

下文将以（Bringing）、（statement）、（Grant_permission）三个框架为例说明框架元素的设置和调整过程。

1. 以（Bringing）框架的七个核心框架元素 Agent、Area、Carrier、Goal、Path、Source、Theme 为例，只有 Agent、Theme 在框架元素层级系统中属于核心框架元素，其余五个框架元素均属于非核心框架元素。就名称而言，Theme 的释义为 The objects being carried，相当于框架元素层级系统中的“客事”，因此，将其调整为 entity，并辅以汉语和越南语名称。Carrier（运载者）实际上是框架元素层级系统中非核心框架元素“工具”的第四层级细化结果，由于对于（Bringing）框架而言，该框架元素是核心框架元素，有较强的辨识度，因此保留其原名称。并将其添加到框架元素层级系统第四级名称中。另外，Area 框架元素释义为 the descriprion of a general area in which the carrying action takes place when the motion is understood to be irregular or not to consist of a single，linear path，本书将其融合到框架元素“处所”中。在该框架的七个核心框架元素中，“起点”、“终点”、“路径”、“处所”四个元素在本文构建的框架元素层级系统中属于“非核心框架元素”。

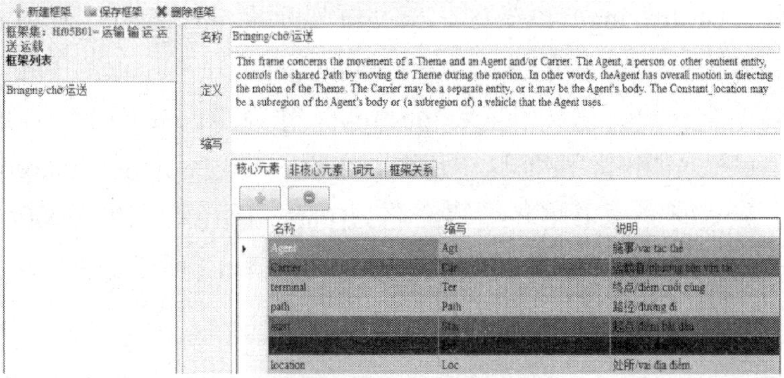

图 4-11　经过调整的（Bringing）框架核心框架元素

2.（statement）框架的核心框架元素 Topic（主题）框架元素定义是 The Topic is the subject matter to which the Message pertains，说明它与 Message（信息）高度相关，例如：

Evelyn SPOKE candidly about her past.

The teacher MENTIONED the recent campus incidents.

本书认为 Topic（主题）可以合并到 Message（信息）框架元素。

3.（Grant_permission）框架的两个核心框架元素分别是 Grantor（授权者）[1]和 Grantee（被授权者）[2]，本书保留其名称和定义，但在颜色标识上，分别使用“施事”和“与事”的 FF0000 纯红和 FFE4C4（浓汤乳脂）色，表明 Grantor（授权者）是“施事”框架元素的第四级子类，Grantee（被授权者）是“与事”框架元素的第四级子类。

框架元素体系性和层级性与框架关系相适应。下位框架可以继承上位框架的所有框架元素，并且扩充特有的框架元素或将其更加细化。FrameNet 在核心框架元素的命名上也体现出框架元素的层级和继承

[1] FrameNet 将其定义为：The Grantor is the individual or group of individuals vested with the authority to grant permission with respect to a specific domain and who grants permission to the Grantee.本书对“施事”的定义为“可控行为或可控状态的发出者，也可以是有意识的思维活动主体”。二者相符。

[2] FrameNet 将其定义为：The Grantee is the individual who is given permission to engage in a certain Action.本书对“与事”的定义为“事件中的受益者或受损者，也可以是给予行为的接受者”。二者相符。

性。如（Destroying）框架中，核心框架元素 destroyer（破坏者）的缩写命名为[Agt]，颜色标识为 FF0000（纯红），和 agent（施事）框架元素完全一致。这和本文将 destroyer 作为 Agent 的下一层级框架元素的做法相吻合。根据这一思路，在设置与之对应的 undergoer（承受者）元素时，本书将其缩写命名为[Pat]，颜色标识为 00008B（深蓝色），与 patient（受事）元素一致。如图 4-12 所示。

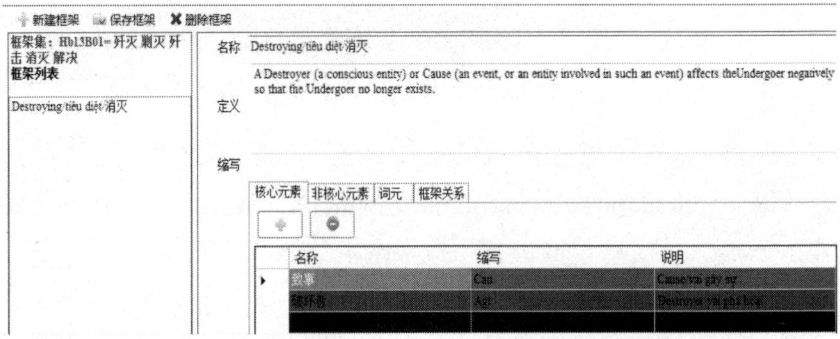

图 4-12　框架元素命名体现其层级和继承性

二、非核心框架元素

核心框架元素是框架相关的，而非核心框架元素一定程度上来说可以视作与特定框架无关。构建框架时存在非核心框架元素向核心框架元素的转换，这对于框架属性和特征的辨识很有必要，但是框架语义标注中核心框架元素和非核心框架元素的标注方法完全相同。对于信息抽取而言，二者也不分孰轻孰重。为了减少繁复，本书一方面确保同一框架元素在任意框架中颜色标注一致，另一方面将框架元素层级系统中的 21 个非核心框架元素全部设置到标注工具的“通用非核心框架元素”之中。

图 4-13　通用非核心框架元素设置

这样，通常情况下，“非核心框架元素”不需专门设定。但有时在某些特定框架中，框架元素层级系统中的核心框架元素和非核心框架元素也可能相互转换。以（Grant_permission）框架为例，其非核心框架元素 Action （行动）定义为 The Action is the activitiy of the Grantee that the Grantor permits，该元素是“允许、授权”行为涉及的具体内容，本书将其纳入“客事”范畴。“客事”框架元素层级系统中为核心框架元素，但本文仍按照（Grant_permission）框架将 Action（行动）元素设置为“非核心框架元素”。如果 FrameNet 框架中的某种非核心框架元素在通用非核心框架元素范畴之外，也将其纳入“非核心框架元素”。

第五节　小结

第四章以越-英-汉时事新闻框架网络作为实例，论述了领域多语框架网络构建的实现。主要工作有：

1. 探索多语种 Web 新闻语料抓取方法，完成越-英-汉时事新闻语料库制备；构建规模为中文时事新闻语料 2296 篇（8.35M），2154035

字；英语时事新闻语料有 1786 篇（8.77M），661712 词；越南语时事新闻 2500 篇（15.0M），共 3203598 个音节/字。对三语时事新闻语料库进行分词、词性标注等预处理，特别探索了越南语分词改进方法。

2. 提出半自动框架库映射方法，通过越-英双语词典提取领域越南语词元对应的英语释义，统计出所有英语释义中出现的英语单词与 FrameNet 词元集进行匹配，统计激活的框架数目及频率。经过人工校准后确定 22 个框架作为框架体系的初始集合。设计并实现辅助建库、标注工具。

3. 具体实现主题域、框架和框架元素三个层次的整合并着手构建相应的资源，为面向领域的多语框架网络构建作出尝试。

第五章　越-英-汉时事新闻框架网络例句标注与词元库构建

越-英-汉时事新闻框架网络并非三种语言平行框架网络的简单罗列或叠加，而是一种 NLP 任务驱动下有机的搭配与组合，其目标是优势互补、突出重点、顶层求同、细节深化。经过主题域、语义域、框架和框架元素层面的整合后，顶层求同的目标基本实现。本章主要进行待标注例句库构建、例句框架语义标注方法研究与词元库构建。

第一节　待标注例句库构建

一、初始例句集合

领域多语框架网络的例句抽取将在标注工具的“例句管理”中实现。FrameNet 的例句来自 BNC 语料库，而领域框架网络的例句有赖于事先构建好的领域语料库。越-英-汉时事新闻语料库详情参见第四章第一节第二部分。

已构建的框架体系中每个框架均包含一定数量的目标词元，它们是初始例句选取的依据。在框架式列表中点击某个词元，该词元会自动作为检索关键字填入检索框。图 5-1 即以词元 công bố 为例。语料的选择有两种方式：一种是关联语料抓取软件 NPCrawler 的数据库文件，该类型文件通常是原始文本，未经分词和词性标注预处理；另一种是在数据库导出的文本文件中检索，该类型的文件通常已经经过预处理。图 5-1 中使用第二种方式检索，检索例句数目上限集文件编码可以自行设置。

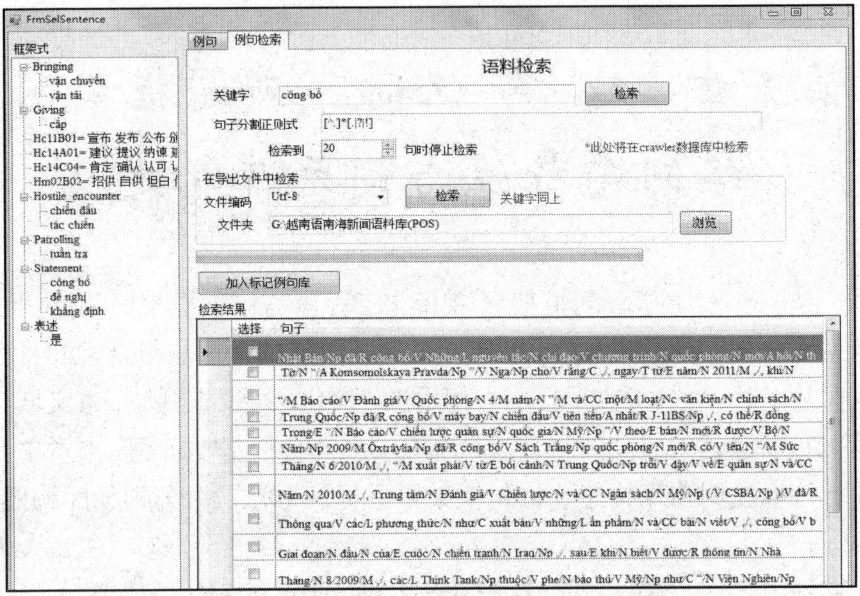

图 5-1 越-英-汉时事新闻框架网络例句检索

领域多语词元集中的所有词元（包括汉语、英语词元）经过语料库例句检索后形成的集合即是初始例句集合。词元的数目和例句的数目根据研究需求确定。

同一框架下有同义的一组越-英-汉词元，以 statement 框架为例，和 công bố 词元同义的汉语词元为“公布”，英语词元为 public，分别对上述词元进行例句检索后，可以形成“同主题越-英-汉句对”。例如：

- /wj 今年/t 年初/t ，/wd 美国/nsf **公布**/v 了/ule 调整/vn 后/f 的/ude1 防备/vn 战略/n 指南/n 。

- Nhật Bản/Np đã/R công bố/V Những/L nguyên tắc/N chỉ đạo/V chương trình/N quốc phòng/N mới/A hồi/N tháng/N 12/2010/M ，/， ...

-_SENTChina_NP and_CC the_DT US_NP jointly_RB publish_VV the_DT Technical_NP Guidance_NP on_IN the_DT Nuclear_NP Export_NP Control_NP list_NN to_TO help_VV raise_VV the_DT expertise_NN level_NN of_IN Chinese_JJ staff_NN involve_VVP in_IN nuclear_JJ export_NN control_NN .

二、例句筛选

初始例句集合一定程度上是语料库随机样本，但领域多语框架网络中的例句还需要按照一定原则从中选取。基本原则是：每个例句均须包含一个事先确定的目标词元；例句能够体现该词元语义组合的典型搭配；相同条件下倾向选择句法结构更简单的句子；为一个给定词元选择的一组句子尽可能覆盖其所有配价模式，减少重复。尽管对于 NLP 任务而言，连续篇章的框架语义标注更为适用，但从可行性和复杂程度考虑，目前仍采用句子级标注，除支配目标词元的不相邻主语外，不处理回指和整句中不包含目标词元的其他分句。

勾选选定的例句，点击“加入标记例句库”即完成例句筛选。仍以词元 công bố 为例，其初始例句如：

1. Nhật Bản/Np đã/R công bố/V Những/L nguyên tắc/N chỉ đạo/V chương trình/N quốc phòng/N mới/A hồi/N tháng/N 12/2010/M，/, trong/E đó/P kêu gọi/V tăng cường/V các/L hoạt động/N tình báo/N，/, giám sát/V và/CC do thám/V dọc/A theo/E chuỗi/Nc đảo/N Ryukyu/Np và/CC tăng cường/V lực lượng/N tàu ngầm/A .

该句只处理包含目标词元 công bố 的第一个分句，即：

Nhật Bản/Np đã/R công bố/V Những/L nguyên tắc/N chỉ đạo/V chương trình/N quốc phòng/N mới/A hồi/N tháng/N 12/2010/M ，/，...

（2010 年 12 月，日本公布了新《防卫计划大纲》指导原则，……）

其他例句也采取同样的原则，即“目标词元所在分句”标注原则。

2. 20/m 世纪/n 80 年代/t 初/f ，/wd 中国政府/nt 组织/v 对/p 该

海域/ns 诸/rz 岛/n 地名/n 进行/vx 普查/vn ，/wd 1983 年/m 中国/ns 地名/n 委员会/n 受权/vi 对外/vd 公布/v 中国/ns 该海域/ns 诸/rz 岛/n 部分/m 地名/n 时/ng ，/wd 将/p 黄岩/ns 岛/n 作为/p 标准/n 名称/n，/wd 同时/c 以/p 民主/a 礁/n 作为/p 副/b 名/q 。

该句中只选取“1983 年/m 中国/ns 地名/n 委员会/n 受权/vi 对外/vd 公布/v 中国/ns 该海域/ns 诸/rz 岛/n 部分/m 地名/n”进行标注。

3. Tờ/N “/A Komsomolskaya Pravda/Np ”/V Nga/Np cho/V rằng/C，/，ngay/T từ/E năm/N 2011/M ，/，khi/N Bộ/N Quốc/Np phòng/N Mỹ/Np công bố/V báo cáo/V “/N Chiến lược/N an ninh/N không gian/N quốc gia/N 10/M năm/N ”/M ，/，...

（俄罗斯《共青团真理报》文章认为，自从 2011 年美国国防部公布“未来 10 年美国《国家安全空间战略》”报告起，……）

例句 3.目标词元所在的分句 Bộ/N Quốc/Np phòng/N Mỹ/Np công bố/V báo cáo/V “/N Chiến lược/N an ninh/N không gian/N quốc gia/N 10/M năm/N（美国国防部公布“未来 10 年美国《国家安全空间战略》”报告）整体位于时间状语成分之中，可以将其作为一个句子单独进行标注。

第二节　例句框架语义标注

领域多语框架网络例句语义标注与单语框架网络如 FrameNet、汉语框架网络一致，将目标词元，即框架支撑词（frame-bearing word）和一组框架元素组成的语义结构作为基本结构，本书称之为“框架语义构造式”，已经在第三章第三节第三部分中讨论过。

领域多语框架网络的框架库和词元库都基于多语领域语料库真实例句，经过词元扩充后，词元的词性不再局限于动词，名词、形容词、副词等其他词类也可以成为例句标注的对象。现阶段研究仍以主要动词词元作为目标词元，在框架构建时已经事先给定，以 target（tgt）为标记。在框架网络标注工具中，事先设置了框架元素名称及类别，短语类型、句法功能标记。针对经过分词和词性标注并且包含目标词元的例句，首先筛选适合标注的部分，再进行语块拆分（内容用 w 表示），最后逐一为其标注框架元素（FE）、短语类型（PT）、句法功能（GF），部分内容需要标记特殊成分标记（other）或命名实体（NE）标记。标注完成的例句可以分别以中/英文标注显示，存入例句库。这一标注过程是框架语义表示模式的具体呈现，将句法分析和语义分析系统地联系起来。例句标注模型为：

{<FE-PT-GF-(other)-(NE)□w>}$_0^n$<tgt- PT-GF□w> {<FE-PT-GF-(other)-(NE)□w>}$_0^n$

这种例句的框架语义标注模式对句子核心动词所支配的论元所具有的复杂特征进行描写，可以体现语义结构和句法结构之间的动态映射关系，为机器学习提供了前提条件（陶明忠，马玉蕾，2007：123-124）。

以 chúng tôi/P sẽ/R giải quyết/V các/L thách thức/N trong/E tương lai/N（我们将化解未来的各种挑战）为例，其英文标注结果为：

<Agt-NP-sub chúng tôi/P><ADP-adva sẽ/R><tgt-VP-pre giải quyết><Prob-NP-obj các/L thách thức/N><Time-PP-adva trong/E tương lai/N>

中文标注结果为：

<施事-名词短语-主语 chúng tôi/P><副词短语-状语 sẽ/R><词元-动词短语-谓语中心语 giải quyết><问题-名词短语-宾语 các/L thách thức/N><时间-介词短语-状语 trong/E tương lai/N>

框架库、例句库和词元库均存储于 SQL 数据库中，彼此相互关联。建成的例句库是框架和词元库的重要依据，也是 NLP 和语言对比研究的实例库。目前的标注过程由人工完成，达到一定规模后，可以服务于自动语义标注。

一、框架元素标注

框架元素标注是框架网络例句标注最重要的部分。本书将框架元素分为三个部分：核心框架元素、非核心框架元素及通用非核心框架元素。根据第三章第四节第二部分的研究，本书定义了 2 大类、8 次类，共 35 小类框架元素，其中包括 14 个核心框架元素和 21 个非核心框架元素，构成了框架元素层级系统的基础。该系统还包括 n 个第四级细类框架元素，由于数目众多，未体现其中。

事实上，FrameNet 中的许多核心框架元素都只是某个第三级框架元素名称的细化，将它们纳入框架元素层级体系可以使框架元素命名有章可循，避免过于泛滥。同时，由于框架元素都标记了唯一的 HEX 颜色码，因此，第四级框架元素即使名称与上一级框架元素不同，但对应的颜色码仍然相同，可以作为识别的依据。如（Statement/tuyên bố/声明）框架的核心框架元素 Speaker（发言者），根据其定义 The Speaker is the sentient entity that produces the Message（whether spoken or written）可以判定它属于 Agent（施事）的子集，因此其颜色标记与 Agent（施事）相同，均是 FF0000（红色）。另一个核心框架元素 Message（信息），根据其定义 The Message is the FE that identifies the content of what the Speaker is communicating to the Addressee 可以将其纳入 entity（客事）范畴[①]，二者的颜色代码均是 FF1493（深粉）。如图 5-2 所示。

构建实践显示，并非所有的 FrameNet 核心框架元素都可以纳入框架元素层级体系。如（Arranging）框架中的核心框架元素 Configuration[Con]，其定义为 A state that holds of the Theme or a relation that holds among the constituent parts of the Theme as a result of the arranging action，既表示客事的状态，又表示客事各部分之间的关

[①] 鲁川(2010: 260)认为传递或探询的信息属于客事(entity)的范畴。

联，可译作“配置”。该框架元素并不适合纳入上一层级的某个框架元素，也没有相应的非核心框架元素可以替换，因此，为凸显框架的特异性，本书保留此类框架元素。

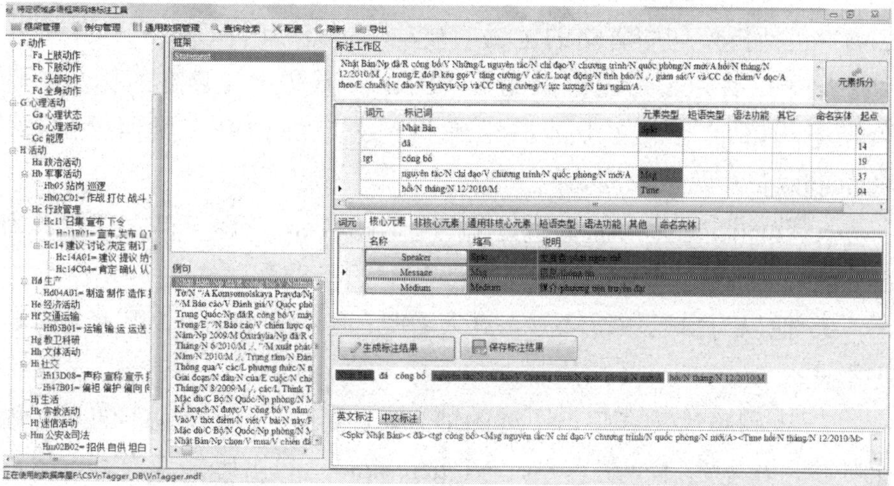

图 5-2　越-英-汉时事新闻框架网络例句框架元素标注界面

在框架元素标注中，有一些特殊情况需要注意，如零形式框架元素、框架元素融合及分裂等①，除了在标注中使用相应的标记表明外，更适合以 KDG 的方式表示。在本节论述中只讨论上述特殊情况的框架元素标注，为阅读方便，例句中以下划线+名称下标的形式表示框架元素，目标词元用加粗字体表示。

（一）　零形式框架元素

例句中缺失的主体或客体框架元素被称为“零形式”框架元素（Null instantiation）。“零形式”主要指明显体现的概念成分在句中缺

① 零形式框架元素、框架元素融合及分裂等特殊情况多见于文学、口语等句法层面常出现隐省的文体中，在新闻文本中出现的频率相对较低。因此，本书在进行说明时借用了部分汉语、英语相关文献如由丽萍(2006)、Fillmore(2004)中的例句。

少相应表达形式。根据其在上下文中是否有明确对应的词语可以分为有定零形式框架元素（Definite Null Instantiation，DNI）和无定零形式框架元素（Indefinite Null Instantiation，INI）两种。这两种形式属于特定词汇。另外，结构性零形式框架元素（Constructional Null Instantiation，CNI）包括祈使句中省略的主语或被动句中省略的施事。[1]

第一，有定零形式框架元素（DNI）：缺失的元素在所标注的整个句子内部或上下文中能够明确找到对应的词语，类似“回指”（anaphoric）现象。例如：

1. 我的眼睛什么也**看**不见了。< DNI_Perc-agt>（自主感知者为有定零形式）

2. 他以为自己做得巧妙，没人**看见**。< DNI_phen>（现象为有定零形式）

3. 走到离伯父家门口不远的地方，**看到**<一个拉黄包车的坐在地上呻吟，车子扔在一边>。< DNI_perc-agt>（自主感知者为有定零形式）

4. <John$_{\text{Agent}}$> **left**. [DNI_source] （来源为有定零形式）

5. <The monkey$_{\text{Avenger}}$> **avenged** <himself$_{\text{Injured party}}$><by growing to the size of a giant and setting fire to the city$_{\text{Punishment}}$>. < DNI$_{\text{Offender}}$ >（冒犯者为有定零形式）

第二，无定零形式框架元素（INI）：缺失的元素在上下文找不到对应的词语，但作为如吃、喝、缝制、烘焙等意义特定动词的缺省宾语，其语义类型通常能够被理解，无需特定篇章所指，例如：

① <Sue and Peter$_{\text{Ingestor}}$ > had **eaten** already. （食物为无定零形式）

第三，结构性零形式框架元素（CNI）：包括祈使句中省略的主语、被动句中省略了的由“by/bị/được/被/由”等引导的施事。结构性零形式

---

[1] Ruppenhofer, Josef, et al. FrameNet II: Extended theory and practice[DB/OL]. https://framenet2.icsi.berkeley.edu/docs/r1.5/book.pdf 2010-09-14: 24.

并非特定词汇所独有，可能出现在任何动词的相应结构中。例如：

1. Family feuds last for generations，and <slurs on honor$_{\text{_Injury}}$> are **avenged** <by murder$_{\text{_Punishment}}$>. （复仇者为结构性零形式）

2. **Get even** <with her$_{\text{_Offender}}$> <for this$_{\text{_Injury}}$>（复仇者为结构性零形式）

3. <loại máy bay đã được cải tạo khả năng mạng này$_{\text{_Thing}}$> đã được **bàn giao** <cho Hải quân Mỹ$_{\text{_Receiver}}$>.（给予者为结构性零形式）

第四章第三节第一部分中词元扩充部分曾详细考察过（Statement/tuyên bố/声明）框架的82个词元。可以发现，有不少激活框架的词元是名词，并且与动词、形容词相比，这些名词更可能发生框架元素缺省。如 the decision was foolish（那决定是愚蠢的），the promotion was surprising（这个推广计划令人吃惊），there was a quarrel（有一次争吵）等中的名词 decision、promotion 和 quarrel 等介引出某种事件，但是未提供事件参与者相关信息。越南语和汉语中动词动名兼类的现象更为普遍，在框架语义标注中需要特别关注。

（二）框架元素融合

框架元素融合（frame element fusion）是指一个句法成分同时指派给两个框架元素的现象。这种现象常出现在互向动词做目标词元的例句中。例如：

1. <代表团成员_congnizer+content>互不认识。“认识”激活（Make_acquaintance）框架，congnizer 为“认知者”，content 为“内容”。

除互向动词外，在某些框架如（Arranging）“安排”、（Cure）“治疗”、（Hiring）“雇佣”等中，一些框架元素语义上紧密联系，可以分开独立表达，也可以将两个概念融合在一起表达，即语法上允许其中的一个省略，被省略的可从已实现的框架元素中推导出。

2. <美军亚太基地_agent+location>也部署大量的<P-3C_entity>。“部署”激活（Arranging）框架，框架元素 agent（施事）和 location

（处所）发生融合。其特殊之处在于“美军亚太基地”作为机构名，既可以作行为主体，也包含“处所”概念。

（三） 框架元素分裂

“框架元素分裂”（Frame element Splitting）指一个框架元素的整体内容被目标词元或其他句法成分间隔开，或者被两个句法成分重复表达的现象。被分开或重复的成分标注相同的框架元素名称，相应的短语类型和句法功能根据实际情况标注。

<越南_message >先前被**肯定**<为具有“领海领土主权的民主独立国家”_message >。

“肯定”激活（Statement/tuyên bố/声明）框架，框架元素 message（消息）实际上为“越南为具有‘领海领土主权的民主独立国家’”，句中两个成分共同表达同一框架元素。

二、短语类型标注

领域语料的框架语义标注还包括对短语类型的标注。一般来说，短语是指两个或以上的词按一定语法关系和语义关系构成的单位。短语类型反映该语言单位的句法性质。在实际标注中，框架元素所在的语言单位也可能只有一个词，本书仍然为其标注短语类型。

VLSP 研究中将短语称作 chunk，汉语翻译为“语块”①，其具体概念差异在此不做深究。该研究中提出的越南语短语标注（nhãn cụm từ）标记集②参考了英语和汉语的相关研究成果。英语短语分析方面以 SIGNL2001 公布的数据和结果③为依据。

如下是英语短语标注结果示例：

---

① 本书将其译为“短语”。

② Le Minh Nguyen, Huong Thao Nguyen, Phuong Thai Nguyen, et al. An Empirical Study of Vietnamese Noun Phrase Chunking with Discriminative Sequence Models.7th Workshop on Asian Language Resources (ALR-7) ,Singapore 6-7 August 2009.

③ 参看 http://www.cnts.ua.ac.be/conll2000/chunking/

[NP He] [VP reckons] [NP the current account deficit] [VP will narrow] [PP to] [NP only # 1.8 billion] [PP in] [NP September] .

英语短语标注集广泛应用于机器翻译、文本摘要、信息检索等NLP应用上面。Le Minh Nguyen 等（2009）认为汉语是亚洲语言且与越南语较为相似，在参考汉语短语标注标记集的基础上确定了越南语短语标注标记集。

表 5-1　越南语短语标注标记集

TÊN （名称）	CHÚ THÍCH （注释）
NP	Cụm danh từ 名词短语
VP	Cụm động từ 动词短语
AP	Cụm tính từ 形容词短语
ADP	Cụm phó từ 副词短语
PP	Cụm giới từ 介词短语
QP	Cụm từ chỉ số lượng 数量短语
WHNP	Cụm danh từ nghi vấn （ai，cái gì，con gì，v.v.） 疑问名词短语
WHADJP	Cụm tính từ nghi vấn （lạnh thế nào，đẹp ra sao，v.v.）疑问形容词短语
WHADVP	Cụm từ nghi vấn dùng khi hỏi về thời gian，nơi chốn，v.v.时间、地点类疑问短语
WHPP	Cụm giới từ nghi vấn （với ai，bằng cách nào，v.v.）疑问介词短语（与谁、以什么方式等）

英语和汉语的短语结构无需赘述。本节对越南语中主要的短语类型及标记进行注解：

1. 名词短语（NP） 是包括名词及其补足语在内的词串（用[]划出，后同）。例如：

“Thợ săn” P-3C là [một loại máy bay săn （tàu） ngầm trên biển tầm xa，do Công ty Lockheed Martin，Mỹ thiết kế sản xuất].（ P-3C“猎户座”是[美国洛克希德 •马丁公司设计生产的一种远程海上反潜机]。）

越南语名词短语的基本结构如下：

<前置成分（phần phụ trước）> <名词中心语（danh từ trung tâm）><后置成分（phần phụ sau）>

前置成分一般用于说明中心语数量和种类，位置越靠前，概括性越强；后置成分相对复杂，用于补充说明中心语特点、性质，位置越靠后越具体、明确。一个名词短语可以缺少前置成分或后置成分，但不能缺少中心语。

经过词性标注的该名词短语为（một/M loại/Nc）（máy bay/N）（săn/V （tàu） ngầm/N trên/E biển/N tầm/N xa/A，do/E Công ty/N Lockheed Martin/Np，Mỹ/Np thiết kế/V sản xuất/V）。其中，máy bay（飞机）是中心语，một loại（一种/类）是前置成分，形容词"漂亮"是后置成分。后置成分（săn/V （tàu） ngầm/N trên/E biển/N tầm/N xa/A，do/E Công ty/N Lockheed Martin/Np，Mỹ/Np thiết kế/V sản xuất/V），对应的汉语释义是（反/V 潜（艇）/N 上/E 海/N 程/N 远/A，由/E 公司/N 洛克希德·马丁/Np，美国/Np 设计/V 生产/V ）。

2. 动词短语 （VP ）

动词短语（VP ）是包括动词及其补足语在内的词串，例如：

Mỹ [đang hỗ trợ Philippines xây dựng một trung tâm giám sát bờ biển quốc gia]. 美国[正协助菲律宾建设一个国家海岸监视中心]。

其一般结构为：<前补语（bổ ngữ trước）> <动词中心语（động từ trung tâm）> <后补语（bổ ngữ sau）>，动词短语的前置成分前补语（Bổ ngữ trước）常为副词、情态动词等，数量不多，且带有语法意义。例如：đang **hỗ trợ** Philippines xây dựng một trung tâm giám sát bờ biển quốc gia，经过词性标注的该名词短语为（đang/R） （hỗ trợ /V）（Philippines/Np xây dựng/V một/M trung tâm/M giám sát/V bờ/N biển/N quốc gia/N），对应的汉语释义是（正在/R） （协助/V） （菲律宾/Np 建设/V 一/M 中心/M 监视/V 岸/N 海/N 国家/N））。

动词短语后置成分形式非常复杂，和动词的类别密切相关。本书

第三章第三节第三部分论述框架语义构造式系统时详细说明了这部分内容。需要注意的是，越南语中将动词、形容词之后的补充说明成分称作“补语”，其中也包括及物动词的直接支配对象即汉语和英语中的“宾语/object”成分。一方面越南语学界近年来有学者开始使用 tân ngữ（宾语）这一术语，另一方面为了标注结果的统一，本书将越南语中及物动词的直接支配对象也标注为“宾语/object”，主要包括动作的对象（受事）、动作的产物（成事）等，详见第五章第二节第三部分补语部分。

3. 形容词短语（AP）

形容词短语（AP）的一般结构为：<前补语（bổ ngữ trước）><形容词中心语（tính từ trung tâm）><后补语（bổ ngữ sau）>。形容词的前补语成分常为程度、频度副词。例如：

rất đẹp 很漂亮

[AP （R rất） （A đẹp）]

[AP （R 很） （A 漂亮）]

后置成分主要为副词，值得注意的是越南语中的单音节形容词可以直接带名词短语宾语，但在正式的新闻文本中并不多见。举例如下：

Đội ngũ luật sư này [**giàu** kinh nghiệm] trong việc giải quyết các vụ án quốc tế.（该律师团队在处理国际案件方面经验丰富。）

5. 介词短语（PP）

越南语介词有 với，bằng，cho，mà，vào，để 等，常搭配名词短语表示起止、方式、原因、目的、处所、比较等意义。介词短语的一般结构为<介词（giới từ）><名词短语（cụm danh từ）>。例如：

vào Sài Gòn 到西贡

[PP （S vào） （NP Sài Gòn）]

[PP （S 到） （NP 西贡）]

介词 để 表目的，其后可搭配动词短语。例如：

Hệ thống dò sonar bị thả xuống vùng biển khả nghi [để tìm kiếm âm thanh khả ghi].（声纳探测系统被投放到可疑海域[以获取可疑声音]。）

5. 数量短语（QP）

数量短语的主要成分是数词，包括确数、概数或分数，可以加副词 khoảng（大约）、hơn（...多）等等。数量短语可以作名词短语的前置修饰成分。例如：

năm trăm 五百

[QP （M năm） （M trăm）]

[QP （M 五） （M 百）]

以及：

hơn 200 200 多

[QP （R hơn） （M 200）]

[QP （R 多） （M 200）]

VLSP 提供的在线越南语文本短语类型标注[①]可以参考，但标注结果仍需改进。

如例句 Nhật Bản đã công bố Những nguyên tắc chỉ đạo chương trình quốc phòng mới hồi tháng 12/2010.（ 2010 年 12 月，日本公布了新《防卫计划大纲》指导原则。）

VLSP 在线短语类型标注结果如下：

TỪ	Nhật Bản	đã	công bố	Những	nguyên tắc	chỉ đạo	chương trình	quốc phòng	mới	hồi	tháng	12/2010
TỪ LOẠI	Np	R	V	L	N	V	N	N	A	M	N	M
CỤM TỪ	NP	VP		NP		VP	NP					

图 5-3 VLSP 在线越南语文本短语标注结果示例

① http://vlsp.vietlp.org:8080/demo/?page=seg_pos_chunk

使用 vnTagger 进行词性标注的结果为：Nhật Bản/Np đã/R công bố/V Những/L nguyên tắc/N chỉ đạo/V chương trình/N quốc phòng/N mới/A hồi/N tháng/N 12/2010/M ./.

对比后，确定 hồi 一词的词性应为 N（名词），而不是 M（数词）。

短语类型标注结果的争议出现在 Những/L nguyên tắc/N chỉ đạo/V chương trình/N quốc phòng/N mới/A hồi/N tháng/N 12/2010/M ./.部分。第一，hồi/N tháng/N 12/2010/M 部分作为独立的 NP（名词短语）充当 công bố（公布）的时间状语；第二，Những/L nguyên tắc/N chỉ đạo/V chương trình/N quốc phòng/N mới/A 是个较为复杂的 NP（名词短语），其结构分析可以参见图 5-4。从 CỤM TỪ$_3$ 到 CỤM TỪ$_1$ 再到 TỪ 自底向上的分析过程类似于倒置的树图。

<table>
<tr><th>TỪ</th><th>Nhật Bản</th><th>đã</th><th>công bố</th><th>Những</th><th>nguyên tắc</th><th>chỉ đạo</th><th>chương trình</th><th>quốc phòng</th><th>mới</th><th>hồi</th><th>tháng</th><th>12/2010</th></tr>
<tr><td>TỪ LOẠI</td><td>Np</td><td>R</td><td>V</td><td>L</td><td>N</td><td>V</td><td>N</td><td>N</td><td>A</td><td>N</td><td>N</td><td>M</td></tr>
<tr><td>CỤM TỪ$_1$</td><td>NP</td><td colspan="2">VP</td><td colspan="2">NP</td><td>VP</td><td colspan="3">NP</td><td colspan="3">NP</td></tr>
<tr><td>CỤM TỪ$_2$</td><td>NP</td><td colspan="2">VP</td><td colspan="2">NP</td><td colspan="4">VP</td><td colspan="3">NP</td></tr>
<tr><td>CỤM TỪ$_3$</td><td>NP</td><td colspan="2">VP</td><td colspan="6">NP</td><td colspan="3">NP</td></tr>
</table>

图 5-4　VLSP 在线越南语文本短语标注结果调整示例

类似的短语嵌套结构依靠目前的框架语义标注工具尚无法表现。在越-英-汉时事新闻框架网络短语标注部分，本书选择的短语标注层级是 CỤM TỪ$_3$，即一个短语类型对应一个框架元素。

三、句法功能标注

框架语义标注中的句法功能指的是某一个特定的框架元素或短语相对于目标词元的句法功能，即在框架元素或短语与目标词元所构成的句法关系中，该元素或短语所起到的句法功能。越南语的句法体系和英语、汉语有一定的差别，本书参照 Tập quy tắc cú pháp tiếng Việt（越南语句法规则集）和 Thiết kế tập nhãn cú pháp và hướng dẫn gán nhãn[①]（句法标记集设计及标注说明）制定了如图 5-5 的越南语句法功能标注标记集。本节主要讨论越南语的句法功能标注问题。

需要注意的是，和单纯的句法标注（如越南语树库）不同，框架语义标注中更注重框架元素标注、短语类型、语法功能标注的结合。因此，语法功能标注范围只包括在句子当中能够承担句法功能的成分（框架元素或短语），在并列或从属成分之中的某个成分在句子中不能充当特定的框架元素时，一般不标注该成分的句法功能。由于涉及多种语言，作为表层语法功能标识的句法成分也需要尽量一致。

语法功能

语法功能

id	名称	缩写	说明
1	主语	sub	说明的人或事物，是谓语陈述的对象。
2	谓语	pre	陈述主语的部分。谓语可以由述语和补语构成。
3	宾语	obj	动作、行为的对象，是动作的承受者。
5	定语	atta	名词性偏正短语中的附加成分。
6	状语	adva	谓语或动词性、形容词性偏正短语中心语的附加成分。
7	补语	comp	述补结构中补充说明述语的结果、程度、趋向、可能、状态、数量等的成分。
12	外部主语	ext	目标词所在分句承前省略的主体成分；目标词为兼语结构第二述语，前兼语成分为外部主语。

图 5-5 越南语句法功能标注标记集

句法功能标注（Nhãn chức năng cú pháp）基本使用小写的英文字母缩写表示。只有谓语中心语（preH）中含有大写字母。下面对越南语中主要的几种句法成分即标注进行分析。

（一） 主语（sub）

主语常置于谓语之前，可以有名词短语、动词短语、代词、形容

① http://www.jaist.ac.jp/~bao/VLSP-text/

词短语、数量短语充任。

1. 主语为名词短语（danh ngữ）。例如：

- Mỹ // vẫn tham gia vào khu vực，nhưng đang ngày càng tỏ ra miễn cưỡng trong việc hỗ trợ đồng minh Philippines.

（美国//仍参与地区事务，但在支持盟友菲律宾方面越来越力不从心。）

- Những di vật ở dưới đất // là một kho tàng rất quý báu，vô giá.

（地下的文物是非常宝贵、无价的宝库。）

概括模型为：<主语> = <名词短语>

2. 主语为主谓短语（cụm C-V）。例如：

Cách mạng tháng tám thành công//đem lại độc lập，tự do cho dân tộc.

（八月革命胜利//为民族带来独立、自由。）

概括模型为：<主语> = <主语> <谓语>

3. 主语为 <Từ phủ định> <Danh từ> <Đại từ phiếm định>结构。例如：

Không nước nào // có thể một mình ngăn nổi chủ nghĩa đơn phương của Mỹ.

（没有哪个国家//可以单独遏制美国单边主义。）

概括模型为：<主语> = <否定词> <名词/名词短语> <泛指代词>

4. 主语为 có （ phiếm định） <Danh từ>结构。例如：

Có những điều gì đặc biệt // sẽ diễn ra trong cuộc gặp này.

（一些特别之事//将会出现在此次会晤中。）

概括模型为：<主语> = có <名词短语>

5. 主语为<kết từ> <danh từ>结构。例如：

Trong hình // là máy bay P-3C của Lực lượng Phòng vệ Biển Nhật Bản.

（图片中//是日本海上自卫队的P-3C战机。）

概括模型为：<主语> = <关联词> <名词/名词短语>

6. 主语为指时间或句例的平行结构（kiến trúc song hành chỉ khoảng cách không gian và thời gian）。例如：

（Khoảng cách） từ Hà Nội đến Hải Phòng//là 105 km.

（从河内到海防（的距离）//有 105 公里。）

概括模型为：<主语> = từ <名词短语> đến <名词短语>

7. 主语为固定语（ngữ cố định）。例如：

Chỉ tay năm ngón//thường làm hỏng việc.指手划脚//常常坏事。

概括模型为：<主语> = <固定语>

标注中可能遇到主语省略（Tỉnh lược chủ ngữ）现象，其相应的语义成分可以通过零形式框架元素标识出，在语法功能层面不做标注。

（二） 谓语（Vị ngữ）

谓语是影响全句的主要成分和结构中心，构成比主语复杂，通常不可省略。动词/动词短语、形容词/形容词短语、代词、数词、名词等均可充当谓语。谓语中心语的前置成分和后置成分功能不同。常见的前置成分[①]有：

情态动词：phải（应）、muốn（想要）、cần（需要）...

否定副词：không（不）、chả（不）、chẳng（不）、chớ（勿）、đừng（勿）...

方式副词：cũng（也）、vẫn（仍）、đều（都）...

时态副词：đã（已经）、đang（正）、sẽ（将）...

以及副词组合如：cũng đều（也都）、cũng vẫn（也仍）、cũng chỉ（也只）、cũng đã（也已）、 cũng đang（也正）、đều vẫn（都仍）、đều chỉ（都只）、đều sẽ（都将）、đều đã（都已）、còn chưa（还没）、còn đang（还在）、cũng còn phải（也还要）、cũng không（也不）、còn không（还不）、sẽ chỉ（将只）、sẽ vẫn（将仍）等。

---

① 本书中我们参考梁远、祝仰修(2012:333)《现代越南语语法》的分类。

后置成分比较有限，主要有：xong rồi，nữa rồi，mãi rồi，được rồi等，主要表示“完成”。

越南语中的谓语可以由多种词类或短语充任。有动词/动词短语、形容词/形容词短语、代词、名词、特殊动词 là，等等。详细分类可以参考梁远、祝仰修（2012:332-353）。本节只介绍新闻语料中最常见的五类。

1. 动词谓语。例如：

Các nước này [trông cậy] vào sự hỗ trợ của Mỹ.

（这些国家[依靠]美国的帮助。）

概括模型为：<谓语> = <动词/动词短语>

2. 谓语是特殊动词 là。例如：

Thái Lan [là] đồng minh lâu nhất của chúng tôi trong khu vực này.

（泰国是我们在本地区最早的盟友。）

...nhưng chúng [là] các mối quan hệ khác nhau.

（......但它们是不同的关系。）

Anh ta [là] chiến sĩ anh dũng.

（他[是]英勇的战士。）

概括模型为：<谓语> = là <名词短语/形容词短语>

3. 形容词谓语。例如：

Vấn đề này rất [quan trọng].

（这个问题非常重要。）

概括模型为：<谓语> = <形容词/形容词短语>

4. 名词谓语。该类谓语常表示地点、时间、现象、本质。例如：

Loại máy bay này [hai khoang đạn].

（这款飞机[两个弹舱]。）

Cả nước [một lòng].

（全国[一心]。）

Mỗi người [một phòng].

（每人[一间房]。）

概括模型为：<谓语> = <数词> <名词>或<谓语> = <类词> <名词>

5. 主谓短语（cụm chủ vị）作谓语。例如：

Nhiệm vụ ấy [chúng ta phải quyết làm cho kỳ được].

（这个任务[我们一定要完成]。）

概括模型为：<谓语> = <主语> <谓语>

在框架语义标注中，谓语作为重要的句法成分不可或缺，但谓语是相对于主语而言的，和宾语、定语、状语、补语并不在一个层次，本书标注的谓语（pre）实际上是谓语中心语（preH）。

（三） 补语（Bổ ngữ）

越南语不区分宾语和补语，而是统称为补语，这给相应的动词配价及动词分类研究带来了障碍。越南语中的补语可以分为以下几种：

1. 表示谓语中心语支配的对象

也称作“对象补语”，表示与动词或形容词中心语有关系的事物。对象补语在句中出现为了表达中心词要求或支配的意义，常由名词短语、代词充任。根据与动词或形容词中心语搭配是否需要关系词（介词），对象补语可以分为直接补语和间接补语。

直接补语主要回答“谁”、“什么”的问题，由名词短语、代词或命题充任。使用不需要介词。

- Tôi // đã đọc [những tờ báo này]. 我//已经读了[这些报纸]。（名词短语）

- Tôi // đọc [chúng] vào buổi sáng. 我//早上读[它们]。（代词）

- Cô ta // nói rằng [anh ta có thể đến lúc 5 giờ]. 她//说[他可能 5 点到]。（小句）

间接补语也由名词短语或代词充任，主要回答“为谁”的问题，使用中需要介词 cho。例如：

- Tôi//định đi mua ít đồ [cho gia đình]. 我//打算去买点东西[给家

里]。

越南语句子中，直接补语和间接补语可以相互搭配，被称作“双补语句”。常出现在含“给予/索取”、“置放”义动词的句子中。本书将“直接补语”标注为“宾语（obj）”，将“间接补语”仍标注为“补语（comp）”。例如：

- tặng $[hoa]_{obj}$ cho $[bạn]_{comp}$ 赠$[花]_{obj}$给$[朋友]_{comp}$

- vay $[tiền]_{obj}$ của $[bạn]_{comp}$ 借钱（领属关系）朋友，相当于“借$[朋友]_{comp}$的$[钱]_{obj}$”。

- đặt $[sách]_{obj}$ lên $[bàn]_{comp}$ 放书（上）桌子，相当于“把$[书]_{obj}$放在$[桌子]_{comp}$上”。

2. 表示谓语中心语行为或变化的产物

常出现在含“制成”义动词的句子中。例如：

- Dân ta lại đánh đổ chế độ quân chủ mấy mươi thế kỷ mà lập nên [chế độ dân chủ cộng hòa].

（我们的人民还推翻了几十个世纪以来的君主制度，确立了[民主共和制度]。）

3. 表示谓语中心语行为或变化的工具

- Chuyến này chúng tôi đi [máy bay]，không đi [xe lửa] nữa.

（这趟我们乘[飞机]，不再乘[火车]了。）

4. 表示谓语中心语行为的处所

- Bác trở lại [phòng họp].

（伯伯返回[会议室]。）

5. 表示谓语中心语的内容

- Hai nước thỏa thuận [lập quan hệ ngoại giao ở cấp đại sứ].

（两国达成协议，[建立大使级外交关系]。）

6.表示存在、出现或消失的事物

- Trên ngọn đồi đã mọc lên [một ngôi trường lớn].

（山坡上已经建起了[一座大校舍]。）

越南语中形容词常带补语，表示某种性质/状态涉及的事物、范围/程度、处所、根源。这种用法修辞效果更为明显，常用于文学性描写或口语中。例如：

- Cỏ dại//cao [lút đầu].野草//高[过头]。（性质的程度）

- No [bụng] đói [con mắt].饱了肚子馋了眼睛。（性质涉及的事物）

在框架语义标注中，只有 1. 中的“间接补语”和形容词补语被标注为“补语”，1. 中的“直接宾语”和 2—6 都标注为“宾语”。

（四） 状语（Trạng ngữ）

越南语中状语可以分为时间状语（trạng ngữ chỉ thời gian，TMP）、地点状语（trạng ngữ chỉ nơi chốn，LOC）、方向状语（trạng ngữ chỉ hướng，DIR）、方式状语（trạng ngữ chỉ cách thức，MNR）、目的/理由状语（trạng ngữ chỉ mục đích hay lý do，PRP）等等。例如：

- [Những năm gần đây] $_{TMP}$，máy bay tuần tra săn ngầm P-3C từng [nhiều lần] $_{MNR}$ tiến hành theo dõi tàu thuyền trên biển của Trung Quốc，cung cấp thông tin tình báo [để bảo vệ lợi ích trên biển cho Mỹ，Nhật Bản] $_{PRP}$.

（[近年来] $_{TMP}$，P-3C 反潜巡逻机曾[多次] $_{MNR}$ 对中国海上舰船采取监视行动，[为美国、日本争夺海上利益] $_{PRP}$ 提供情报服务。）

实质上状语中包含部分句法成分的“浅层”语义。可以说，状语的细类通常可以通过相应的“通用非核心框架元素”体现。因此，本书在在句法功能部分只标注“状语”一级，不再细分。

（五） 定语（Định ngữ）

定语是句子中的附属成分。定语与其所修饰的句子成分（包括主语、谓语、补语或整句）之间是限定关系（quan hệ hạn định）。和汉语相同的是数词、量词常充当前置定语；和汉语不同的名词/名词短语常充当后置定语。

值得注意的是，越南语句子中的 này、đó、ấy、kia 等指示代词常常作为主语名词短语 的终结点，之后接谓语，因此可以作为标注的参考标识之一。例如：

- Loại máy bay đã được cải tạo khả năng mạng này//đã được bàn giao cho Hải quân Mỹ.

（完成了网络能力改造的该机型//已被交付给美国海军。）

目前的框架语义标注中，尚无法将与主语中心语（máy bay）紧密相连的两部分定语（前置定语 loại，后置定语 đã được cải tạo khả năng mạng này）均标注出来，因此将前置定语、主语中心语、后置定语统 标注为主语（sub）。

四、特殊成分和句式的标注

英语中特殊成分和句式的标注详见 *FrameNet II Extended Theory and Practice*。本节主要参考由丽萍（2013）对汉语相关特殊成分和句式的分析，并着重探讨越南语中的相应语言现象的特点及标注方法。

（一） 外部主语

“外部主语”实质上是一种“伪语法功能”（pseudo-grammatical-function），是指“感觉”、“认知”、“致使”等框架中充当动作主体的框架元素所在的句法成分与目标词元没有直接句法关系。但它们之间的语义关系对于 NLP 应用，特别是信息检索和抽取非常重要，因此，在框架语义标注中以“EXT”标签将其标识出。Fillmore（2004）和由丽萍（2013:92）探讨过相关问题。

外部主语常见的情况有以下三种：

1. 目标词元为述宾短语中的宾语成分，与句子主语存在语义关联，句子主语为“外部主语”。

- <美国>$_{EXT}$希望从这桩交易中**看到** $_{tgt}$ 更大的市场。

该句中，目标词元“看到”为述宾短语“希望看到更大的市场”中的宾语中心语，全句主语“美国”是目标词元“看到”的“感事”。

英语中类似的情况是“同动词（the Equi verb）”的主语同时也是其补足语的主语。例如：

- <The man>$_{EXT}$ tried to **kill**$_{tgt}$ his father.那个人试图**杀害**他父亲。

“同动词”try 的主语为 The man，其补足语为 kill，激活的是 Killing （杀害）框架，EXT 标签表明实现框架元素的成分 The man 与动词 kill 不在直接结构之中。

- <Việt Nam>$_{EXT}$ mong muốn **tăng cường**$_{tgt}$ hợp tác hữu nghị với tỉnh Vân Nam Trung Quốc.越南希望**加强**与中国云南省的友好合作。

- <Mỹ>$_{EXT}$ muốn **nắm**$_{tgt}$ chắc quyền kiểm soát không gian.<美国>希望牢牢掌握制空权。

2. 目标词元充当兼语结构的第二述语，之前的兼语成分标注为“外部主语”。

以 Everybody suspected <the puppy>$_{EXT}$ of having **drunk**$_{tgt}$ the milk（每个人都怀疑小狗喝了牛奶）为例。目标词元 drink 激活 Ingestion（摄取）框架。在整个句子中，the puppy 是 suspect 的宾语，处在以 drink 为核心的成分的外围（external），但仍将其标注为 drink 的主语，即“外部主语”。

越南语中也有相似的例子：

- Bắc Kinh làm cho <Philippines>$_{EXT}$ **biết**$_{tgt}$ cái giá phải trả sẽ càng đắt. 北京让<菲律宾>$_{EXT}$ **明白** $_{tgt}$ 代价会更大。

3. 目标词元位于复句或复杂单句的分句中，其承前省略的主体成分为“外部主语”。

- <Tôi>$_{EXT}$ bước trên phố， **thấy được**$_{tgt}$ một bạn đang đến với tôi. <我>$_{EXT}$ 走在街上，**看到** $_{tgt}$ 一个朋友向我走来。

（二） 支撑词的标注

当目标词元充当其他动词（或介词）的宾语或补足成分时，该动词（或介词）的主语与目标词元之间的语法关系呈隐性，但却是实质上的框架元素（由丽萍，2013：95）。该类动词（或介词）与目标词元所构成的短语中，短语的意义主要来自目标词元，因此被标记为支撑词（supp）。

支撑词具有以下特点：词性一般为动词或介词；句法上能够支配目标词元；意义相对虚化；该词语和目标词元的搭配比较固定。主要包括以下几类情况：

1. 形式动词或轻动词（light verbs）在句法上支配目标词元，但这类句法核心在语义角色方面几乎不起作用，而由相关名词或动词兼类充当框架激活者。汉语中有“得以、给以、有、加以、予以、给予、进行、做、作”等；英语中常见的有“do、give、have、make、take”等轻动词与大量的事件名词搭配。它们并非激活框架的词元，越南语中常见的形式动词为 tiến hành（进行）、có（有）、được（得以）。例如：

- <make>$_{supp}$ a **discussion** （进行**讨论**）

- <tiến hành>$_{supp}$ **thảo luận** （进行**讨论**）

- <tiến hành>$_{supp}$ **công tác** （进行**工作**）

- <tiến hành>$_{supp}$ **giáo dục** và **phê bình** （进行**教育**和**批评**）

- <make>$_{supp}$ a **analysis** （进行**分析**）

<加深>**理解** （làm sâu sắc thêm **sự hiểu biết**）

<有>了进一步的**了解** （có **sự hiểu biết** sâu sắc hơn）

- Trong đó，2 chuyên gia tình báo sonar có thể <tiến hành>$_{supp}$ **phân tích** dữ liệu của phao sonar bất cứ lúc nào.

（其中，两名声呐情报专家随时可以对声纳浮标获取的数据进行**分析**。）

- 必须放手发动群众，让群众的意见<得以>充分**发表**出来。

（Cần phải phóng tay phát động quần chúng，để cho ý e kiến của quần chúng được **phát biểu** ra đầy đủ.）

作为表层句法形式，特定语言中的形式动词在其他语言中并无相应的形式表达。例如：

- 发现问题要及时<加以>**解决。**（Phát hiện ra vấn đề cần phải kịp thời <-> **giải quyết**.）

- The audience <gave> the speaker a standing **ovation**. （观众为讲话人起立**鼓掌**。）

- <加深>**了解**（**tìm hiểu** sâu thêm）

- <弄>不**明白**（Không thể **hiểu**）

2. 助动词，主要是情态动词，目标词元充当该助动词的宾语中心语，例如：

- 人们从地球上只<能>**看到**月球表面的 59%。

（Con người chỉ nhìn thấy <được> 59% bề mặt Mặt Trăng từ Trái Đất.）

- Máy bay này <muốn> **tuần tra** thường xuyên ở vùng biển này.

（该飞机<想>在这一海域例行**巡逻**。）

3. 系动词"是"，目标词元为"是"的宾语. 例如：

- 这才<是>正确的理解。（Đây mới <là> sự hiểu biết chính xác.）

4. 支撑词为介词，目标词元充当宾语中心语：

- <据>了解 （<theo> sự **hiểu biết**）

- <Theo> **thống kê**，xuất khẩu của Nhật Bản sang Trung Quốc trong 6 tháng đầu năm 2012 là 74 tỉ USD.

（<据>统计，2012 年前 6 个月日本向中国的出口额为 740 亿美元。）

（三） 透明成分（null）

当一个名词短语的句法核心指示一种数量、类型或评价，而其补足语为该名词短语的语义核心，此时，该句法核心标注为透明成分（null）。

第一类，表示数量、容器、部分、合计及类型的名词"pint（品脱）、lit（公升）、glass（玻璃杯）、cup（杯子）"等，如：drinking <several glasses of> water 喝几杯水。

第二类，英语中的部分助词，如指示完成体的助词 have 等。

汉语、越南语中的透明成分包括以下几类情况：

第一类，“目标词元+‘的’……‘是’”结构中，“的”、“是”分别标注为 null；当目标词元出现在“好像”、“是……的”、“好像……似的”等组合之中时，“是”、“好像”标注为 supp，“的”标注为 null。例如：

- 她给我看见<的>$_{null}$永远<是>$_{null}$温和的、带着微笑的脸。

- <是>$_{supp}$很偶然认识<的>$_{null}$。

值得注意的是，越南语中类似的情况被称为“隐中结构”，即隐含中心词成分的偏正式名词短语。如：Đi đầu là công nhân nhà máy xe máy. 走在前头的是摩托车厂的工人们。完整形式为（Những người）đi đầu là công nhân nhà máy xe máy. 走在前头的（人们）是摩托车厂的工人们。由于中心语已经隐省，因此中心语与偏正修饰成分间的“透明成分”也不存在。

第二类，助词“所”标记为 null，越南语中只有少数情况可以对应，关联成分 cho 和 mà 标注为 null。例如：

- 为人<所>笑 Bị người ta cười <cho>

- 我<所>认识的人 Người <mà> tôi quen

- 大家<所>提的意见 ý kiến <mà> mọi người nêu ra

第三类，在目标词元所在短语范围内，全部结构助词都可以标注为 null，如汉语中“的、地、得、着、了、过”等。越南语中有类似的定语标志 mà 和状语标志 một cách。例如：

- 最近亲眼目睹<的>情况 những tình hình <mà> dạo này tận mắt nhìn thấy

- Hãy bảo vệ mật khẩu <một cách> cẩn thận. 要小心<地>保护密码。

- Tôi đã mua quyển sách <mà> thầy giáo giới thiệu. 我已经买了老师介绍的书。

第四类，汉语双音节目标词元的重叠形式 ABAB 中，后一动词

AB 为 null。如：考虑<考虑>。越南语中双音节动词的重叠多为 AABB 式，不适合标注 null 形式，另有 AaAB 式、ABA'B'、A'B'AB 式，可以将非 AB 部分标注为 null。例如：<lấp lơ> lấp lửng（模棱两可）、lảm nhảm <làm nhàm>（胡说八道）。

第五类，被动句的被动标记“被”、bị/được 省略宾语时标记为 null，被隐省的框架元素可以标注为零形式。例如：

- 他<被>评为劳动模范。

- Băng Cốc <được> bình chọn là điểm đến du lịch "hot" nhất thế giới năm

（曼谷被评为 2013 年世界最“火”旅游点。）

第六类，目标词元后面出现趋向补语，如 lại（来）、đi（去）、xuống（下来）、lên（上去），并且该趋向补语实际动作趋向不明显、意义较为抽象时可以标记为 null：

- Khi thủy triều lên cao vùng bãi cạn thì bị chìm <xuống> mặt nước.

（涨潮时浅滩就被淹没在水面下。）

- Họ phải đưa <lên> Tòa án quốc tế

（他们应该提交到国际法庭。）

- Sau này quan hệ xấu <đi> cũng đã gây thiệt hại rất lớn đến quan hệ song phương.

（之后关系的恶化也对双边关系造成了严重伤害。）

（四） 兼语结构和连谓结构的标注

1. 兼语结构

兼语结构多以“使令”义动词为目标词元，其句法形式为 Vl+N+V2，N 为兼语，既充当 V1 的受事，又兼任 V2 的施事。标注兼语结构时，若 V1 为目标词元则将 V2 标注为 V1 的核心框架元素；句法功能方面，N 可以标记为标记为 pivt（兼语），V2 标记为 soc（兼语补语）。例如：

- 眼前的情景**使**<我>$_{pivt}$<想起过去的事>$_{soc}$。

- 审判有了结果，该案所发生的一切却不<能>$_{supp}$不**让**<人们>$_{pivt}$ <沉思>$_{soc}$。

- 这段弯路**使**<我们>$_{pivt}$ <提出新的思路>$_{soc}$。

- <Mỹ đưa máy bay tuần tra săn ngầm P-3C đến> chắc chắn sẽ **làm cho**<ý đồ phong tỏa tàu ngầm hạt nhân chiến lược Trung Quốc vươn ra biển xa của Mỹ>$_{pivt}$<được thực hiện>$_{soc}$.

（美军 P-3C 的到来，无疑将会使美军封堵中国战略核潜艇走向远洋的阴谋得逞。）

2. 连谓结构（va）

两个动词性成分 V1+V2 构成连谓结构。根据 V1 和 V2 之间的语义关系，可以进行不同类型的标注。下面分析最常见的四种：

（1）V1 和 V2 表示先后连续的动作行为，但无明显语义关系，非目标词元的动词不标注。例如：

- Anh **viết** một bản báo cáo *nộp* lên. 你**写**个报告交上去。

（2）V1 和 V2 表示先后连续的动作行为，V2 是 V1 的目的。V1 为目标词元，则 V2 标注为通用非核心框架元素“目的（Purp)”，其语法功能标注为为连谓成分（va)；V2 为目标词元，则 V1 不标注。例如：

- **到**该国<访问>$_{purp-va}$。

- 到该国**访问**。

（3）V1 为 V2 的伴随动作，V1 是（动词+“着”）形式，V1 和 V2 互为并行事件（co_even）。例如：

- 他**凝视**<着>$_{null}$自己残缺的手<沉思>$_{co\_even-va}$。

- 他<凝视着自己残缺的手>$_{co\_even-va}$ **沉思**。

- **听**<着>$_{null}$鼓点<前进>$_{co\_even-va}$。

- <听着鼓点>$_{co\_even-va}$ **前进**。

（4）V1 为“有”或 có（有），其宾语大多表示抽象事物。V1 为目标词元，则 V2 不标注；V2 为目标词元，V1 标注为通用非核心框架元素“依据（depend)”和连谓成分（va)。例如：

- **有**办法研究
- <有办法>$_{\text{depend-va}}$ **研究**
- **有**权利置疑
- <有权利>$_{\text{depend-va}}$ **置疑**
- Dân **có** quyền làm tất cả những gì pháp luật không cấm.

（民众**有**权做一切法律不禁止之事。）

- Dân <có quyền> **làm** tất cả những gì pháp luật không cấm.

（民众<有权>$_{\text{depend-va}}$ **做**一切法律不禁止之事。）

（五） 命名实体标注

面向 NLP 任务，尤其是事件抽取和本体转换的框架网络构建，离不开对命名实体的标注和识别。

根据 MUC 会议的规定，命名实体的任务包括三个子任务：

（1）实体名（Entity Name)，包括人名、地名、机构名；

（2）时间表达式（Temporal Expressions)，包括日期、时间和持续时间；

（3）数字表达式（Number Expressions)，包括钱、度量衡、百分比以及基数；

2004 年 863NE 评测中，命名实体的识别任务包括：

（1）命名实体（ENAMEX)，包括人名、地名、机构名

（2）时间表达式（TIMEX)，包括日期、时间

（3）数值表达式（NUMEX）

根据领域语料库的特征确定命名实体的类别，制订标注标记。本文规定，命名实体的标记符号全部使用英文大写字母。本书的研究语料为时事新闻语料，包含的命名实体大致分为七类：人名、国家名、地名、机构名、武器装备名、新闻媒体名和文件名。时间和数字表达式未作为命名实体标注。

词性标注时，已经将专有名词标注为 Np。通过标注工具的“通

用数据管理”可以添加和管理命名实体数据。

命名实体

id	名称	编写
1	人名	NAME
2	武器装备名	WE&EP
3	国家名	NATION
4	地名	TOPONYM
5	机构名	ORGANIZATION
6	新闻媒体名	NEWSMEDIA
7	文件名	DOCUMENT

图 5−6　越−英−汉时事新闻框架网络命名实体标注集

下面以例句 Philippines triển khai máy bay tuần tra săn ngầm P-3C ở biển Đông（菲律宾在南海部署 P-3C 反潜巡逻机）为例说明越-英-汉时事新闻框架网络中命名实体标注的必要性。该句的 VLSP 句法分析结果为图 5-7 所示：

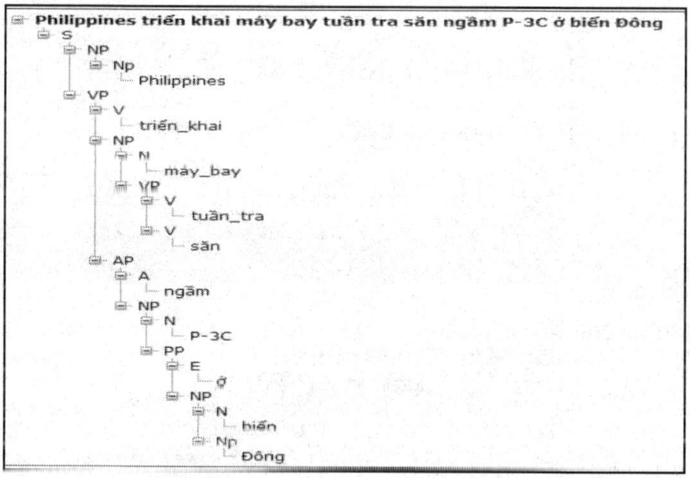

图 5−7　VLSP 句法分析结果示例

máy bay tuần tra săn ngầm P-3C 为“P-3C 反潜巡逻机”，未经标注的命名实体会造成短语识别和句法识别的错误。其中，máy bay tuần tra săn ngầm（反潜巡逻机）可以作为名词词条加入越南语分词词表。

另如，汉语例句：

/w 1947 年/m，/wd 中国政府/nt 内政/n 部/q 方/q 域/n 司/ng 审定/v 公布/v 该海域/ns 诸/rz 岛/n 地名/n 172/m 个/q

该句中“内政部”和“方域司”均属于机构名，经过分词和词性识别发现其并非正确标注，因此，在框架语义标注过程中，将其作为命名实体单独标注为 ORGANIZATION 对于后续的信息抽取等应用是有益的。

五、例句标注结果及问题

经过框架元素、短语类型和语法功能及命名实体标注等后，所有的例句标注结果存于例句库中，可以导出为文本文件。标注界面如下：

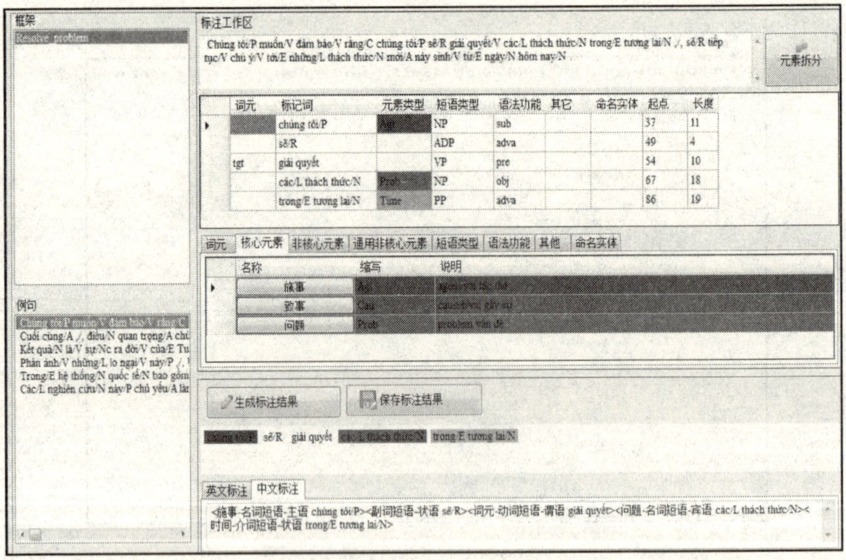

图 5-8　越-英-汉时事新闻框架网络例句标注界面

已标注例句有英文标注（序号+E）和中文标注（序号+C）两种样式，分别如下：

[① E]<Agt-NP-sub Mỹ><tgt-VP-pre triển khai><Ent-NP-obj-WE&EP máy bay tuần tra săn ngầm P-3C><Loc-PP-adva ở vùng biển

này>

[①C]<施事-名词短语-主语 Mỹ><词元-动词短语-谓语中心语 triển khai><客事-名词短语-宾语-武器装备名 máy bay tuần tra săn ngầm P-3C><处所-介词短语-状语 ở vùng biển này>

[②E]<Time-NP-adva Hiện nay><Agt-NP-sub các căn cứ của quân Mỹ><Loc-PP-atta-TOPONYM ở châu Á-Thái Bình Dương><ADP-adva cũng><tgt-VP-pre triển khai><Quan-ADP-atta rất nhiều><Ent-NP-obj-WE&EP máy bay P-3C>

[②C]<时间-名词短语-状语 Hiện nay><施事-名词短语-主语 các căn cứ của quân Mỹ><处所-介词短语-定语-地名 ở châu Á-Thái Bình Dương><副词短语-状语 cũng><词元-动词短语-谓语中心语 triển khai><数量-副词短语-定语 rất nhiều><客事-名词短语-宾语-武器装备名 máy bay P-3C>

[③E]<Ent-NP-sub-WE&EP P-3C 反潜巡逻机><ADP-adva 已><Loc-PP-adva 在日本、韩国、台湾><tgt-VP-pre 部署>

[③C]<客事-名词短语-主语-武器装备名 P-3C 反潜巡逻机><副词短语-状语 已><处所-介词短语-状语 在日本、韩国、台湾><词元-动词短语-谓语中心语 部署>

例句标注中存在如下问题及难点：（1）很多目标词元并非作谓语中心语，而是作各类型短语的构成成分；（2）整句的嵌套层次多，结构复杂，标注难度高，目前只能先标注核心句；（3）命名实体的标注层次不清，拆分句子成分时，按语块拆分的话，命名实体被包含其中，无法单独标注。

第三节　词元库构建

一、词元库内容

词元库以词元为基本单位，内容包括词形、词性，该词语/词元的词典意义、所属框架、框架语义构造式和相应例句如表 5-2 所示。

表 5-2　词元注释表结构

词元	（若为多义词则在词元右侧用下标标明其在词典释义中的义项序号） công bố
词性	（根据词典释义的相应义项标注） V
词元释义	（该词元在词典中对应的义项释义） thông báo công khai cho mọi người biết
所属框架	（该词元激活的框架名） Statement/tuyên bố/声明
基本框架语义构造式举例	（序号+基本框架语义构式） 1. Np_Agt+Vp+Ent 2. Ent+bị/được+（Agt）+Vp
标注例句	（序号+带有语义标注的例句） 1. <Spkr Nhật Bản>< đã><tgt công bố><Msg nguyên tắc/N chỉ đạo/V chương trình/N quốc phòng/N mới/A><Time hồi/N tháng/N 12/2010/M>

词元释义从目前来看尚不能直接为 NLP 所用，但定义模式的规则对发掘词与词之间的联系，如判定同义词、建构名词分类及相关的词汇网络仍然有益。越-英-汉时事新闻框架网络中的越南语词元释义主要源自在线越南语机器词典（Vietnamese Computational Lexicon）[1]，

[1] http://vlsp.vietlp.org:8080/demo/?page=vcl

当该词典中没有相应的意义可供使用时，则参考 2011 年版的 *Từ Điển Tiếng Việt*（越南语词典）。框架网络构建初期仍然采用自然语言为框架定义，着重在对事件间的关系及角色的转换进行详细描写，以便为后期的形式化奠定基础。

词元库中“基本框架语义构造式举例”和“标注例句”两项可以显示该词元在例句中表现的句法语义属性，可以分别与“框架语义构造式系统”和“标注例句库”建立链接。

二、框架元素句法实现方式及词元配价模式汇总

对已经进行框架语义标注的例句来说，经统计生成词元注释报告和词条报告是语义资源利用的重要步骤之一。这两个报告的具体内容在第三章第一节第三部分中介绍过。DOV-E-CFN 词元库将针对每一个词元，记录词元所在义项的具体含义并汇总该词元的例句标注报告，抽取框架元素句法实现方式和目标词元配价模式形成词元注释报告。数据统计的原理较为简单，工作的难点在于例句标注格式的规范以及标注数量的积累。本节我们参照汉语框架网络的相关方法，结合越南语例句进行具体说明。

（一） 框架元素的句法实现方式统计

框架语义标注中，词元所支配的框架元素（FE）句法实现方式由短语类型（PT）和语法功能（GF）构成，体现其句法特点。句法实现方式统计记录每个框架元素在标注例句的出现频率，以及作为某短语类型、语法功能所出现的次数。具体统计模式如图 5—9 所示。0 代表最少出现次数为零，n 代表最多出现 n 次，n 的值域为[1，+∞)；内部的花括号为一个组合，分为短语类型（PT）、语法功能（GF） 两部分。一个框架元素可对应多个短语类型和语法功能，即搭配多个组合；外部的花括号显示所统计内容由多个框架元素组成，最少出现的组合为 1 个，最多为 n 个。

$$\{FE\ \{PT\quad GF\}^{n}_{0}\ \}^{n}_{1}$$

图 5-9 框架网络句法功能抽取模型

如果短语类型和句法功能一致则标注数量与出现次数都加 1，如果不一致则只将标注数量加 1；语法功能模式的提取仅限于框架中定义的元素和标注过程中用到的通用非核心元素。具体的实现方式是：从数据库中读入一个框架元素，然后从例句库中读入一个句子，查找此框架元素是否在这个句子中出现，如果出现则抽取出其相应的短语类型和语法功能，完毕后继续检查该句中是否还有此框架元素出现，“是”则重复上一步继续抽取，“否”则读入下一例句，直至例句库文本处理完毕；然后，从数据库中读入下一框架元素作同样处理，直至所有框架元素（包括核心框架元素、非核心框架元素、通用非核心框架元素）全部处理完毕。这样将统计出框架网络中全部框架元素与某一特定词元搭配时所充当的短语类型及语法功能情况。

（二） 目标词元配价模式抽取

配价模式指目标词元与框架元素组合方式，是词元库中最重要的部分，可以为自动语义分析提供重要资源。若一个目标词元在不同标注例句中组合的框架元素相同，且顺序一致，则判定其配价模式相同。此时框架元素所在成分的短语类型、语法功并非配价模式主要划分依据。

配价模式抽取对象是经过框架语义标注的例句，其统计模式如图 5-10：

$$\{\{FE\ PT\ GF\}^{n}_{0}\}^{n}_{0}$$

图 5-10 框架网络配价模式统计模型

图 5-9 中符号涵义与图 5-10 相同。内部的花括号为一个组合，包括框架元素、短语类型和语法功能。外部的花括号表示所统计内容由多个组合组成，其出现频率最小为 0，最多为 n 个。如果配价模式一致则将 Total 数目加 1，否则记录新的配价模式；抽取的配价模式中的元素包括框架中定义的核心元素、非核心元素以及通用非核心元素，目标词元 tgt、零形式等等。

以下句为例，标注结果如下：

Nga sắp giao siêu tàu ngầm tàng hình đầu tiên cho Việt Nam.

（俄罗斯即将将首艘隐形潜艇交付给越南。）

英文标签标注结果：

< del-NP-sub-nat Nga >< ADVP-adv sắp >< tgt-VP-per giao >< Theme-NP-obj siêu tàu ngầm tàng hình đầu tiên >< goa-PP-comp cho Việt Nam >

其中：del 表示 deliverer；tgt 表示 target；goa 表示 goal。

中文标签标注结果：

< 交付者-名词短语-主语-国家名 Nga >< 副词短语-状语 sắp >< 目标词元-动词短语-谓语中心语 giao >< 交付物-名词短语-宾语 siêu tàu ngầm tàng hình đầu tiên >< 对象-介词短语-补语[1] cho Việt Nam >

从标注结果来看，其信息模式抽象程度较高。手工标注例句达到一定的规模后，目标词元句法语义联系方面的信息，即配价模式统计才能实现。具体的配价模式统计如表 5-3 所示：

[1] 根据 FrameNetII: Extended Theory and Practice 第 66 页，双及物句中间接宾语直接处理为依存项(Dependent)，不再二次指派语法功能。本书根据汉语和越南语的特点，将该句法成分的语法功能标注为“补语”(comp)。

表 5-3　词元 bàn giao 配价模式统计

Giving框架的目标词元配价模式抽取统计表

bàn giao

标注数量（个）	配价模式					
1	thg	tgt	rev			
	NP	VP	PP			
	sub	pre	obj			
1	Time	giver	tgt	thg		
	NP	NP	VP	NP		
	adva	sub	pre	obj		

第四节　小结

本章对越-英-汉多语框架网络的标注符号集相关内容进行了初步探讨和尝试，重点论述了越南语短语类型和语法功能的标注。多语框架语义标注的重点在于框架元素层的标注，分歧和难点更多体现在语法功能层面，所以本章着重分析了越南语框架语义例句标注的特点，并作出适当调整使之与汉语和英语的相关标注相一致。

在此研究内容基础上，今后将进一步深入开展对越南语框架语义角色自动标注技术，以及越南语框架语义角色基础上的句义理解计算模型的研究，为基于句义理解的信息抽取、问答系统和机器翻译提供基础服务。

第六章　越-英-汉时事新闻框架网络应用实验

FrameNet 最初的构建目标是大型网络词典编纂，但随着研究的深入，其目标也开始从关注语义合成原则本身过渡到领域文本信息抽取。本书构建越-英-汉时事新闻的框架网络的主要目的是面向事件抽取，因此，FrameNet 的转向方式和成果对本书具有重要的参考价值。

理论方面，Fillmore（2006）关注“语言学在事件抽取的应用”问题，认为对书面文本进行语言学分析能够直接或间接地帮助识别、跟踪和还原文本中涉及的“突发事件”，并且确信 FrameNet 项目的框架语义分析方法在该领域发挥的作用会比通常所假定的要大。

实践方面，FrameNet 逐渐开始涉足文本理解工作，将文本领域确定为报刊犯罪报道。主要方法是借助 BBN[①]授权的命名实体识别工具（IdentiFinder）实现对领域文本词汇的覆盖，另一方面，通过核心依存语义表示模式生成事件框架。在此过程中，FrameNet 数据库发挥了重要作用。

本章先对框架语义标注在事件抽取应用中的可行性进行论证，再对基于 KDG 及基于框架元素格标的两种事件信息抽取方法进行探索。第一种方法主要基于语义结构进行抽取，着眼整体事件结构抽取；第二种方法在语义结构基础上引入句法结构特征标记，着眼局部事件信息抽取和预判。

① http://www.bbnplanet.com/

第一节　框架语义标注在事件抽取应用中的可行性论证

事件抽取（Event extraction，EE）又称事件检测与识别（Event detection and recognition，EDR），是信息抽取领域的一个重要研究方向，是 ACE（Automatic content extraction）评测会议定义的基本任务之一，在自动文摘、自动问答及信息检索等领域都有广泛应用前景。ACE2005 对该项任务的定义是：识别特定类型的事件，并且对相关事件信息进行确定和抽取。主要相关事件信息包括：事件类型及子类型、事件论元角色等。事件抽取的两大主要任务分别是事件类别识别以及事件论元角色识别，其研究主要分为两类方法：模式匹配方法和机器学习方法。由于基于机器学习方法拥有较好的健壮性及灵活性，对人工干预、领域知识的依赖程度低，因而应用范围更为广泛。在此情况下，抽取算法和信息结构方面的研究成为热点，但机器学习在抽取信息过程中对数据质量要求高和学习过程中参数复杂对抽取结果和效率会产生不利的影响。

从底层语言规律出发的模式匹配方法发展在一定程度上会受到限制。事实上，语言结构与意义之间的映射一直是计算语言学和语言信息处理研究所遵循的一个基本原则，信息抽取并不能完全脱离自然语言模型的影响。本书同意 Fillmor（2006）的观点，认为语义分析在基于规则的信息抽取中会发挥超出通常所假定的作用。孙荣等（2011）基于事件角色与动词的匹配规则进行事件信息抽取，实验结果证明可以提高识别事件动词词义的正确率。

20 世纪 70 年代，耶鲁大学针对新闻报道如：地震、工人罢工等领域或场景开展有关故事理解的研究，并根据故事脚本理论建立信息抽取系统，就是针对事件抽取的研究。20 世纪八九十年代召开的 MUC

（Message Understanding Conference）会议针对职务变动、恐怖行动等事件进行信息抽取的评测，整个抽取目标是形成模板形式的事件场景描述。

值得注意的是，Fillmore 的框架思想事实上就是一种“图式”的思想，框架作为描写词语、解释词义的工具，涵盖了诸如“场景”（scene）、“图式”（schema）、“情景”（scenario）、“脚本”（script）等一系列概念的内容。

Surdeanu 等（2003）讨论了使用谓词论元结构进行信息抽取的方法。近年来，事件抽取受到各国学者的广泛关注。2006 年的 AAAI（The Association for the Advancement of Artificial Intelligence）会议专门讨论了事件抽取和集成（Workshop on event extraction and synthesis）。在这次会议上，Wagner，Liu，Birnbaum（2006）针对新闻报道，运用潜在语言模型进行事件抽取，并形成脚本来表示事件场景；Fillmore（2006）专门探讨语言学（特别是框架语义分析）在事件抽取中的作用，文章认为基于 FrameNet 的词汇分析在识别，跟踪和填充文本中的“突发事件”方面能够发挥大于通常假定的作用。

越南语与汉语语言类型相同，汉语的相关研究对于越南语事件抽取具有较为重要的借鉴意义。近年来，汉语学界有不少研究针对汉语特点，从语义分析入手进行了事件抽取研究。袁毓林（2008），吴刚等（2010），肖升、何炎祥（2012）动词论元结构，原理上都是利用动词语义角色与事件元素进行匹配，关键在于发现动词与其论元间的语义约束规则。因为真实文本中有关词项之间的关系主要是通过谓词和其从属成分之间的语义关系来体现的，谓词及其论元之间的论元结构关系这种低层次的语义关系最终可以通过一定的程序传递到高层次的关于事件的脚本和框架结构中（袁毓林，2008：237）。

另外，姜吉发（2005）利用“知网”定义的事件角色特征义原集合和角色所属的语义类集合进行事件信息抽取。相关研究还有赵园丁等（2005），该文研究一种基于汉语框架网络（CFN）的汉语文本知识表示方法，选择禽流感新闻报道作为领域文本，构建了相应的的部分框架及其关系，示范性地提取了文本框架语义信息并在此基础上探讨了实现此种文本表示方法需要解决的语言分析问题。基于框架语义标注的自由文本信息抽取研究（牛之贤等，2008）方法具有较细的处理粒度，对语义规则性强的领域有一定的普遍适用性。设计了基于框架语义的 BAIE（图书内容简介信息抽取）系统，并对图书的内容简介试行信息抽取，该研究抽取的主要是静态信息。抽取结果表明，基于框架语义的信息抽取方式有一定的可行性和适用性。

就本章的事件抽取研究而言，英语和汉语的相关研究相对较多，工程实现在流程上逐渐趋同，而越南语相关研究较为少见。因此本书将研究重心放在基于框架语义标注的越南语新闻事件抽取方法探索上。从理论上看该方法适用于越南语，原因在于：

1. 越南语语序灵活，是类似汉语的弱形态分析型语言。其词性与句法位置之间、词语意义与句法表现之间均不存在严格的一一对应关系。因此，语义约束相较于语法约束更适用于越南语文本的事件信息抽取。

2. 越南语尚缺乏大规模的训练语料库，在机器学习方法暂时还存在困难。基于已构建的越-英-汉时事新闻框架网络，在相对限定的领域文本中采用模式匹配的方法更利于抽取出准确的事件信息。

但越南语文本的事件抽取存在以下难点：

1. 事件触发词（Trigger）抽取的研究。事件触发词的选取对确定事件类型非常重要。触发词主要由动词充当，也有少量名词及代词。但越南语词类划分标准尚不统一，目前使用的词性标注软件准确率有待提高，另外，句中常使用多个动词或动名组合来描述同一事件。

2. 事件类型（Event type）的划分。新闻文本中长句居多，其中存在多个潜在的事件触发词。正确的事件类型划分有赖于对每个动词触发词语义角色的细致分析。

3. 名词短语（Noun phrase）最大化边界识别。越南语中大量存在定语后置现象，导致其名词短语结构异常复杂，且容易与其他句法成分产生边界歧义。目前简单的实体识别技术准确度还不够。

另外，事件共指（Event coreference）和语境知识（contextual knowledge）是事件抽取共有的难点，本书暂不讨论。

框架语义标注在事件抽取应用中具有可行性，可以通过分析FrameNet语义分析与事件抽取相关流程进行论证。

本节将以例句“美国空军战争学院副教授史蒂芬伯格斯（Stephen Burgess）**出生**在津巴布韦”为例进行对比分析。[①]

1. 词元和事件触发词对比

词元被 Fillmore（2006）称为 event-introducing，frame-evoking words （引发事件、唤起框架的词），可以视为框架语义结构分析的初始项。

事件触发词是指引发事件的词，是判定事件类别的重要特征。触发词一般由实词充当，汉语中的事件触发词中有91%的词为动词（赵妍妍等，2008：1-7）。

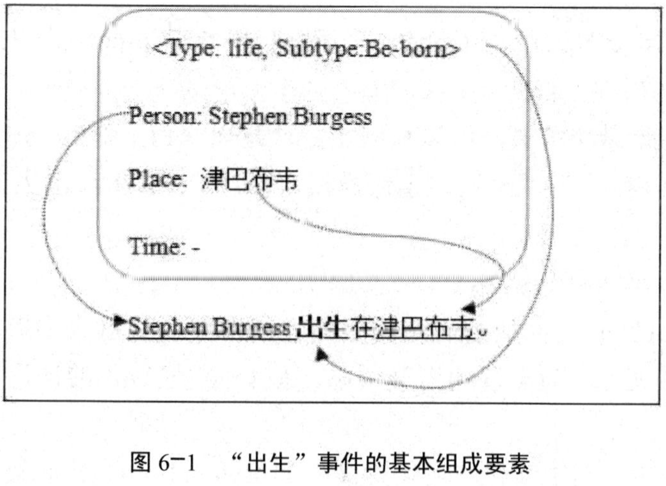

图 6-1　“出生”事件的基本组成要素

[①] 下文中将此例句简称为“出生”例。

从框架语义分析和事件抽取角度看，该例句中唤起框架、触发事件的词同为“出生”。

2.框架元素和事件论元对比

框架语义学将语义框架中构成框架语义结构的各种参与角色定义为“框架元素”，核心框架元素作为框架里被凸显的“前景”成分可以显示框架个性，非核心框架元素主要包括事件发生的时间、地点、方式等信息，常作为信息检索、信息抽取和问答系统的主要事件信息来源。

传统的事件抽取也有“事件框架”的概念，认为事件论元是指事件的参与者，是组成事件的核心部分，它与事件触发词构建了“事件框架”。“出生”例中，核心元素为essive（当事）、非核心元素为place、事件论元为person、place。两种分析结果基本一致。

由于语义角色与框架元素基本等价，因此FrameNet被广泛应用于语义角色标注，其标注程序与事件抽取过程有一致之处。

前例经过框架语义标注后如下：

< essive-Np-sub Stephen Burgess ><tar-Vp-per 出生><place-PP-comp 在津巴布韦>。

基于此标注结果，可以从三个标注层级（FE，PT，GF）中按顺序抽取出FE作为“出生”事件模板，即：<当事 >< **出生** ><PP_在地点 >。

3. 框架语义结构和事件类别对比

FrameNet 的框架语义结构由词元和框架元素组成，形成的框架网络体系包含较为丰富的语义关系，是目前规模较大的词汇语义信息资源。

“出生”例中“出生”唤起语义框架Being_born，其框架关系如图6-2所示。

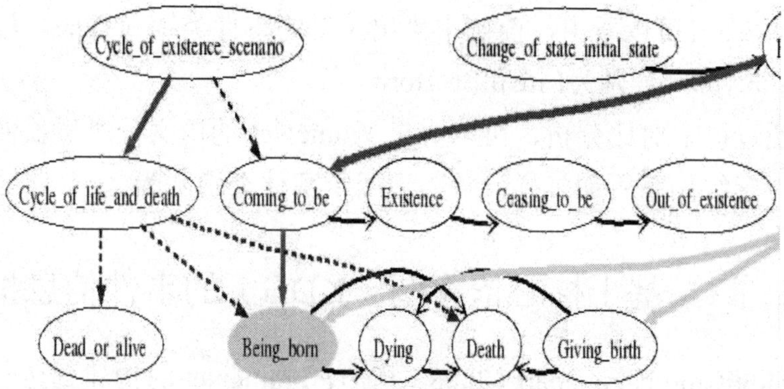

图 6-2　语义框架 Being_born 及其框架关系

在 FrameNet 中，Event（事件）框架包含了 Birth_scenario、Coming_to_be 、 Coming_to_believe 、 Experience_bodily_harm 、Intentionally_act、Motion、Process_end、Process_pause、Process_start、Transitive_action 等 24 个框架。

ACE 定义的事件列表共分 8 大类，33 小类，如表 6-1 所示。

表 6-1　ACE 事件列表

TYPES	SUBTYPE
Life	Be-Born，Marry，Divorce，Injure，Die
Movement	Transport
Transaction	Transfer-Ownership，Transfer-Money
Business	Start-Org，Merge-Org，Declare-Backruptcy，End-Org
Conflict	Attack，Demonstrate
Contact	Meet，Phone-Write
Personnel	Start-Position，End- Position，Nominate，Elect
Justice	Arrest-Jail，Release-Parole，Trail-Hearing，Charge-Indict，Sue，Convict，Sentence，Fine，Execute，Extradite，Acquit，Appeal，Pardon

从表6-1可以看出，前例中“出生”的事件类别（Type）与子类别（Subtype）分别为Life和Be-Born。

通过以上对比分析，可以看出 FrameNet 的语义分类覆盖面更加广泛，层级关系更加多样，较为适用于事件类别匹配。

第二节　基于核心依存图（KDG）的事件信息抽取

Mohit and Narayanan（2003）指出，FrameNet 的构建到达一定阶段后，中心工作发生转移，从关注语义合成原则本身变为面向信息抽取，并在框架网络语料运用相关项目中发展出新的原则。从框架语义角度分析句子语义结构是自然语言深度语义分析的一种新途径。从框架网络推导出的 KDG 能够有效获取句子内部各个词、块等之间的语义依存关系，因此在面向深层语义分析的信息抽取、问答系统等应用中更加有效。2007 年 11 月，美国计算语言学会（Association for Computational Linguistics，ACL）第 45 届年会举行语义评测，专设了基于 FrameNet 语义资源抽取句子框架语义结构的评测任务。（Baker，C.，2007: 99-104）这种框架语义结构抽取任务以语义角色标注任务为基础但更为复杂，在句子级深层语义分析领域是一种有益探索。

越-英-汉时事新闻框架网络也将包含大量的词汇搭配信息资源，其标注例句可以揭示句法-语义联系信息。在应用探索方面，KDG 可以有效服务于新闻事件信息抽取。本节在分析 KDG 事件抽取方法理据之后，将以实例说明该方法的应用情况。

一、KDG 事件抽取方法理据

Fillmore（2004）指出，KDG 是源自框架语义标注例句资源的新资源，能够发现篇章段落中的语义线索，作为显示特定段落主题事件和主张的标志，有效地服务于信息抽取。

从结构上看，KDG 包含多个词项的结构化“串”，其中，常以动词短语核心动词作为“控制项”（governor），以该动词支配成分的词汇核心作为“依存项”（dependents），每个依存项相对于控制项的语义角色都进行了标注。KDG 的推导过程即短语结构表征转换为依存表征，这个转换包括核心词汇化（head lexicalization）、缺位填充（gap filling）、同等解构（coordination deconstruction）等步骤，具体详见 FrameNet and Representing the Link between Semantic and Syntactic Relations（Fillmore，2004）。复杂句中词汇核心常被周围成分分隔或填充而难以识别，KDG 标记方法可以忽略无关成分凸显核心。

以下是典型的 KDG 示例：

（一）　不及物性谓词简单 KDG

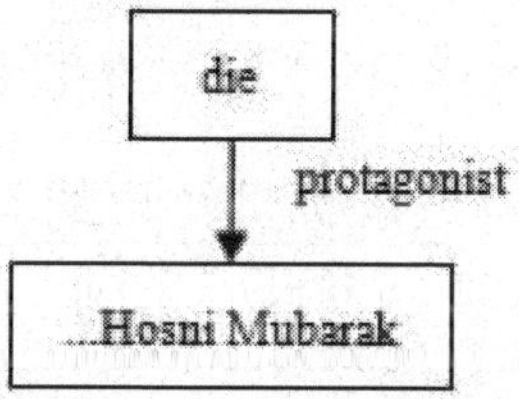

图 6−3　不及物性谓词简单 KDG

例句 Egypts ex-president Hosni Mubarak clinically died on Tuesday 中目标词元[①]不及物性谓词 die（死）激活（Death）“死亡”框架。Hosni Mubarak 的框架元素类型为 protagonist（主角）。

① 目标词元在例句中加注了下划线。

（二） 及物性谓词简单 KDG

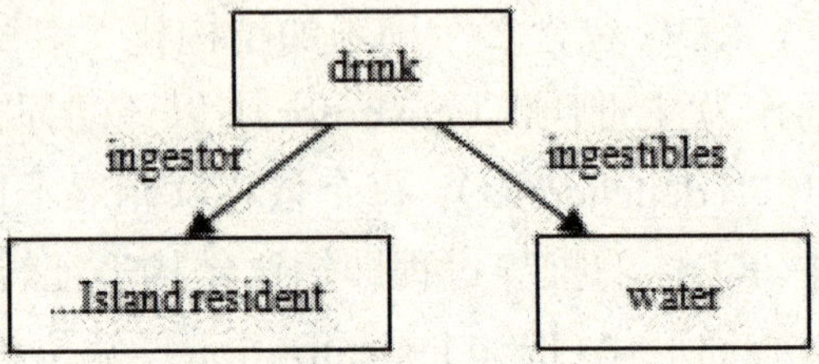

图 6-4 及物性谓词简单 KDG

例句 Since the 1990s ，the approximately 620 Yongxing Island residents began to drink clean water 中目标词元及物性谓词 drink（喝）激活 Ingestion（摄取）框架。动词短语的词汇核心是 drink，它的两个句法成分主语、宾语的核心是 Island resident 与 water，其框架元素分别是“摄取者”（ingestor）和“可摄取的东西”（ingestibles）。

（三） 谓词带前置词或动词性补语的 KDG

若谓词带有前置词或者动词性补语的动词，其句法实现可以通过某些缩略形式进行标识。如图 6-5 中，标记 P-TO 表示前置词 to。不定式标记 to 的标记为 V-TO。

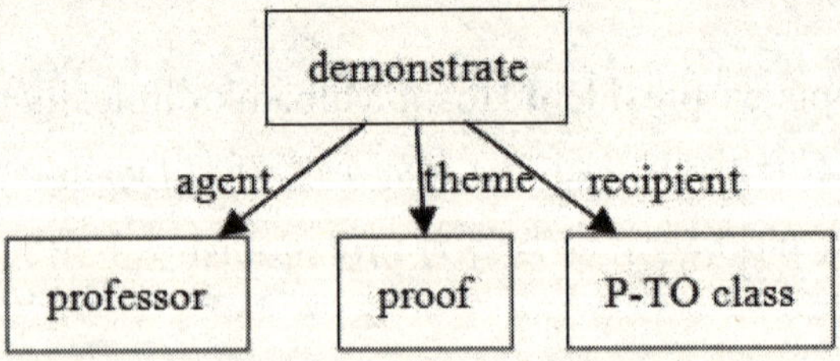

图 6-5 谓词带前置词或动词性补语的 KDG

例句 The professor demonstrated the proof to the class 中目标词元

demonstrate（展示）激活 Showing “展示”框架。动词的三个句法成分主语、直接宾语、间接宾语的核心是 professor，proof 与 class，其框架元素分别是“施事”（agent)、“客体”（entity)和“接受者”（recipient）[①]。

（四） 事件名词 KDG

从事件名词也可以推导出 KDG。如名词短语 The company's purchase of its own stock（公司对自己股票的购买）中目标名词 purchase （购买）可以激活（Commerce_buy）“商业-购买”框架。论元的句法实现具有灵活性，例如框架元素“买方”（buyer)为“The company”，其句法实现为领属成分；框架元素“货物”（goods）为“its own stock”，该成分以前置词 of 短语的形式实现。

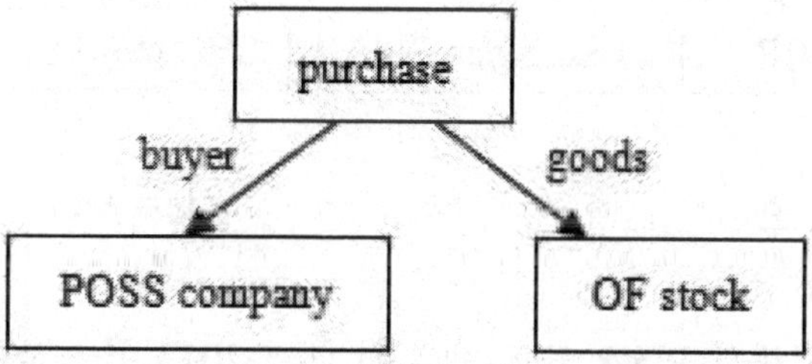

图 6-6 事件名词 KDG

语义的表达方式和句法结构可能产生矛盾，例如，具体句法形式出现在支撑动词（support verb)、透明名词（transparent nouns)、零形式(null instantiation)框架元素、框架元素融合(frame element fusion)等情况时，激活框架的成分并非一个短语的句法核心，或依存短语句法核心并非其意义核心。上述结构通过 KDG 可以更加直观地进行表示。

[①] 该框架元素是框架元素层级系统中“与事”(dative, Dat)的子类。

以（Replacement）“代替”框架为例，其定义可以解释为“施事者使一些新东西占据了本由旧东西占据的位置”，目标词元为动词 replace、substitute、代替、取代、thay thế 等。零形式框架元素具体分析过程如下：

1. Sát thủ săn ngầm P-8A Poseidon của Hải quân Mỹ，dự kiến sẽ thay thế cho máy bay P-3C. 号称“全球顶级潜艇杀手”的美国海军 P-8A“海神”反潜巡逻机，预计有望取代 P-3C 飞机。

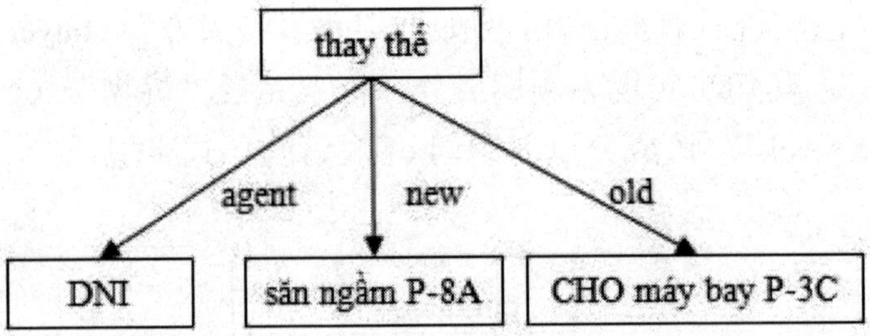

图 6-7　越南语有定零形式（DNI）框架元素 KDG

2. 更加先进的 P-8A，美国海军计划在 2013 用来全面取代 P-3C。

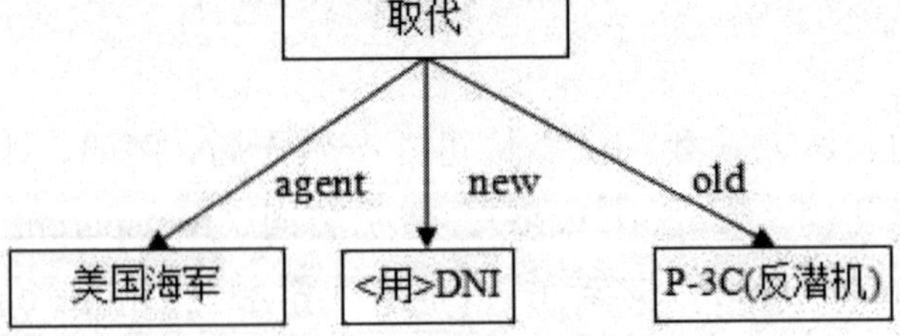

图 6-8　汉语有定零形式（DNI）框架元素 KDG

3. The committee replaced Harry.（委员会替换了 Harry。）

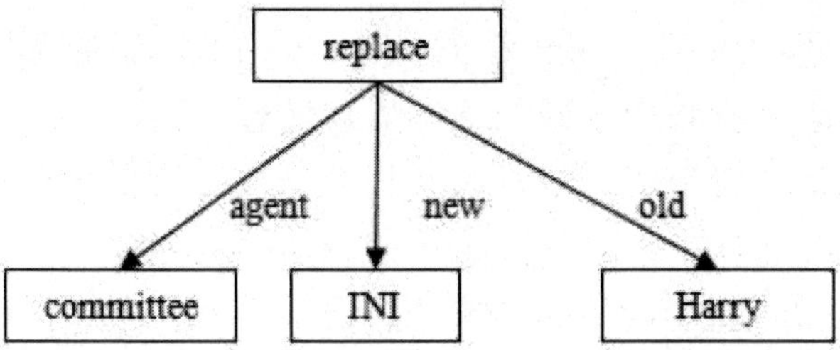

图 6-9　英语无定零形式（INI）框架元素 KDG

该句中，动词 replace 只带有直接宾语 Harry，缺省元素的语义角色为“新的人/物”，属于无定零形式（INI）类型。句义为“用某人替换 Harry”，但某人未告知。可以对比 The committee replaced Harry with Susan（委员会用 Susan 替换了 Harry）。

下面再分析框架元素融合（frame element fusion）情况的核心依存表示。例如在（Hiring）“雇佣”框架中，框架元素 employee（雇员）和 position（职位）可以融合。

4. The committee **hired** <two new assistants_ $_{employee+position}$>.（委员会雇了两个新助手。） two new assistants 表示“雇员”，同时包含“职位”概念。该句与 The committee **hired** <two of them_$_{employee}$> <as new assistants_ $_{position}$>.（委员会雇了她们俩作新助手。）语义上等价。用 KDG 表示例句 3 的框架元素融合如下：

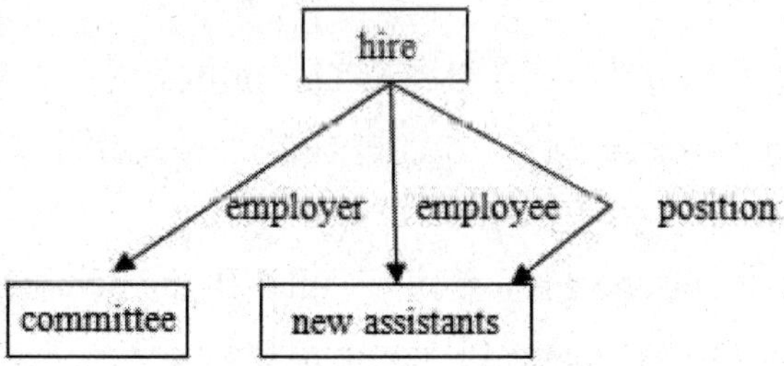

图 6-10　框架元素融合（frame element fusion）的 KDG

KDG 体现出框架语义分析的优势：（1）KDG 强烈面向语义，对句法核心和语义核心相矛盾的情况处理较好，语义核心仍能较为准确辨识；（2）框架语义分析建立在大规模语料库证实的配价模式基础上，对非规范的框架元素实现处理更为适宜；（3）KDG 有助于对文本中相关词元之间的词汇—句法搭配的研究，获取它们所在段落简单的语义线索。

二、标注例句生成 KDG 及事件抽取模型

推导 KDG 对框架语义标注资源的依赖程度较高，从生文本中直接抽取 KDG 需要以框架及框架元素自动识别方面的成果为前提。本节研究从已完成框架语义标注的例句中自动生成 KDG 的转换过程。

DOV-E-CFN 的例句标注模型为：

{<FE-PT-GF-(other)-(NE)□w>}$_0^n$<tgt- PT-GF□w> {<FE-PT-GF-(other)-(NE)□w>}$_0^n$

其中，目标词元以 target（tgt）为标记，在框架构建时已经事先给定。语块拆分（内容用 w 表示）后，最后逐一为其标注框架元素（FE）、短语类型（PT）、句法功能（GF），部分内容需要标记特殊成分标记（other）或命名实体（NE）标记。

通过标注例句生成 KDG 是直观展示例句语义关系，抽取事件抽取模型的关键步骤。下面详细说明转换过程：

例句：The professor demonstrated the proof to the class.教授向全班展示证据。

将例句文本拆分为 4 个语块 < The professor >< demonstrate >< the proof >< to the class >后，分别进行框架语义标注。具体标注形式为：

< agent-NP-subThe professor >< tgt-VP-per demonstrate ><entity-NP-obj the proof >< recipient-PP-comp to the class >

从该标注形式转换为 KDG 的步骤为：（1）首先抽取目标词，查询其所在框架名（Frame name）为展示（Showing），以 Frame name.w_{tgt}.pos_{tgt}[①]形式（其中 Frame name 为加粗显示）放入方框中，背景颜色为黄色；（2）抽取 w_{FE1}、w_{FE2}...w_{FEn} 分别按从左到右顺序依次放入方框；（3）目标词的方框置于上部，和其他每个无背景颜色的方框之间有一根箭头相连，箭头从目标词方框出发；（4）为每个箭头依次添加 FE 的值，即 FE1、FE2... FEn，本例句中为 agent、entity、recipient；

转换过程的伪代码如下：

String str_input= “标示例句字符串”；

ArrayList arr_element = new ArrayList（）；

Foreach（string str_element=以<>为首尾的一串字符 in str_input）arr_element.add（str_element）；

If（String str_element=arr_element.find（以“tgt-”开头的元素）==null）

{MessageBox.Show（“语句错误，无目标词”）；exit（）；}

String str_tgt = str_element.Substring（“最后一个空格后面的字符串”）

String str_tgt_frame = findframe（str_tgt）；

String str_tgt_link=str_tgt_frame+ '.' + str_tgt + '.'+'v'；

Rect rect_str_tgt= new Rect（）；

rect_str_tgt.paint（int x0,y0,a,b）；

rect_str_tgt.text=str_tgt_link; rect_str_tgt.backcolor=yellow;

Point point_tgt=new Point（rect_str_tgt 底边中点）；

Foreach（string str_element=不以“tgt-”开头的元素 in arr_element）

{

String str_element_rear=str_element.Substring（“最后一个空格后面的字符串”）；

① 即：框架名称.目标词.词性

String str_element_head=str_element.Substring（“第一个空格前面的字符串”）;

Rect rect_str_element= new Rect（）;

rect_str_element.paint（ x1,y1,a,b）;

rect_str_element.text=str_element_rear;

Point point_element=new Point（rect_str_element 顶边中点）;

Line line_tgt_element=new line（）;

DrawArrowline（point_tgt，point_element）;

Textbox txt_arrowline=new Textbox（str_element_head）;

txt_arrowline.locate（line_tgt_element.locate.left）

txt_arrowline.display（）;

X1=X1+a+5;

}

生成的核心依存图如图 6-11 所示：

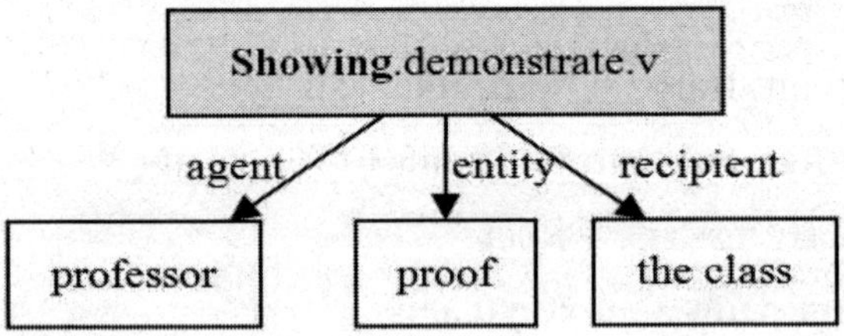

图 6-11　标注例句自动生成 KDG 示例

值得注意的是：（1）为目标词标注所属框架和词性可以使词元唯一确定，避免同形异义等干扰；（2）目前的核心依存生成过程还未将框架元素格标（FK）识别加入其中，因此作为同一例句，自动生成的 KDG6-11 和理论上对应的 KDG6-5 存在一定的差异。框架元素格标识别问题将在本章第三节中详述。

该句的抽取事件模版为< agent >< tgt >< entity >< recipient >，具体抽取时显示为< 施事 >< demonstrate >< 客事 >< 接收者 >。

三、抽取过程示例

用于事件信息抽取的KDG同样由方框节点和箭头构成，但格式更为规范。从前述中可以看出，本书针对事件信息抽取对KDG的改进主要体现在如下几个方面：(1)目标词元节点需要标明其唯一性，由<Frame name>.<LU name>.<POS>三个部分内容组成，使用黄色背景显示；（2）指向依存项的箭头旁标注出相应框架元素的名称；（3）白色方框节点代表框架元素的内容，图中紫红色高亮显示部分为命名实体，灰色高亮显示部分为缩略语。

英语、汉语中基于KDG的事件信息抽取都已经有相关研究。下面主要以越南语新闻事件信息抽取为主进行研究。

时事新闻语料库中的例句多为复杂句，但框架网络中标注的例句进行了筛选和简化，以简单句为主。为叙述清晰，本节分别以简单句和复杂句为例展示框架语义标注在事件抽取中的应用。

1. 简单句即一个句子只包含一个目标词元。目前，简单句经过框架语义标注后可以自动生成KDG，自动建立抽取规则。自动生成KDG的过程为：提取目标词元作为触发词；构建信息模式的过程就是提取标注例句中的各个FE成分；核心框架元素部分一般为必有模式，非核心框架元素部分一般为可有模式。如例（1）。

（1）Ấn Độ vẫn chưa thể **bán** được công nghệ phòng thủ của nước này cho các quốc gia khác.

（印度仍然未能将本国的国防技术出售给其他国家。）

英文标签标注结果如下：

<slr-NP-sub-nat Ấn Độ ><ADVP-adv vẫn chưa thể ><tgt-VP-per bán>< được><Gds-NP-obj công nghệ phòng thủ của nước này ><Buyer-PP- adv cho các quốc gia khác >.

其中：slr 表示 seller；tgt 表示 target；Gds 表示 Goods；Byr 表示 buyer。

中文标签标注结果如下：

<出售者-名词短语-主语-国家名 Ấn Độ ><副词短语-状语 vẫn chưa thể ><目标词元-动词短语-谓语中心语 bán>< được><商品-名词短语-宾语 công nghệ phòng thủ của nước này ><购买者-介词短语-状语 cho các quốc gia khác >.

生成的 KDG 见图 6-12：

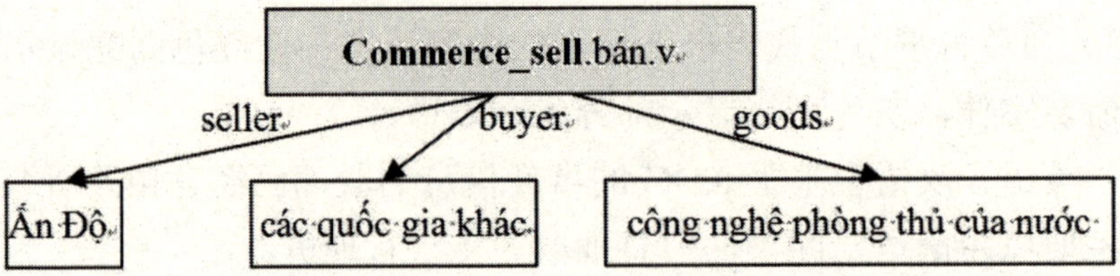

图 6-12　基于 KDG 的越南语简单句事件信息抽取示意图

抽取流程如下：（1）选定触发词为：<tgt= bán >；（2）构建信息模式：< slr ><tgt= bán >< Gds >< Byr >；（3）硬性约束条件：信息模式中 < slr >和< Gds >框架元素为必有，< Byr >框架元素为可有；（4）根据框架层级和关系以及相应框架元素，提取抽取规则及事件模版如下：

{Type=出售者：< slr >；Type=货物：< Gds >；Type=购买者：<Byr > }< slr ><tgt= bán >< Gds >< Byr >。

下面以出现框架元素融合的汉语例句（2）为例说明事件信息的抽取。

（2）美军亚太基地**部署**大量的 P-3C。

英文标签标注结果如下：

<Agt_Loc-NP-sub 美军亚太基地><ADP-adva 也><目标词元-动词短语-谓语中心语 部署><Quan-AP-atta 大量的><Ent-NP-obj-WE&

EP P-3C>。

其中：Agt 表示 agent；tgt 表示 target；Quan 表示 quantity；Ent 表示 entity。

中文标签标注结果如下：

<施事-处所-名词短语-主语 美军亚太基地><副词短语-状语 也><tgt-VP-pre 部署><数量-形容词短语-定语 大量的><客事-名词短语-宾语-武器装备 P-3C>。

生成的 KDG 见图 6-13：

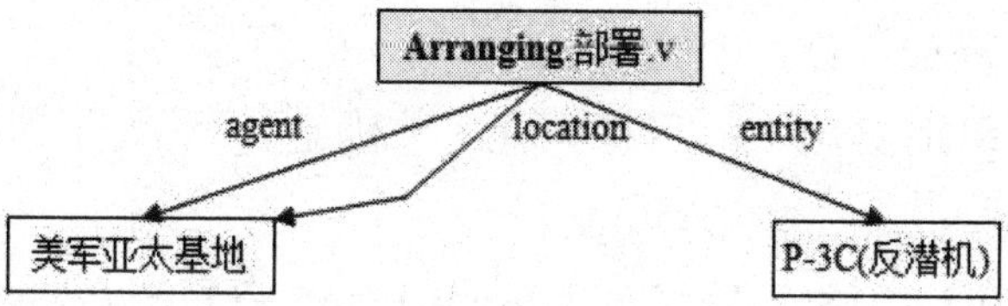

图 6-13　基于 KDG 的汉语简单句事件信息抽取示意图

抽取流程如下：（1）选定触发词为：<tgt= 部署 >；（2）构建信息模式：< Agt ><tgt=部署><Quan >< Ent >；（3）硬性约束条件：信息模式中< Agt >和< Ent >框架元素为必有，< Quan >框架元素为可有；（4）根据框架层级和关系以及相应框架元素，提取抽取规则及事件模版如下：

{Type=部署者：< agent >；Type=数量：< Quan >；Type=部署物：<Ent > }< agent ><tgt= 部署 >< Quan >< Ent >。

2. 复杂句中所含目标词元为两个以上。根据目前的例句标注设置，一个例句中只能按照一个目标词元的框架元素、短语类型及语法功能进行标注，对于多个目标词元同时存在的情况，受空间维度的限制，只能分多个句子进行标注，即对同一句子进行多次局部标注。由于框架网络可以生成 KDG，这使得复杂句中的语义关系变得“有据可循”。复杂句中时常包含复杂定语和状语的处理。由于越南语的定语后置，还需要处理定语和状语的边界问题。如例（3）所示：

（3）Ngày 20/3/2013，tàu cá mang số hiệu QNg 96382 TS của ngư dân tỉnh Quảng Ngãi trong lúc đang hoạt động nghề cá bình thường tại ngư trường truyền thống thuộc khu vực quần đảo Hoàng Sa của Việt Nam đã bị tàu Trung Quốc truy đuổi và nổ súng bắn cháy cabin.

（2013 年 3 月 20 日，广义省渔民的 QNg 96382 TS 号渔船在越南黄沙群岛（注：即中国西沙群岛）传统渔场进行正常捕鱼作业时被中国舰船驱赶并开枪射击，导致船舱起火。）

标注流程如下：

首先，识别出句中的目标词元，并确定其所属的语义框架。处理结果如下：

Ngày 20/3/2013，TÀU CÁ **Vehicle** mang số hiệu QNg 96382 TS của ngư dân tỉnh Quảng Ngãi trong lúc đang HOẠT ĐỘNG NGHỀ CÁ **Hunting** bình thường tại ngư trường truyền thống thuộc khu vực quần đảo Hoàng Sa của Việt Nam đã bị tàu Trung Quốc TRUY ĐUỔI **Cause_motion** và NỔ SÚNG **Shoot_projectiles** BẮN **Shoot_projectiles** CHÁY **Natural phenomena** cabin.

其次，以大写的形式标识出句中六个目标词元，分别是：TÀU CÁ（渔船）、TRUY ĐUỔI （驱赶）、HOẠT ĐỘNG NGHỀ CÁ （捕鱼作业）、BẮN （射击）、NỔ SÚNG （开枪）、CHÁY （燃烧、起火）。目标词元激活的框架使用黑体字标明，框架名一般使用英文以与 FrameNet 保持一致。

再次，生成如图 6-14 所示的复杂 KDG。

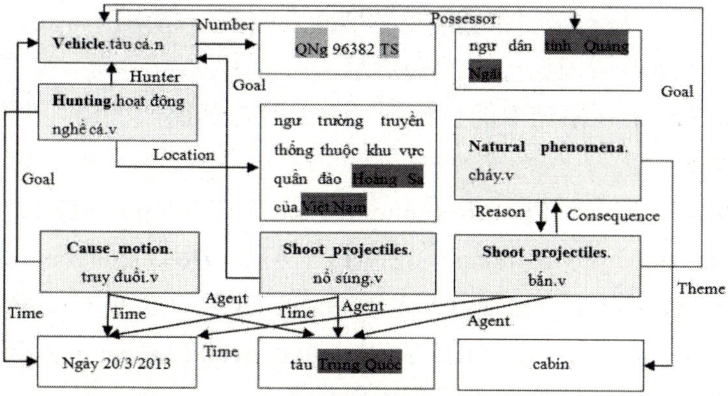

图 6-14　基于 KDG 的越南语复杂句事件信息抽取示意图 I

最后，获取抽取规则及事件模版如下：

（1）{ Type=时间：< Time >；Type=编号：< Number >；Type=领属：< Possessor > }<Time ><tgt= tàu cá>< Number >< Possessor >；

（2）{ Type=时间：< Time >；Type=捕猎者：<Hunter >；Type=地点：<Location >}< Time ><Hunter ><tgt= hoạt động nghề cá>< Location >；

（3）{ Type=时间：< Time >；Type=目标：<Goal>；Type=施事：<Agent>}< Time ><Goal> bị <Agent><tgt= truy đuổi >；

（4）{ Type=时间：< Time >；Type=目标：<Goal>；Type=施事：<Agent>；Type=后果：< Consequence> }< Time ><Goal> bị <Agent><tgt1= nổ súng ><tgt2= bắn >< Consequence>；

（5）{ Type=时间：< Time >；Type=原因：< Reason >；Type=当事：< Theme > }<Time >< Reason ><tgt= cháy >< Theme >。

另如例句（4），句中的定语或状语等成分中也包含目标词元，此种情况的处理过程如下：

（4）Để phục vụ mục tiêu này，Chính phủ Mỹ cần sớm bỏ hoàn toàn lệnh cấm bán vũ khí cho Việt Nam và đóng góp tích cực hơn nữa trong việc giải quyết hậu quả chiến tranh.

（为此目标，美国政府应尽早彻底取消对越南出售武器的禁令，为解决战争遗留问题作出积极贡献。）

首先，识别出句中的目标词元，并确定其所属的语义框架。处理结果如下：

Để PHỤC VỤ **Function** mục tiêu này，Chính phủ Mỹ cần sớm BỎ **Activity_stop** hoàn toàn LỆNH CẤM **Deny_permission** BÁN **Commerce_sell** vũ khí cho Việt Nam và ĐÓNG GÓP **Giving** tích cực hơn nữa trong việc GIẢI QUYẾT **Resolve_problem** hậu quả chiến tranh.

其次，以大写形式显示句中的六个目标词：PHỤC VỤ（服务），BỎ（放弃），LỆNH CẤM（禁令），BÁN（出售），ĐÓNG GÓP（贡献），GIẢI QUYẾT（解决）。其中，LỆNH CẤM （禁令）为名词，但它能够激活语义框架式 **Prohibiting**，起到引发事件的作用，因此也纳入目标词之列。目前的标注范围是主句中的目标词，位于句首目的状语“**Để** phục vụ mục tiêu này”中的动词 phục vụ （服务）与主句中的情态动词 cần（应当、需要）暂时不列入标注范围内。生成的 KDG 中，虚线框中的目标词出现在定语或状语中。虚线箭头表示有语义关系，但不能直接抽取，在抽取规则中以圆括号表示。

再次，生成如图 6-15 所示的复杂 KDG。

最后，获取抽取规则及事件模版如下：

（1） { Type=目的：< Purpose >；Type=施事：< Agent >；Type=当事：< Theme > }< Purpose >< Agent >< tgt= bỏ >< Theme >；

（2） { Type=目的：< Purpose >；Type=施事：< Agent >；Type=当事：< Theme > }< Purpose >< Agent >< tgt= đóng góp >< Theme >；

（3） { Type=权威方：< Authority >；Type=行为：< Action >；（Type=当事方：< Protagonist >） }< Authority >< tgt= lệnh cấm >< Action >（< Protagonist >）；

（4） { （Type=卖方：< Seller >）；Type=商品：< Goods >；Type=买方：< Buyer > }（< Seller >） < tgt= bán >< Goods > cho < Buyer >；

（5） { Type=施事：< Agent >；Type=问题：< Problem > }<

Agent ><tgt= giải quyết >< Problem >。

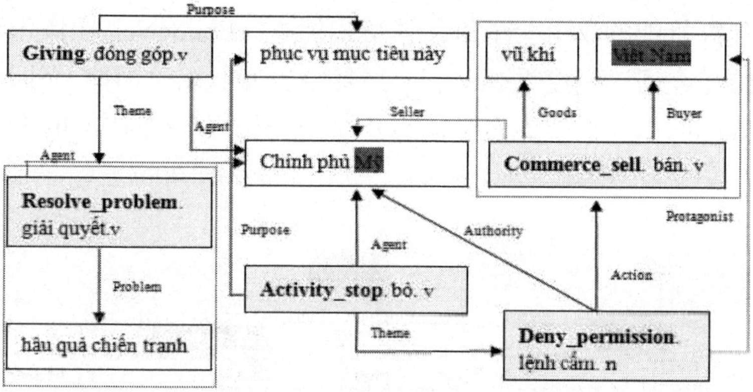

图 6-15　基于 KDG 的越南语复杂句事件信息抽取示意图 II

汉语、英语的例句事件信息抽取过程完全一致。基于 KDG 的事件信息抽取方法直观明了，具有充分的合理性与一定的可行性，对复杂长句的语义线索发现较为适合。不过此种方法对资源的要求很高，连续篇章的框架语义标注资源更为适用。根据目前资源构建的现状，框架语义标注例句主要还是仍采用句子级标注，除支配目标词元的不相邻主语外，不处理回指和整句中不包含目标词元的其他分句。上文关于复杂句的事件信息抽取是基于手工构建的 KDG 进行的。但可以预见，如果具有足够规模的核心依存表示数据进行训练，以句法结构作为特征，可以基于机器学习构建出较高性能的语义分析器（由丽萍等，2005：61-62）。

第三节　基于框架元素格标（FK）的事件信息抽取

“格标”（Kasus，K）这一概念源于“格语法”，由于“框架元素”可以视为细化的语义“格”，因此本书中暂用“框架语义格标”

（FK）来指代框架元素中的前置标识成分，通常由介词充当。这类标识在句义理解方面的作用早有研究，如鲁川（1987）认为介词可以作为计算机理解汉语句子语义的形式标志。FrameNet 在例句标注中同样给予介词以高度重视，词元注释报告专门以“词性_介词名称”的形式标明作为框架元素格标的介词，如图 6-16 中的PP_by 和PP_for 等。

01		Event	TARGET	Experiencer		
	01	NP.Ext	want.V	PP_by.Dep		
01		Experiencer	Degree	TARGET	Focal_participant	Reason
	01	NP.Ext	AVP.Dep	want.V	NP.Obj	PP_for.Dep

图 6-16　FrameNet 词元注释报告中的介词形式

早期 NLP 研究中的语义分析和信息抽取更多侧重对句子核心框架元素成分（常为主体、客体）的分析，而对作为描述或限定性成分的非核心框架元素则不够重视。事实上，句子语义信息的焦点常常集中于相对外围的非核心框架元素成分中。特别是充当框架元素格标的介词短语成分不仅承载的事件信息丰富，而且在文本中出现的频率也相当高，温苗苗，吴云芳（2009）认为汉语样例文本中，包含介词短语的句子数占文本句子总数的 34.5%。*Computational Linguistics* 期刊 2009（6）以专刊形式关注过介词短语在 NLP 中的应用问题。

近年来，在事件信息抽取领域研究中介词的标识作用也逐渐受到重视。昝红英等 （2013: 2570-2574）提出一种基于汉语介词的事件信息抽取方法。文章以汉语介词在语言结构中的使用规律为基础编写抽取规则。实验采用郑州大学语料，结果的准确率、召回率和 F 值分别为 90.88%、86.92%、88.86%。由丽萍（2013:127-151）对汉语介词短语的边界划分与框架元素识别进行了专门的论述。该文认为介词短语在事件信息理解和抽取中作用非常重要，能够是语义理解的精确化程度得到提升。

利用越-英-汉时事新闻框架网络进行基于框架元素格标的事件信息抽取研究更具有针对性和现实意义。

一方面，新闻文本中长句较多，句法复杂、语序多变。核心依存表示主要通过跨句法层次表示语义关系，但仍保留介词、连词等形式作为 FK，为框架元素识别提供了较为固定和明确的标志；充分利用这些作为 FK 的词汇标记，可以一定程度上弥补复杂句框架语义标注的不足。

另一方面，越南语介词多为单音节，句法位置较为固定，标识作用更为明显。并且，我们统计出了越南语时事新闻语料库所有介词使用的总频次，经框架语义标注后，通过框架元素统计可以得出每个介词与框架元素对应的概率。这种概率信息对于针对未经框架语义标注的例句进行信息抽取十分重要。

基于FK的事件信息抽取主要针对非核心框架元素内容的识别和预判。从句法上看，作为“外围成分”的非核心框架元素由于距离目标词元较远，常常有标记引导，因此 FK 与非核心框架元素的搭配频率更高。常见的非核心框架元素有：工具、方式、手段、时点、时段、处所、原因、结果、速度、环境、频率、材料、距离等，其确定和构建与核心元素并无本质区别。就 NLP 应用，特别是信息抽取而言，有时非核心框架元素承载的信息更为重要。

一、FK 的识别及概率统计

在讨论基于 FK 的事件信息抽取方法之前，首先面临的难题是对“格标”的确定和识别。尽管作为其主要成分的介词类别相对封闭，但由于个体语法化程度不同，兼类使用、充当构词成分等情况突出，给本书研究工作增加了难度。本节首先对越南语、英语和汉语的常见方位介词形式进行对比。详见表 6-2。

表 6-2　越-英-汉常见方位介词形式对照表

汉语方位介词	英语方位介词	越南语方位介词
在……内/里	in，inside	trong
在……外	out，outside，out of	ngoài
在……上	on，upon，above，on top of，over，atop	trên
在……下	under，underneath，beneath，below	dưới
在……前	before，in front of，ahead of，preceding	trước
在……后	behind，following，at/in the back of	sau
在……旁	by，near，next to，close to，beside，alongside，to the right/left	bên，cạnh，sát，gần，kề，bên phải，bên trái
在……中间	within，among，between，in the middle of，in the midst of	giữa

对比之下，汉语方位介词以框式结构为主，英语中多短语形式，越南语介词常为单音节词形式，更加便于自动识别。但其界定仍存在分歧，与语义角色的对应关系非一一对应。本节首先对 DOV-E-CFN 的越南语框架语义格标进行研究。

在越南语相关研究中，Nguyễn Hoàng Phương（阮皇方）（2010:375）充分肯定了其介词系统作为语义角色标记的功能和属性；Le Duy Trinh（黎维贞）（2006）强调了越南语介词的语义功能，明确指出越南语介词（giới từ）是语义角色（vai nghĩa）的标记，该文确定了越南语介词的范围，共 43 个，并根据语义关系对其进行了分类（11 大类，14 小类）。具体为：quan hệ không gian（空间关系）、quan hệ thời gian（时间关系）、quan hệ điều kiện-giả thiết（条件—假设关系）、quan hệ nghịch nhân quả（让步关系）、quan hệ nguyên nhân（因果关系）、quan hệ sở hữu（所属关系）、quan hệ liên đới（连带关系）、quan hệ công cụ-phương tiện-cách thức（工具—方式关系）、quan hệ mục đích（目的

关系）、quan hệ phương diện（关涉关系）、quan hệ thuyết minh（说明关系）。这个分类相较于本书提出的框架元素层级系统相对概括和笼统，并且未明确区分介词与连词的界限，但也能够体现越南语介词对于语义角色的标识作用。如：

- làm việc ***tại*** xí nghiệp　在企业工作
- làm việc ***với*** xí nghiệp　和企业（一起）工作
- làm việc ***cho*** xí nghiệp　给企业做事
- làm việc ***vì*** xí nghiệp　为企业做事

不同的越南语介词 tại（在）、với（和）、cho（给）、vì（为）可以标识出不同的语义关系。例如：

- ***tại*** xí nghiệp：在企业（标识空间关系）
- ***với*** xí nghiệp：和企业（标识连带对象）
- ***cho*** xí nghiệp：给企业（标识关涉对象）
- ***vì*** xí nghiệp：为企业（标识目的关系）

基于"越南语通用语料库"[①]对具体介词作为框架元素（语义角色）格标进行考察的实际情况不如理论中理想。这与越南语介词的特点有关：一方面越南语介词分为专用/专职介词、有名词或动词转化成的介词。专职介词数量不多，如"tại、bởi、vì、từ、tuy、mặc dầu、nếu、dù、do、bằng"等；由名词转成的介词主要有"của、trên、dưới、trước、sau、trong、ngoài、bên、cạnh、giữa"等；由谓词转成的介词主要有"cho、ở、với、đến、tới、vào、ra、lên、xuống、sang、qua"等。另一方面，越南语介词普遍语法化程度不高，与语义角色的对应关系为一对多、多对一。前期语料预处理中的分词和词性标注工作准确度对框架元素自动识别影响较大。

例如，越南语介词 cho 从动词转化而来，兼类现象突出、使用频率高、使用中存在隐省，这些对语言教学和语言信息处理来说都是难点。需要单独建立规则、补充分词词表以提高自动识别准确率。检索

[①] 中国—东盟研究中心(广西科学实验中心)课题"越南语通用语料库建设"(20120146)。

结果中，除去7条含cho的网页地址外，选取其他包含cho的有效索引1000条进行考察。其中，词性为动词，表达致使义或以词组形式出现的频率最高，如cho biết （通知、告诉、告知）出现次数最多，为163次。其常见格式为：{消息来源：人/国家/机构/报告/文件}+{时间}/副词+cho biết [{,/:}]+{消息内容}。其余高频组合见表6-3。

表6-3 越南语新闻语料库中含cho的高频搭配

序号	含CHO固定搭配	中文释义	索引条数
1	cho biết	通知、告诉、告知	163
2	cho rằng	认为、以为	160
3	cho thấy	显示	59
4	cho hay	表示	29
5	cho phép	准许、准予、批准	27
6	dành cho	留给，给...专用	23
7	cho là	认为	18
8	làm cho	使得、造成	16
9	cho đến	直到	13
10	cho nên	因此、所以	7
11	khiến cho	使得	6
12	cho dù	即使	6
13	sao cho	如何使得	4
14	để cho	让、使得、以求	4
总计			535

基于框架语义分析方法，可以将“cho đến、cho nên、cho dù、sao cho、để cho”以外的9个组合作为目标词元进行设置。其中较为特殊的是类似于汉语中的动介组合的dành cho（留给，给...专用），我们将dành作为目标词元，cho作框架元素格标进行标注。

针对研究需要，本书对越南语时事新闻语料库介词及使用频次进行了统计，结果见表6-4。英语、汉语的相关研究列入下一步研究计划。

表 6-4　越南语时事新闻语料库介词统计表

序号	介词/E	频率	序号	介词/E	频率	序号	介词/E	频率
1	của	90263	15	sau	6416	29	sang	206
2	trong	46721	16	đối với	5787	30	xuống	199
3	với	31490	17	trước	5596	31	tận	162
4	cho	23495	18	tới	5205	32	of	142
5	ở	22107	19	vào	5203	33	lên	127
6	để	18362	20	bằng	4055	34	tức	99
7	về	17161	21	bởi	2318	35	dù	61
8	tại	14722	22	dưới	1991	36	nhờ	35
9	từ	14653	23	qua	1776	37	ra	17
10	theo	10487	24	vì	944	38	nhằm	7
11	trên	10284	25	ngoài	856	39	Cc	6
12	đến	9987	26	do	651	40	vô	4
13	do	6669	27	cho đến	453	41	bên	1
14	giữa	6471	28	bởi vì	225	42	Cn	1

该统计频率表中标注的“介词”范围较广，包含了趋向动词（lên、xuống、ra、vào）、方位词（trên、dưới、trước、sau、trong、ngoài）和少量连词（bởi vì、dù、tức）等。由于存在词类兼类、词类界限不明等难解的语言学问题，本书决定暂以应用为导向，先搁置名实之争，排除表中所含两个标注错误 Cc 和 Cn，和一个英语介词 of 和一个越南语南部方言介词 vô 后将余下 38 个介词列入越南语框架语义格标集范畴。。

针对介词与框架语义格标的对应关系是一对多、多对一，增加框架元素自动识别困难的问题，本文将每一个介词看作一组同形异义的词元组合，为每一个介词词元指定唯一的 ID 编码，格式为“K_p 义项编号”。如：K_ với2 指的是充当“条件”框架元素格标的介词 với；K_ do2 指的是充当“施事”框架元素格标的介词 do。表 6-5 中粗体的框架元素为核心框架元素。

表 6–5　DOV-E-CFN 越南语 FK 对应 FE 及概率示意图

格标及总频次	FE 种类 \ 义项编号	1	2	3	4	5	6	7	8
		FE 类型及对应概率							
với/31490	8	原因	条件	方式	数量	速度	频率	**客事**	**协事**
bằng/4055	5	工具	材料	基准	方式	**协事**			
vì/944	3	原因	目的	**感事**					
cho/23495	3	目的	**客事**	**与事**					
bởi/2318	2	原因	**施事**						
do/651	2	原因	**施事**						
tại/14722	2	原因	处所						
theo/10487	2	依据	路程						
ở/22107	2	处所	起点						
trong /46721	2	范围	处所						
vào/5203	2	时间	**客事**						
để/18362	1	目的							
nhờ/35	1	原因							

目前，受限于标注数据的数量，该项统计工作尚未完成。但以 FK 和框架元素一一对应的情况为例，可以得出结论：K_để[①]充当“目的”框架元素格标的概率为 100%；K_ nhờ 充当“原因”框架元素格标的概率为 100%。例如：

- Có thể/R nói/V tiến bộ/N đó/P chủ yếu/A là/V **nhờ/E** những/L cải thiện/V chất lượng/N ,/,

（可以说那个进步主要是因为有了质量上的改善）

[①] K_nhờ 在词性标注语料中出现的形式为 nhờ//E，其余的 nhờ 多被标注为动词(nhờ//V)。

- Nhật Bản/Np còn/V chiếm/V ưu thế/A **nhờ/E** mật độ/N tập trung/V các/L lực lượng/N của/E mình/P ,/,

（日本还占有优势是因为自身力量的集中）

- Trong/E giai đoạn/N hiện nay/N ,/, thường/R ưu tiên/V các/L loại/Nc mìn/N chống/V trực thăng/N và/CC chống/V đổ bộ/V **nhờ/E** giá thành/N và/CC tính/N tiện dụng/A của/E nó/P ./.

（在现阶段，常优先使用各类反直升机地雷和反登陆地雷是因为其成本较低、方便操作）

其他未统计完毕的 FK 如 ở，其总使用频次为 22107 次，对应两个框架元素“处所”和“起点”，若充当“处所”的次数为 15000，则其概率为 67.8%（15000/22107）。

在越-英-汉时事新闻框架网络中可以参照 FrameSQL 工具实现多搜索参数的数据库查询功能，这些参数有框架名称、框架元素名称、语法功能等。

二、 抽取过程示例

在确定事件类型框架的情况下，对已进行框架语义标注的例句进行事件信息抽取通过基于 KDG 的方法即可以实现。若例句只经过自动语块/短语识别，未经框架元素标注，则可以基于框架元素格标抽取出相应的事件信息或作出一定的预判。

此抽取过程的算法流程图如下：

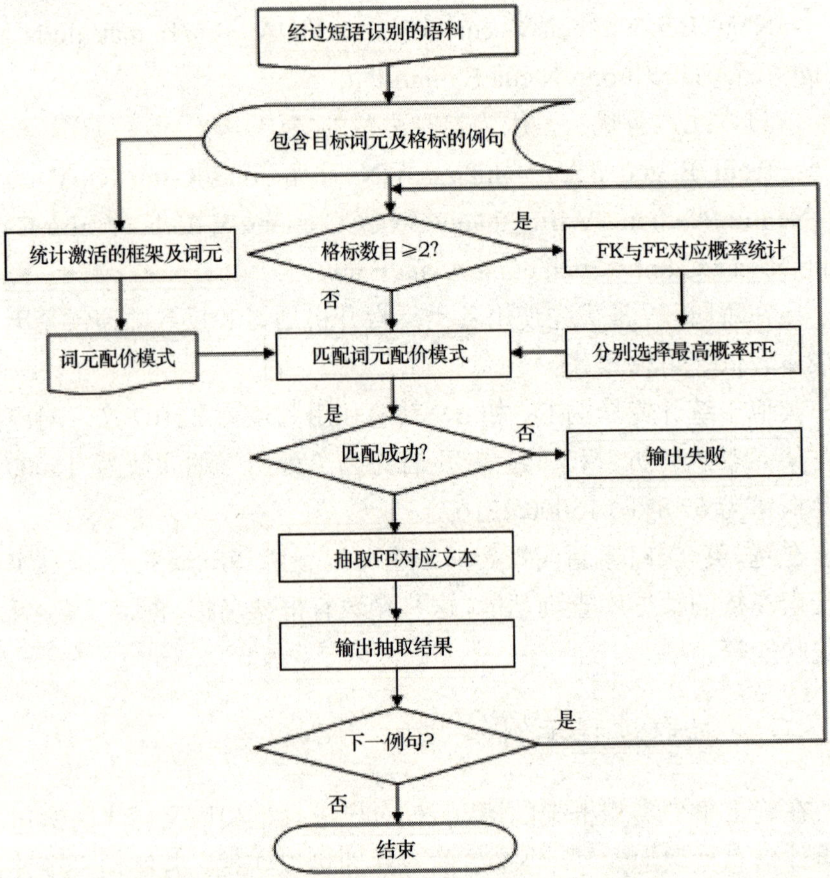

图 6-17　基于 FK 事件信息抽取的算法流程图

该抽取过程的主要步骤如下：

（1）确定事件类型及事件要素。

（2）参照《同义词词林》（扩展版）分类体系可以确定待抽取事件对应的框架，继而确定相应的词元集。

（3）查询词元配价模式。

（4）在经过短语标注的语料中检索出包含词元和 FK（即包含 PP 标记）的例句。

（5）判断例句中的 FK 数目；若 FK 数目为 1，则与相应的词元配价模式进行匹配，得到 PP 对应的 FE 类型；若 FK 数目≧2，则统计该 FK 与可能对应的 FE 之间的概率，为每个 FK 分别选择概率最高的 FE 与词元配价模式进行匹配；若匹配不成功，则输出错误；若匹配成功，进行下一步。

为提升匹配准确率，本书将在词元配价模式基础上逐步制定和完善 FK 抽取规则。

（6）抽取 FE 对应文本并输出，重复（1）—（5）直至所有例句处理完毕。

下面以“会谈事件”为例说明基于 FK 的事件信息抽取方法：

会谈事件及抽取事件要素：会谈时间（Time）、会谈地点、会谈参与者、会谈目的。

经过检索，“会谈”在《同义词词林》（扩展版）分类体系的节点为 Hi31A03= 会商 会谈；在 DOV-E-CFN 中相应的节点查询对应框架（Discussion），主要英语词元为“communicate.v、communication.n、confer.v、conference.n、consultation.n、debate.n、debate.v、dialog.n、discuss.v、discussant.n、discussion.n、exchange.n、interlocutor.n、meeting.n、negotiate.v、negotiation.n、parley.n、parley.v、talk （to）.v、talk over.v、talk.n”；主要越南语动词词元有“liên lạc、bàn bạc、thảo luận、tranh luận、tranh cãi、bàn cãi、trao đổi、đàm phán”等；主要汉语动词词元有“交流、讨论、商议、争论、交换意见、谈判、商量”等。

在（Discussion）中，会谈时间、会谈地点、会谈参与者、会谈目的、会谈范围等事件要素分别与以下框架元素对应：Time，Loc，Intlc_1，Intlc_2，Intlc_s，Pur，Ran。

以越南语词元 bàn bạc 为例，在经过短语标注的语料[①]中查询带

① http://vlsp.vietlp.org:8080/demo/?page=seg_pos_chunk

有相应词元和标注为 PP 的例句；如：

- các/L quan chức/N Mỹ/Np đã/R đưa/V kế hoạch/N ra/R **bàn bạc/V** với/E phía/N Nhật/Np trong/E cuộc/N gặp/V ở/E Hawaii/Np vào/E ngày/N 21-3.

（美国官员已经提出计划于 3 月 21 日在夏威夷（在）会面中与日本方**讨论**。）

TỪ	các	quan_chức	Mỹ	đã	đưa	kế_hoạch	ra	bàn_bạc	với	phía	Nhật	trong	cuộc	gặp	ở	Hawaii	vào	ngày	21-3	.
TỪ LOẠI	L	N	Np	R	V	N	E	V	E	N	Np	E	Nc	V	E	Np	E	N	M	.
CỤM TỪ	NP			VP		NP	PP	VP	PP	NP		PP	NP		PP	NP	PP	NP		

图 6-18　越南语例句自动短语标注结果

本书需要处理的结构为介词（E）+名词或名词短语（N/NP）构成的介词短语（PP），目标词元 bàn bạc 的补语由四个 PP 短语构成，分别是 với/E phía/N Nhật/Np，trong/E cuộc/N gặp/V，ở/E Hawaii/Np，vào/E ngày/N 21-3。

理论上每个格标与词元配价模式匹配的过程是查找该目标词元的词元配价模式，最理想的情况如下：

< Intlc_1 ><tgt bàn bạc >< PP_với Intlc_2> < PP_trong Ran >< PP_ở Loc >< PP_vào Time >

即：<谈话者_1 ><目标词 bàn bạc >< PP_với 谈话者_2> < PP_trong 范围 >< PP_ở 处所 >< PP_vào 时间 >

如果全部匹配成功，则输出抽取内容如下：

会谈时间：< PP_vào 时间 >=ngày/N 21-3；

会谈地点：< PP_ở 处所 >=Hawaii；

会谈参与者：< PP_với Intlc_2>= phía Nhật；

会谈范围：< PP_trong 范围 >= cuộc gặp；

但实际上，该词元可能未经框架语义标注或词元配价模式不够全，例如只有< Intlc_1 ><tgt bàn bạc >< PP_với Intlc_2> < PP_ở Loc >< PP_vào Time >。此种情况下，格标 trong 标识的内容 cuộc/N gặp/V 和 vào 标识的内容 ngày/N 21-3 可以根据已统计的 FK 与对应 FE 之间的概率信息进行预判。假设 trong 作为“范围”的概率为 70%，作“处所”的概率为 30%，则选择前者并检索同框架其他词元的配价模式进行匹配；若匹配成功则输入抽取结果，否则显示输出失败。

从目前初步的应用探索结果看，在语料库中检索出指定事件相关例句（已进行短语类型自动标注），根据短语类型和 FK 语义类型概率可以匹配相应事件信息，带格标的成分抽取准确率更高。

第四节　小结

事件抽取有着客观的迫切需求，但限于相关研究和语言资源的制约目前针对非通用语尚无较有规模和体系的成果。本书从该研究的难点和特点入手，分析了基于框架语义标注方法在事件抽取中应用的可行性，并以时事新闻文本语句为例，尝试运用框架语义标注方法抽取特定事件信息。针对已经完成框架语义标注的例句，我们探索了基于 KDG 的事件信息抽取方法的理据，提出了框架语义标注例句生成 KDG 及事件模版的转换方法，并具体示例说明抽取过程；针对未经框架元素标注例句，我们设计并探索了基于框架元素格标的事件信息抽取方法，研究了框架元素格标识别问题及其与框架元素对应的概率统计，并具体示例说明抽取过程。

目前本书尚处于理论研究和尝试实践阶段，因此理论基础相对扎实，实践方面还未成规模。在今后的研究中将在理论方法上的探索的基础上加大力度拓展研究实践，努力扩大多语言框架语义标注的规模，以期为今后的自动标注和机器学习打下较为厚实的基础。

第七章　结　语

第一节　本书已经取得的研究进展和成果

本书在理论研究方面取得的研究进展和成果如下：

1. 对框架语义学与FrameNet相关研究进行了较为全面和深入的整理分析，总结出框架语义学的特点及优势为：具有完备的体系性，是认知机制背景下带有经验主义语义学性质、并直接面向应用的有效知识表示形式；FrameNet 的特点及优势为：实现了理论指导与经验归纳的有机统一，具有突出的多语种可扩展性和领域延伸性。二者的关系是语义理论模型支撑大型知识表示工程并保持长期生命力的典范。

2. 在详细考察各语种仿造FrameNet构建的框架网络基础上，发现有以下方面需要改进：第一，语种“整合”的多语性比单纯语种扩展更为重要，这需要加强框架网络构建在全局上突出语义框架的系统性和层级性，即确立相对统一的“框架元素层级系统”作为框架元素名称、定义和标注颜色码的基本参照；第二，领域延伸性的实现需要将“语义域”和“主题域”研究有机结合，构建“框架语义构造式系统”作为相对完备的“语义域”系统，在此基础上与义类词典分类体系《同义词词林》（扩展版）进行映射，以实现语义分类基础上对主题的集中。

3. 提出DOMLFSR模式。在DOMLFSR整体架构中，框架元素层级系统和框架语义构造式系统是其核心内容。框架元素层级系统设置三级相对固定的框架元素35个，第四级框架元素为可扩展层，根据具体框架设置需求确定；框架语义构造式系统分为三层，第一层分五级，第二层分26个小类，第三层约60个细类。语种配置上，本书认为应以应用需求为驱动，充分体现FrameNet的“中介”性质，“英语+通用语+非通用语”模式更利于框架语义学普适性研究和语言类型学研究。确定本文基于时事新闻语料，以“越南语-英语-汉语”为研究语种开展框架网络的构建和应用研究。

4. 较为全面地梳理了越南语动词语义研究成果，并对越南语“给予类”动词进行较为系统的框架语义研究。在框架元素层级系统和框架语义构造式系统中都着重对越南语相关语言现象进行分析和整理。

本书在工程实现方面取得的研究进展和成果如下：

1. 探索多语种Web新闻语料抓取方法，完成越-英-汉时事新闻语料库制备；构建规模为中文时事新闻语料 2296 篇（8.35M），2154035 字；英语时事新闻语料有 1786 篇（8.77M），661712 个词；越南语时事新闻 2500 篇（15.0M），共 3203598 个音节/字。对三语时事新闻语料库进行分词、词性标注等预处理，特别探索了越南语分词改进方法。

2. 提出半自动框架库映射方法，通过越-英双语词典提取领域越南语词元对应的英语释义，统计出所有英语释义中出现的英语单词与FrameNet 词元集进行匹配，统计激活的框架数目及频率。经过人工校准后确定22个框架作为越-英-汉时事新闻框架体系的初始集合。

3. 设计并实现辅助建库、标注工具，适用于所有语种的框架构建和例句标注及查询。

4. 由于构建方法和标注规范多次调整，加之时间精力限制，DOV-E-CFN 目前的规模为构建30个框架，填充约400个词元，标注例句约500句。

本书在应用探索方面取得的研究进展和成果如下：

1. 论证了框架语义标注在事件抽取应用中的可行性。

2. 探索了基于KDG的事件信息抽取方法的理据，提出了框架语义标注例句生成KDG及事件模版的转换方法，并具体示例说明抽取过程。

3. 针对未经框架元素标注例句，探索了基于框架元素格标的事件信息抽取方法，研究了框架元素格标识别问题及其与框架元素对应的概率统计，并具体示例说明抽取过程。

第二节　存在的问题和下一步研究计划

本书存在的问题有以下几点：

1. DOMLFSR模式理论上较为完备，但还缺乏实践的充分验证，框架元素层级系统、尤其是框架语义构造式系统在构建过程中更侧重越南语和汉语的特点，是否符合完备以及是否符合英语的特点仍需在继续深入工程构建基础上不断改进和调整。

2. “越-英-汉时事新闻高频动词词元所属框架及语义分类表”在构建过程中需要对齐三种语言的词元，仅仅依靠双语词典释义还难以准确实现，还要加入语料库检索例句完成义项的补充和筛选，难度和工作量都较大。

3. 目前实现的语义分类及框架关系确定主要参考汉语相应动词语义分类和义类词典分类编码成果，是否准确适用还需要在框架网络构建过程中进一步验证和调整。

4. 多语框架语义标注的重点在框架元素层，由于越-英-汉三种语言的差异性，在框架语义标注过程中，句法层面的短语类型和语法功能层的标记尚难于统一，存在较多分歧。因此，本书仅着重分析了越南语框架语义例句标注的特点，并作出适当调整使之与汉语和英语的相关标注相一致。

本书下一步研究计划主要有以下几个方面：

1. 目前的研究受构建规模限制较大，下一步需要扩充框架数目和标注例句量，在此基础上完成词元配价模式统计、框架元素格标与框架元素对应概率统计以服务事件信息抽取。

2. 本书面向时事新闻领域开展多语框架网络构建研究，下一步可以向相关东南亚国家语言进行扩展，如菲律宾语、马来西亚语等。

3. 在扩大规模和范围的同时，本书将深化应用探索。主要有两个方面：第一，时事新闻语料的统计结果中包含大量分词结果中标识为“/Np”的命名实体，其中包含字母缩写、字母数字组合等形式，许多单纯依靠词典尚无法得知意义，而逐句结合上下文研判效率太低。如何借助事件模版和相关格标概率判定其语义类型具有较为实用的价值；第二，从 FrameNet 的发展来看，随着版本的更新，FrameNet 已开始逐步向本体靠近，研究者着手丰富语义关系的研究，并用 OWL（Web Ontolgy Language，网络本体语言）描述框架库及例句库，建立与 SUMO（建议顶层共用知识本体）的映射。将框架网络资源作为本体库运用到语义检索、事件抽取等实践中会发挥更大的作用，今后我们将就领域框架网络向本体的转换进行一些具体的应用探索。

参考文献

中文部分：

[1] Adele E. Goldberg 著，吴海波译.构式-论元结构的构式语法研究[M].北京：北京大学出版社，2007.

[2] C. J. 菲尔墨著，胡明扬译.“格”辨[M]. 北京：商务印书馆，2005.

[3] 阿里甫·库尔班等. 维吾尔语框架语义知识库的概念设计[J]. 中文信息学报，2010（4）.

[4] 阿里甫·库尔班等.维吾尔语框架语义角色标注标记集研究[J].中文信息学报，2013（2）.

[5] 毕玉德.现代韩国语动词语义组合关系研究[M].北京：民族出版社，2005.

[6] 陈昌来.现代汉语动词的句法语义属性研究[M].上海：学林出版社，2002.

[7] 陈宏.基于本体的知识表示研究[D].长沙理工大学，2006.

[8] 陈荟慧，舒云星，林丽.多语种 Web 新闻语料抓取的通用模型研究[J].洛阳理工学院学报（自然科学版），2013（4）.

[9] 陈满华.关于构式语法理论的几个问题[J].外语教学与研究，2009，（5）.

[10] 陈忠平，白解红.框架、场景与视角：Fillmore 语义理论认知观探源[J].外语教学与研究，2011（5）.

[11] 程工.评题元原型角色与论元选择[J].国外语言学，1995(3).

[12] 程琪龙.概念框架和认知[M].上海：外语教育出版社，2007.

[13] 董振东，董强.面向信息处理的词汇语义研究中的若干问题[J].语言文字应用，2001（3）.

[14] 多杰卓玛.基于信息处理的藏文框架语义关系研究[J].西北民族大学学报（自然科学版），2010（2）.

[15] 多杰卓玛.藏文消息域框架语义系统的设计与研究[J]，西北民族大学学报（自然科学版），2012（3）.

[16] 范晓，动词的“价”分类[J].语法研究和探索，1991（5）.

[17] 方文惠 海外格语法在汉语上应用的评述[J].浙江师范大学学报（社会科学版），1987（4）.

[18] 冯志伟.现代语言学流派[M].西安：陕西人民出版社，1999.

[19] 冯志伟.从格语法到框架网络[J].解放军外国语学院学报，2006（3）.

[20] 冯志伟.自然语言处理的形式模型[M].合肥：中国科学技术大学出版社，2010.

[21] 符淮青.词义的分析和描写[M].北京：外语教学与研究出版社，2006.

[22] 傅兴尚.俄语词汇知识库在 NLP 中的运作机制[J].外语学刊，2002（3）.

[23] 高明乐.题元角色的句法实现[M].北京：中国社会科学出版社，2004.

[24] 龚晓辉.东南亚国家网络信息检索导论[M].广州：世界图书出版公司，2011.

[25] 郭珊珊.汉语言说域框架语义研究[D].长沙：湖南农业大学，2010.

[26] 胡裕树，范晓.动词研究[M].开封：河南大学出版社，1995.

[27] 黄锦章，汉语格系统研究[M]. 上海：上海财经大学出版社，1997.

[28] 黄敏中，傅成劼. 实用越南语语法[M]. 北京：北京大学

出版社，1997.

[29] 黄曾阳.HNC（概念层次网络）理论——计算机理解语言研究的新思路[M].北京：清华大学出版社，1998.

[30] 贾君枝，刘艳玲.基于本体的 FrameNet 框架之间域关系分析[J].情报杂志,2008(2).

[31] 贾君枝，李晨光，韩笑.法律框架网络语料库系统的构建[J].情报理论与实践，2010（5）.

[32] 贾君枝等.汉语框架网络本体研究[M].北京：科学出版社，2012.

[33] 贾彦德.汉语语义学[M].北京：北京大学出版社，2001.

[34] 姜吉发. 一种跨语句汉语事件信息抽取方法[J]. 计算机工程，2005，31.2.

[35] 李临定.现代汉语句型[M].北京：商务印书馆，1986.

[36] 李茹.汉语句子框架语义结构分析技术研究[D].山西大学，2012.

[37] 李茹等.基于汉语框架网的旅游信息问答系统设计[J].中文信息学报，2009（2）.

[38] 林丽，毕玉德.越南语给予类动词框架语义分析[J].解放军外国语学院学报，2012（2）.

[39] 林丽.基于新闻语料库的越南语框架语义标注研究[J].中文信息学报，2013（6）.

[40] 林丽.试析框架语义标注在新闻事件抽取中的应用——以越南语军事新闻为例[J].山西大学学报（自然科学版），2013（4）.

[41] 林杏光.词汇语义和计算语言学[M].北京：语文出版社，1999.

[42] 林杏光等.现代汉语动词大词典[M].北京：语言学院出版社，1994.

[43] 梁远.现代越南语语法[M].广州：世界图书出版公司，2012.

[44] 刘丹青.形名同现及形容词的向[J].南京师大学报，1987(3).

[45] 刘海涛.依存语法的理论与实践[M].北京：科学出版社，2009.

[46] 刘开瑛.汉语框架语义网构建及其应用技术研究[J].中文信息学报，2011（6）.

[47] 刘宇红.从格语法到框架语义学再到构式语法[J].解放军外国语学院学报，2011（1）.

[48] 鲁川.介词是汉语句子语义成分的重要标志[J].语言教学与研究.1987（2）.

[49] 鲁川.知识工程语言学[M].北京：清华大学出版社，2010.

[50] 陆丙甫.核心推导语法[M].上海：教育出版社，1993.

[51] 陆俭明.构式语法理论的价值与局限[J].南京师范大学文学院学报，2008（1）.

[52] 吕叔湘主编.现代汉语八百词（增订版）[M].北京：商务印书馆，1999.

[53] 马洪海.汉语框架语义研究[M].北京：中国社会科学出版社，2010.

[54] 马庆株.汉语动词和动词性结构[M].北京：语言学院出版社，1992.

[55] 梅家驹等.同义词词林[M].上海：辞书出版社，1983.

[56] 孟琮等.动词用法词典[M].上海：辞书出版社，1987.

[57] 苗传江. HNC（概念层次网络理论导论）[M].北京：清华大学出版社，2005.

[58] 那顺乌日图.蒙古语语言知识库的建立与应用[J].中文信息学报，2011（6）.

[59] 年志刚等.知识表示方法研究与应用[J].计算机应用研究，2007（5）.

[60] 牛之贤，白鹏洲，段富. 基于框架语义标注的自由文本信

息抽取研究[J]. 计算机工程与应用，2008，44（25）.

[61] 潘艳艳.框架语义学——理论与应用[J].外语研究，2003（5）.

[62] 沈家煊.现代汉语语法的功能、语用、认知研究[M].北京：商务印书馆，2005.

[63] 沈阳，郑定欧.现代汉语配价语法研究（第一辑）[M].北京：大学出版社，1995.

[64] 沈阳.配价理论与汉语语法研究[M].北京：语文出版社，2000.

[65] 石安石.语义论[M].北京：商务印书馆，1993.

[66] 石毓智.语法的形式和理据[M].南昌：江西教育出版社，2001.

[67] 孙荣，周文，刘宗田.用规则抽取句子中事件信息[J].小型微型计算机系统，2011（11）.

[68] 谭景春.双向和多指及相关的句法关系[J].中国语文，1992（2）.

[69] 陶明忠，马玉蕾.框架网络与汉语信息处理[J].语言文字应用，2007（4）.

[70] 陶明忠，马玉蕾.框架语义学——格语法的第三阶段[J].当代语言学，2008（1）.

[71] 王阳华.汉语制（作）成语义框架式研究[D].上海：上海师范大学，2009.

[72] 王展.汉语交际框架下的言说类动词研究[D].北京：北京大学，2008.

[73] 温苗苗，吴云芳. 基于 SVM 融合多特征的介词结构自动识别[J].中文信息学报，2009（5）.

[74] 吴刚，许荣华，朱巧明等. 一种基于角色匹配的事件抽取方法[J]. 微计算机信息，2010，9.

[75] 吴蔚天.汉语计算语义学——关系、关系语义场和形式分析

[M].北京：电子工业出版社，1999.

[76] 吴为章.单向动词及其句型[J].中国语文，1982（5）.

[77] 吴为章.动词的“向”札记[J].中国语文，1993（3）.

[78] 肖升、何炎祥. 基于动词论元结构的中文事件抽取方法[J].计算机科学，2012，39.5.

[79] 徐峰.汉语配价分析与实践——现代汉语三价动词探索[M].上海：学林出版社，2004.

[80] 杨成凯.Fillmore 的格语法理论（上、中、下）[J].国外语言学，1986（1，2，3）.

[81] 易绵竹.俄语动词性句子语义结构描写的原则[J].外语学刊（黑龙江大学学报），1994（3）.

[82] 易绵竹.从计算语言学角度看语义角色问题[J].解放军外国语学院学报，1998（4）.

[83] 易绵竹，姚爱钢.一种基于语义词典的俄语文本自动语义分析技术 SemLP[C].中文信息处理前沿进展——中国中文信息学会二十五周年学术会议论文集，2006.

[84] 由丽萍，范开泰，刘开瑛.汉语语义分析模型研究述评[J].中文信息学报，2005（6）.

[85] 由丽萍，刘焘，刘开瑛.信息处理用中文框架语义知识描述方法研究[C].民族语言文字信息技术研究——第十一届全国民族语言文字信息学术研讨会论文集，2007.

[86] 由丽萍.面向中文信息处理的框架语义分析[M].北京：经济科学出版社，2013.

[87] 俞晶荷.框架语义研究与翻译——俄汉时间范畴的框架语义对比分析与翻译[D].上海外国语大学，2005.

[88] 俞士汶，黄居仁.计算语言学前瞻[M].北京：商务印书馆，2005：9.

[89] 俞士汶等.现代汉语语法信息词典详解(第2版)[M].北京：

清华大学出版社，2003.

[90] 袁毓林.语义角色的精细等级及其在信息处理中的应用[J].中文信息学报，2007（4）.

[91] 袁毓林.基于认知的汉语计算语言学研究[M].北京：北京大学出版社，2008.

[92] 袁毓林.汉语配价语法研究[M].北京：商务印书馆，2010.

[93] 昝红英，张腾飞，林爱英.基于介词用法的事件信息抽取研究[J].计算机工程与设计，2013（7）.

[94] 詹卫东.80 年代以来汉语信息处理研究述评——作为现代汉语语法研究的应用背景之一[J].当代语言学，2000（2）.

[95] 张国宪.论单价形容词[J].语言研究，1995（1）.

[96] 张国宪.双价形容词对语义结构的选择[J].汉语学习，1995（4）.

[97] 张焕香，高平.从格语法到构式语法[J].哈尔滨师范大学社会科学学报，2011（1）.

[98] 张建理.词义场·语义场·语义框架[J].浙江大学学报，2000（3）.

[99] 张金英.现代汉语致使类复合框架语义分析[D].上海：上海师范大学，2009.

[100] 张如莹，黄居仁.中央研究院中英双语知识本体词网（Sinica BOW）：结合词网，知识本体，与领域标记的词汇知识库[C].ROCLING XVI: Conference on Computational Linguistics and Speech Processing （vol 9），台北，2004.

[101] 张志毅，张庆云.词汇语义学[M].北京：商务印书馆，2005.

[102] 赵妍妍，秦兵，车万翔等.中文事件抽取技术研究[J].中文信息学报，2008（1）.

[103] 赵园丁等.基于框架语义的汉语文本知识表示方法[C].全国第八届计算语言学联合学术会议（JSCL-2005）论文集，2005.

[104] 钟俊，张丽.框架语义学在中国：评介、应用与展望[J].西华大学学报（哲学社会科学版），2013（5）.

[105] 周国光.现代汉语配价语法研究[M].北京：高等教育出版社，2011.

[106] 周领顺.汉、英语义框架对比[J].中国外语，2009（4）.

[107] 周领顺.汉语移动域框架语义分析[M].北京：社会科学文献出版社，2012.

[108] 朱德熙.语法讲义[M].北京：商务印书馆，1982.

[109] 朱晓亚.现代汉语句模研究[M].北京：北京大学出版社，2001.

英文部分：

[1] Baker，C.，and Hiroaki Sato. The FrameNet Data and Software[C]. The Companion Volume to the Proceedings of 41st Annual Meeting of the Association for Computational Linguistics. Ed. Yuji Matsumoto. 2003.

[2] Baker，C.，M. Ellsworth，K. Erk. SemEval-2007 Task 19. Frame semantic structure extraction[C]. In Proceedings of the 4th International Workshop on Semantic Evaluations. 2007.

[3] Baker，C.. FrameNet，Present and Future[C].The First International Conference on Global Interoperability for Language Resources. Eds. Jonathan Webster，Nancy Ide，and Alex Chengyu Fang. Hong Kong: City University，2008.

[4] Basili，Roberto，Cristina Giannone，and Diego De Cao. Learning Domain-Specific Framenets from Texts[C]. Proceedings of the ECAI Workshop on Ontology Learning and Population. Patras，Greece ECAI，2008.

[5] Bejan，Cosmin Adrian，et al. Semantic parsing based FrameNet[C]. Senseval-3: Third International Workshop on

Evaluation of Systems for the Semantic Analysis of Text. Eds. Rada Mihalcea， and Phil Edmonds. Barcelona， Spain: Association for Computational Linguistics，2004.

[6] Boas，Hans C.. Frame Semantics as a framework for describing polysemy and syntactic structures of English and German motion verbs in contrastive computational lexicography[C]. Proceedings of the Corpus Linguistics 2001 Conference. Eds. Paul Rayson， et al. Lancaster: University Centre for computer corpus research on language，2001.

[7] Boas，Hans C.. Bilingual FrameNet Dictionaries for Machine Translation[C]. Proceedings of the Third International Conference on Language Resources and Evaluation. Eds. González M. Rodríguez， and Paz Suárez C. Araujo. Vol. IV. Las Palmas 2002.

[8] Boas，Hans C.. From Theory to Practice: Frame Semantics and the Design of FrameNet[C]. Semantisches Wissen im Lexikon. Eds. S. Langer， and D. Schnorbusch. Tübingen: Narr.，2005.

[9] Boas， Hans C. （ed.）. Multilingual FrameNets in Computational Lexicography: Methods and Applications[M]. Mouton de Gruyter. Berlin. 2009.

[10] Burchardt，A.， et al. Using FrameNet for the semantic analysis of German: annotation，representation，and automation[C]. Hans C. Boas. （ed.）. Multilingual FrameNets in Computational Lexicography：Methods and Applications. Mouton de Gruyter. Berlin. 2009.

[11] Cam Tu Nguyen，Trung Kien Nguyen，Xuan Hieu Phan，Le Minh Nguyen，Quang Thuy Ha. Vietnamese word segmentation with CRFs and SVMs: an investigation. In Proceedings of the 20th Pacific Asia Conference on Language，Information and Computation（Wuhan，China，November 2-4，2006）. PACLIC 2006. Tsinghua University Press，2006.

[12] Chen，Benfeng，and Pascale Fung. Automatic Construction of an English-Chinese Bilingual FrameNet[C]. HLT/NAACL: Proceedings. Boston 2004.

[13] Chow I C，Webster J. Integration of Linguistic Resources for Verb Classification: FrameNet Frame，WordNet Verb and Suggested Upper Merged Ontology[C]. International Conference on Computational Linguistics，2009.

[14] Coppola，Bonaventura，and Alessandro Moschitti. A General Purpose FrameNet-based Shallow Semantic Parser[C]. Proceedings of the Seventh conference on International Language Resources and Evaluation （LREC'10）. Eds. Nicoletta Calzolari（Conference Chair），et al. Valletta，Malta: European Language Resources Association （ELRA），2010.

[15] Dang Duc Pham，Giang Binh Tran，Son Bao Pham. A hybrid approach to Vietnamese word segmentation using part of speech tags. In Proceedings of the 1st International Conference on Knowledge and Systems Engineering （Hanoi，Vietnam，October 13-17，2009）. KSE '09. IEEE Computer Society Washington，DC，USA，2009.

[16] Das，Dipanjan，et al. Probabilistic Frame-Semantic Parsing[C]. Proceedings of the North American Chapter of the Association for Computational Linguistics Human Language Technologies Conference. Los Angeles 2010.

[17] Dhanon LEENOI et al.Manifesting Thai Conceptual Scenarios through Thai FrameNet[C]. 7th International Conference on Natural Language Processing and Knowledge Engineering，NLPKE 2011，Tokushima，Japan，November 27-29，2011.

[18] Dinh Dien，Hoang Kiem，Nguyen Van Toan. Vietnamese Word Segmentation[C]. Proceedings of the Sixth Natural Language

Processing Pacific Rim Symposium （NLPRS2001），Tokyo，2001.

[19] Dinh Dien and Vu Thuy. A maximum entropy approach for Vietnamese word segmentation. In Proceedings of the 4th International Conference on Computer Sciences: Research，Innovation and Vision for the Future（Ho Chi Minh City，Vietnam，February 12-16，2006）. RIVF '06. IEEE，2006.

[20] Doan Nguyen. Query preprocessing: improving web search through a Vietnamese word tokenization approach. In Proceedings of the 31st Annual International ACM SIGIR Conference on Research and Development in Information Retrieval （Singapore，Singapore，July 20-24，2008）. SIGIR '08. ACM New York，NY，USA，2008.

[21] Dolbey，Andrew，Michael Ellsworth，and Jan Scheffczyk. BioFrameNet: A Domain-Specific FrameNet Extension with Links to Biomedical Ontologies[C]. Proceedings of KR-MED. 2006.

[22] Dolbey et al. BioFrameNet: A domain-specific FrameNet Extension with links to biomedical ontologies[C]. Proceedings of the International Workshop Biomedical Ontology in Action，November 8，2006，in BaltimHans C. Boas. （ed.）. Multilingual FrameNets in Computational Lexicography: Methods and Applications. Mouton de Gruyter. Berlin. 2009.

[23] Fillmore，C.J.. The case for case[C]. Universals in Linguistic Theory. Eds. E. Bach，and R. Harms. New York: Holt，Rinehart & Winston，1968.

[24] Fillmore，C.J.. An alternative to checklist theories of meaning[C]. Proceedings of the First Annual Meetings of the Berkeley Linguistics Society （BLS），Berkeley，California，1975.

[25] Fillmore，C.J.. Frame semantics and the nature of language[C]. Annals of the New York Academy of Sciences: Conference

on the Origin and Development of Language and Speech. 1976.

[26] Fillmore, C.J..Scenes-and-frames Semantics[C]. In Linguistic Structure Processing, ed. A. Zambolli, Amsterdam: North Holland Publishing Company. 1977.

[27] Fillmore, C.J.. Frame semantics[C]. Linguistics in the Morning Calm. Seoul, South Korea: Hanshin Publishing Co., 1982.

[28] Fillmore, C.J.. Frames and the semantics of understanding[C]. Quaderni di Semantica, 1985.

[29] Fillmore, C.J., Kay, P., O'Connor, K.T. Regularity and Idiomaticity in Grammatical Constructions: The Case of Let Alone Language[J]. Vol. 64, No. 3. 1988.

[30] Fillmore, C.J., and B. T. S. Atkins. Towards a frame-based lexicon: The semantics of RISK and its neighbors[C]. Frames, Fields and Contrasts: New Essays in Semantics and Lexical Organization. Eds. A. Lehrer, and E. Kittay. Hillsdale: Lawrence Erlbaum Associates, 1992.

[31] Fillmore, C.J., and B. T. S. Atkins. FrameNet and lexicographic relevance[C]. Proceedings of the First International Conference on Language Resources and Evaluation, Granada, Spain. 1998.

[32] Fillmore, C.J., and Collin F. Baker. Frame Semantics for Text Understanding[C]. Proceedings of WordNet and Other Lexical Resources Workshop. Pittsburgh: NAACL, 2001.

[33] Fillmore, C.J., Charles Wooters, and Collin F. Baker, Building a Large Lexical Databank Which Provides Deep Semantics[C]. Proceedings of the 15th Pacific Asia Conference on Language, Information and Computation. Eds. Benjamin Tsou, and Olivia Kwong. Hong Kong, 2001.

[34] Fillmore, C.J., Collin F. Baker, and Hiroaki Sato. Seeing

Arguments through Transparent Structures[C]. Proceedings of the Third International Conference on Languag Resources and Evaluation. Vol. III. Las Palmas: LREC，2002.

[35] Fillmore，C.J.，and Hiroaki Sato. Transparency and building lexical dependency graphs[C]. Proceedings of the 28th Annual Meeting of the Berkeley Linguistics Society. Eds. J. Larson，and M. Paster. 2002.

[36] Fillmore，C.J.，Collin F.Baker，and Hiroaki Sato et al.The FrameNet Database and Software Tools[C].Language Resources and Evaluation,2002.

[37] Fillmore，C.J.，Christopher R. Johnson，and Miriam R. L. Petruck. Background to FrameNet[J]. International Journal of Lexicography. 2003（16.3）.

[38] Fillmore，C.J.，et al，FrameNet in Action: The Case of Attaching[J]. International Journal of Lexicography（IJL16），2003.

[39] Fillmore，C.J.，Collin F. Baker，and Hiroaki Sato. FrameNet as a "Net"[C]. Proceedings of LREC. Vol. 4. Lisbon: ELRA，2004.

[40] Fillmore，C.J.，Josef Ruppenhofer，and Collin F. Baker. FrameNet and Representing the Link between Semantic and Syntactic Relations Computational Linguistics and Beyond[C]. Eds. Chu-ren Huang，and Winifred Lenders. Language and Linguistics Monographs Series B. Taipei: Institute of Linguistics，Academia Sinica，2004.

[41] Fillmore，C.J.，Srini Narayanan，and Collin F. Baker. What can linguistics contribute to event extraction[C]. In Proceedings of the 2006 AAAI Workshop on Event Extraction and Synthesis，2006.

[42] Fillmore，C.J.. Valency issues in FrameNet[C]. In Valency: Theoretical，Descriptive and Cognitive Issues，T. Herbst and K. Götz-Votteler，eds，pp. 128-160，Mouton de Gruyter，2007.

[43] Fillmore，C.J.. Border Conflicts: FrameNet Meets

Construction Grammar[C]. In Proceedings of the XIII EURALEX International Congress. Eds. Elisenda Bernal, and Janet DeCesaris. Barcelona: Universitat Pompeu Fabra, 2008.

[44] Fillmore, C.J., A Frames Approach to Semantic analysis[C]. In The Oxford Handbook of Linguistic Analysis, B. Heine and H. Narrog, eds., pp. 313-340, Oxford University Press, 2009.

[45] Fillmore, C.J., Russell R. Lee-Goldman, and Russell Rhodes .The FrameNet Constructicon [A].Hans C. Boas, Ivan A. Sag.Sign-based Construction Grammar [C]. Stanford: CSLI Publications, 2011.

[46] Gotsoulia, Voula, et al. Towards a frame semantics lexical resource for Greek[C]. In Proceedings of the Sixth International Workshop on Treebanks and Linguistic Theories. Eds. Koenraad De Smedt, Jan Hajič, and Sandra Kübler. 2007.

[47] Guntis Bārzdiņš, Normunds Grūzītis, Gunta Nešpore et.al. Multidimensional Ontologies:Integration of Frame Semantics and Ontological Semantics[C]. In Proceedings of the13th EURALEX International Congress, At Barcelona, Spain, 2008.

[48] Ha, Le An. A method for word segmentation in Vietnamese. Proceedings of Corpus Linguistics. Lancaster University (UK), 28 - 31 March, 2003.

[49] Hiroaki SATO. New Functions of FrameSQL for Multilingual FrameNets[C]. In Proceedings of the Sixth International Conference on Language Resources and Evaluation (LREC08), 2008.

[50] Hong Phuong Le, Thi Minh Huyen Nguyen, Azim Roussanaly, Tuong Vinh Ho. A hybrid approach to word segmentation of Vietnamese texts. Language and Automata Theory and Applications. Lecture Notes in Computer Science, Volume 5196, 2008.

[51] Huang，Chu-Ren; Calzolari，Nicoletta; Gangemi，Aldo. Ontology and the Lexicon: A Natural Language Processing Perspective[M]. London: Cambridge University Press，2010.

[52] Ian C. Chow，Jonathan J.Webster.Integration of Linguistic Resources for Verb Classification FrameNet，WordNet，VerbNet，and Suggested Upper Merged Ontology[C]. Computational Linguistics and Intelligent Text Processing Lecture Notes in Computer Science Volume 4394，2007.

[53] Johnson，Christopher，and Charles J. Fillmore. The FrameNet tagset for frame-semantic and syntactic coding of predicate-argument structure[C]. In Proceedings of the 1st Meeting of the North American Chapter of the Association for Computational Linguistics，April 29-May 4，2000，Seattle WA. Morgan Kaufmann Publishers，2000.

[54] Koeva，Svetla. Lexicon and Grammar in Bulgarian FrameNet[C]. In Proceedings of the Seventh conference on International Language Resources and Evaluation （LREC10）. Eds. Nicoletta Calzolari（Conference Chair），et al. Valletta，Malta: European Language Resources Association （ELRA），2010.

[55] Le Minh Nguyen，Huong Thao Nguyen，Phuong Thai Nguyen，et al. An Empirical Study of Vietnamese Noun Phrase Chunking with Discriminative Sequence Models[C]. 7th Workshop on Asian Language Resources （ALR-7），Singapore 6-7 August 2009.

[56] Le-Hong，Phuong，et al. An empirical study of maximum entropy approach for part-of-speech tagging of Vietnamese texts[C]. Traitement Automatique des Langues Naturelles-TALN 2010.

[57] Lenci，Alessandro，Martina Johnson，and Gabriella Lapesa. Building an Italian FrameNet through Semi-automatic Corpus Analysis[C]. In Proceedings of the Seventh conference on International

Language Resources and Evaluation （LREC10）. Eds. Nicoletta Calzolari（Conference Chair），et al. Valletta，Malta: European Language Resources Association （ELRA），2010.

[58] Li，Y. G.（李英哲）.Interaction of Semantics and Syntax in Chinese. Journal of Chinese Language Teeachers Association （JCLTA），1971（2）.

[59] Lowe，John B.，Collin F. Baker，and Charles J. Fillmore. A Frame-Semantic Approach to Semantic Annotation. Tagging Text with Lexical Semantics: Why，What，and How? [C]. Proceedings of the Workshop. Special Intcrest Group on the Lexicon，1997.

[60] Lönneker-Rodman，Birte，and Collin F. Baker. The FrameNet Model and its Applications[J]. Natural Language Engineering. 2009（15）.

[61] Lönneker-Rodman，Birte，Collin Baker，and Jisup Hong. The New FrameNet Desktop: A Usage Scenario for Slovenian[C]. In Proceedings of Thc First International Conference on Global Interoperability for Language Resources. 2008.

[62] Marco Fossati，Claudio Giuliano and Sara Tonelli. Outsourcing FrameNet to the Crowd （short paper）. In Proceedings of the Annual Meeting of the Association for Computational Linguistics （ACL），Sofia，Bulgaria，2013.

[63] Minsky.M.A Framework for Representing Kownledge[C]. In Winston（ed.）.The Psychology of Computer Vision.New York. McGraw Hill，1975.

[64] Mohit，Behrang，Srini Narayanan. Semantic extraction with wide-coverage lexical resources[C]. In Proceedings of the 2003 Conference of the North American Chapter of the Association for Computational Linguistics on Human Language Technology: companion

volume of the Proceedings of HLT-NAACL 2003--short papers-Volume 2. Association for Computational Linguistics，2003.

[65] Narayanan，Srinivas，et al. FrameNet Meets the Semantic Web: A DAML+OIL Frame Representation[C]. In Proceedings of the 18th National Conference on Artificial Intelligence. Edmonton，Alberta: AAAI，2002.

[66] Oanh Thi Tran et al. An Experimental Study on Vietnamese POS Tagging[C]. International Conference on Asian Languages Processing，Singapore，2009.

[67] Ohara，Kyoko，et al. The Japanese FrameNet Project; An Introduction[C]. In Proceedings of the Workshop on Building Lexical Resources from Semantically Annotated Corpora. Eds. Charles J. Fillmore，et al. Lisbon: LREC 2004，2004. 9-12.

[68] Ohara，Kyoko Hirose. Lexicon，Grammar，and Multilinguality in the Japanese FrameNet[C]. In Proceedings of the 6th International Conference on Language Resources and Evaluation （LREC 2008）. 2008.

[69] Ohara，Kyoko Hirose. Toward Constructicon Building for Japanese in Japanese FrameNet[J]. In Veredas On-Line - Frame Semantics and its technological applications. Vol. 17，No. 1. PPG LINGUISTICA/UFJF-JUIZ DE FORA. 2013.

[70] Ovchinnikova，Ekaterina，et al. Data-Driven and Ontological Analysis of FrameNet for Natural Language Reasoning[C]. In Proceedings of the Seventh conference on International Language Resources and Evaluation （LREC10）. Eds. Nicoletta Calzolari （Conference Chair），et al. Valletta，Malta: European Language Resources Association （ELRA），2010.

[71] Passonneau，R.，et al. The MASC Word Sense Corpus[C]. In

Proceedings of the Eighth conference on International Language Resources and Evaluation （LREC'12）. Istanbul，Turkey 2012.

[72] Petruck，Miriam R. L.. Frame Semantics. Handbook of Pragmatics[C]. Eds. Jef Verschueren，et al. John Benjamins，1996.

[73] Petruck，Miriam. Typological Considerations in constructing a Hebrew FrameNet[C]. Multilingual FrameNets in Computational Lexicography. Ed. Hans C. Boas. Mouton，2009.

[74] Ruppenhofer，Josef，et al. FrameNet II: Extended theory and practice[DB/OL].https://framenet2.icsi.berkeley.edu/docs/r1.5/book.pdf 2010-09-14.

[75] Saito，Hiroaki，et al. The Japanese FrameNet Software Tools[C]. In Proceedings of the 6th International Conference on Language Resources and Evaluation （LREC 08）. Ed. European Language Resources Association（ELRA）. Marrakech，Morocco 2008.

[76] Saito，Hiroaki. New Functions of FrameSQL for Multilingual FrameNets[C]. In Proceedings of the Sixth International Language Resources and Evaluation （LREC08）. Ed. European Language Resources Association（ELRA）. Marrakech，Morocco 2008.

[77] Schmidt，Thomas. Interfacing Lexical and Ontological Information in a Multilingual Soccer FrameNet[C]. In Proceedings of OntoLex 2006 - Interfacing Ontologies and Lexical Resources for Semantic Web Technologies. Genoa，Italy 2006.

[78] Schmidt.The Kicktionary -a multilingual lexical resource of football language[A].Hans C. Boas. （ed.）. Multilingual FrameNets in Computational Lexicography: Methods and Applications[C]. Mouton de Gruyter. Berlin. 2009: 23.

[79] Shank R C. Conceptual dependency: A theory of natrral language processing[J]. Cognitive Psychology，1972（3）.

[80] Shank R C，Reisbeck C K. Scripts，Plans，Goals and understanding[M]. New York: Lawrence Relbaum，Hillsdale，1977.

[81] Subirats，Carlos，and Hiroaki Sato. Spanish FrameNet and FrameSQL[C]. In Proceedings of LREC 2004. Workshop on Building Lexical Resources from Semantically Annotated Corpora. Lisbon，Portugal 2004.

[82] Surdeanu M，Harabagiu S，Williams J，et al. Using predicate-argument structures for information extraction[C]. Meeting of the Association for Computational Linguistics，2003.

[83] Thi Oanh Tran，Anh Cuong Le，Quang Thuy Ha. Improving Vietnamese word segmentation and POS tagging using MEM with various kinds of resources. Information and Media Technologies. 5（2），2010）.

[84] Tonelli，Sara，and Emanuele Pianta. A novel approach to mapping FrameNet lexical units to WordNet synsets[C]. In Proceedings of IWCS-8. Tilburg，The Netherlands 2009.

[85] Tonelli，Sara. Semi-automatic techniques for extending the FrameNet lexical database to new languages[D]. Venezia: Università Ca' Foscari，Venezia，2010.

[86] Venturi，Giulia，et al. Towards a FrameNet Resource for the Legal Domain[C]. In Proceedings of the Third Workshop on Legal Ontologies and Artificial Intelligence Techniques. Barcelona，Spain 2009.

[87] W. Chen，Y. Zhang，and H. Ishihara 2006. An empirical study of Chinese chunking[C]. Proceedings COLING/ACL 2006.

[88] Wagner E J，Liu J，Birnbaum L，et al. Using Explicit Semantic Models to Track Situations across News Articles[J]. Proceedings of the IEEE，2006.

[89] Wuying Liu，Li Lin，Probabilistic Ensemble Learning for

Vietnamese Word Segmentation[C]. The 37th Annual International ACM SIGIR Conference on Research and Development in Information Retrieval （SIGIR 2014） Proceedings，July 06-11，2014.

[90] Zipf，G.K. Human Behavior and the Principle of Least Effort: an Introduction to Human Ecology[M]. New York: Hafiner，1949.

越文部分：

[1] Cao Xuân Hạo. Câu và kết cấu chủ vị[J]. Tạp chí Ngôn ngữ，2002，（6）.

[2] Cao Xuân Hạo. Sơ thảo ngữ pháp chức năng tiếng Việt [M]. TP Hồ Chí Minh: Nhà xuất bản giáo dục，2006.

[3] Diệp Quang Ban. Ngữ pháp tiếng Việt [M]. Hà Nội: Nhà xuất bản giáo dục，2005.

[4] Đinh Văn Đức. Ngữ pháp tiếng Việt （từ loại，viết bổ sung）. Hà Nội: Nxb ĐH Quốc gia Hà Nội，2001.

[5] Đỗ Hữu Châu. Từ vựng-ngữ nghĩa tiếng Việt [M]. Hà Nội: Nhà xuất bản khoa học xã hội，2000.

[6] Hoàng Phê（chủ biên）. Từ điển tiếng Việt[K]. Đà Nẵng &Hà Nội: Nxb Đà Nẵng &Trung tâm từ điển học，2011.

[7] Lâm Quang Đông. Phương pháp nhận diện vai nghĩa của các tham thể trong cấu trúc nghĩa biểu hiện của câu với vị từ đa trị như CHO，TẶNG，GỬI [J]. Ngôn ngữ，2006（7）.

[8] Lâm Quang Đông. Cấu trúc nghĩa biểu hiện của câu với nhóm vị từ trao/tặng [M]. Hà Nội: Nhà xuất bản khoa học xã hội，2008.

[9] Le Duy Trinh. Đặc điểm chức năng của giới từ trong tiếng Việt hiện đại[D]. TP. Hồ Chí Minh: Luận án thạc sĩ trường đại học sư phạm TP. Hồ Chí Minh，2006.

[10] Nguyễn Hoàng Phương. Chức năng của giới từ tiếng

Việt[J].Tạp chí KHOA HỌC ĐHSP TP.HCM，2010（20）.

[11] Nguyễn Minh Thuyết，Nguyễn Văn Hiệp. Thành phần câu tiếng Việt [M]. Hà Nội: Nhà xuất bản giáo dục，2004.

[12] Nguyễn Minh Thuyết. Chủ ngữ tiếng Việt [C]. Ngữ pháp tiếng Việt-những vấn đề lí luận. Hà Nội: Nhà xuất bản khoa học xã hội，2008.

[13] Nguyễn Kim Thản. Động từ trong tiếng Việt [M]. Hà Nội: Nhà xuất bản khoa học xã hội，1976.

[14] Nguyễn Thị Quy. Vị từ hành động tiếng Việt và các tham tố của nó-so sánh với tiếng Nga và tiếng Anh [M]. Hà Nội: Nhà xuất bản khoa học xã hội，1995.

[15] Nguyễn Văn Lộc. Kết trị của động từ tiếng Việt [M]. Hà Nội: Nhà xuất bản giáo dục，1995.

[16] Nguyễn Văn Lộc. Các mô hình kết trị của động từ tiếng Việt [J]. Ngôn ngữ，2008（2）.

[17] Nguyễn Văn Hiệp. Cơ sở ngữ nghĩa phân tích cú pháp [M]. Hà Nội: Nhà xuất bản giáo dục，2008.

[18] Viện khoa học xã hội Việt Nam. Ngữ pháp tiếng Việt-những vấn đề lí luận[M]，Hà Nôi: Nhà xuất bản khoa học xã hội，2008.

附 录

1. 英文时事新闻语料库高频动词列表（出现频次 200 以上）

序号	动词	频次	频率
1	said_VVD	6413	0.942647
2	is_VBZ	5265	0.773903
3	has_VHZ	2921	0.429358
4	have_VHB	2631	0.386731
5	was_VBD	2419	0.355569
6	be_VBI	2416	0.355128
7	are_VBB	2291	0.336754
8	would_VM0	1263	0.185648
9	been_VBN	1217	0.178887
10	were_VBD	1136	0.166981
11	should_VM0	1014	0.149048
12	had_VHD	981	0.144197
13	claims_VVZ	840	0.123472
14	state_VVB	598	0.0879
15	conduct_VVB	589	0.086577
16	made_VVN	584	0.085842
17	may_VM0	576	0.084666
18	net_VVI	559	0.082167
19	told_VVD	549	0.080698
20	take_VVB	488	0.071731
21	work_VVB	485	0.07129
22	could_VM0	461	0.067762
23	make_VVI	458	0.067321
24	change_VVB	425	0.062471
25	level_VVB	398	0.058502
26	promote_VVB	396	0.058208
27	yang_VVB	378	0.055562
28	do_VDB	367	0.053945
29	called_VVN	362	0.05321
30	continue_VVB	341	0.050124
31	held_VVD	340	0.049977
32	help_VVB	334	0.049095
33	interests_VVZ	333	0.048948
34	press_VVB	318	0.046743
35	saying_VVG	316	0.046449
36	strengthen_VVB	315	0.046302
37	being_VBG	312	0.045861
38	says_VVZ	305	0.044832
39	move_VVB	301	0.044244
40	enhance_VVB	291	0.042774
41	based_VVN	282	0.041451
42	expected_VVD	273	0.040128
43	am_VBB	272	0.039981
44	trust_VVB	256	0.037629
45	expressed_VVD	246	0.03616
46	reached_VVD	238	0.034984
47	asked_VVD	231	0.033955
48	measures_VVZ	229	0.033661
49	need_VVB	227	0.033367
50	kong_VVB	225	0.033073
51	maintain_VVB	221	0.032485
52	claimed_VVD	221	0.032485
53	see_VVB	215	0.031603
54	armed_VVN	212	0.031162
55	spratly_AV0	211	0.031015
56	did_VDD	211	0.031015
57	resolve_VVB	210	0.030868
58	guard_VVB	205	0.030133
59	rescue_VVB	204	0.029986
60	urged_VVD	201	0.029545

2. 中文时事新闻语料库高频动词列表（出现频次 200 以上）

序号	动词	出现频次	频率
1	在	72917	1.142931
2	是	11183	0.856203
3	称	7309	0.559598
4	评论	5850	0.447893
5	到	3158	0.241786
6	发展	2339	0.179081
7	进行	2103	0.161012
8	说	2082	0.159404
9	装备	1637	0.125333
10	推荐	1553	0.118902
11	表示	1531	0.117218
12	认为	1499	0.114768
13	解决	1422	0.108872
14	合作	1328	0.101676
15	看	1265	0.096852
16	查看	1245	0.095321
17	点击	1239	0.094861
18	拉	1152	0.0882
19	作战	1103	0.084449
20	死	1099	0.084143
21	演	1020	0.078094
22	关注	1012	0.077482
23	排行	950	0.072735
24	当兵	928	0.07105
25	行贿	923	0.070668
26	准备	912	0.069825
27	联合	903	0.069136
28	保护	901	0.068983
29	计划	880	0.067375
30	需要	880	0.067375
31	请	877	0.067146
32	开始	861	0.065921
33	发言	858	0.065691
34	打	855	0.065461
35	报告	832	0.0637
36	行动	829	0.063471
37	包括	816	0.062475

序号	动词	出现频次	频率
38	注册	801	0.061327
39	收藏	800	0.06125
40	上网	799	0.061174
41	成为	796	0.060944
42	纠错	789	0.060408
43	使用	785	0.060102
44	展	773	0.059183
45	训练	769	0.058877
46	冲突	764	0.058494
47	拥有	750	0.057422
48	发生	741	0.056733
49	曝光	733	0.056121
50	部署	728	0.055738
51	指出	688	0.052675
52	演习	684	0.052369
53	用	683	0.052292
54	威胁	682	0.052216
55	调查	675	0.05168
56	给	673	0.051527
57	建设	670	0.051297
58	希望	649	0.049689
59	做	648	0.049613
60	提供	647	0.049536
61	存在	631	0.048311
62	加强	628	0.048081
63	维护	616	0.047163
64	警惕	611	0.04678
65	要求	607	0.046474
66	活动	583	0.044636
67	企图	582	0.04456
68	支持	575	0.044024
69	引	573	0.043871
70	撞	561	0.042952
71	进步	556	0.042569
72	继续	546	0.041803
73	应对	545	0.041727
74	研制	531	0.040655

序号	动词	出现频次	频率
75	对比	526	0.040272
76	建造	526	0.040272
77	推出	523	0.040042
78	攻击	523	0.040042
79	开发	520	0.039813
80	登	518	0.03966
81	玩	516	0.039506
82	扎	515	0.03943
83	影响	510	0.039047
84	违法	498	0.038128
85	出现	489	0.037439
86	工作	489	0.037439
87	进入	485	0.037133
88	对抗	483	0.03698
89	盘点	480	0.03675
90	觊觎	480	0.03675
91	战斗	479	0.036674
92	竞选	476	0.036444
93	拖垮	472	0.036138
94	驻	471	0.036061
95	分析	470	0.035985
96	热衷于	467	0.035755
97	采取	465	0.035602
98	自保	464	0.035525
99	挥	460	0.035219
100	上诉	459	0.035142
101	提出	449	0.034377
102	研发	449	0.034377
103	打击	446	0.034147
104	崛起	434	0.033228
105	建立	424	0.032463
106	设计	420	0.032156
107	增加	418	0.032003
108	组织	415	0.031774
109	稳定	410	0.031391
110	控制	408	0.031238
111	对话	407	0.031161
112	强调	403	0.030855
113	出口	399	0.030549

序号	动词	出现频次	频率
114	发射	398	0.030472
115	实现	395	0.030242
116	访问	390	0.02986
117	巡逻	377	0.028864
118	防御	376	0.028788
119	防空	372	0.028481
120	针对	371	0.028405
121	具有	369	0.028252
122	发表	366	0.028022
123	保持	364	0.027869
124	飞	363	0.027792
125	飞行	363	0.027792
126	对峙	362	0.027716
127	研究	362	0.027716
128	完成	356	0.027256
129	获得	351	0.026874
130	购买	349	0.02672
131	挑战	343	0.026261
132	防卫	342	0.026185
133	制造	340	0.026031
134	考虑	340	0.026031
135	实施	339	0.025955
136	宣布	331	0.025342
137	执法	328	0.025113
138	提高	328	0.025113
139	决定	327	0.025036
140	参加	327	0.025036
141	采购	322	0.024653
142	面临	322	0.024653
143	接受	321	0.024577
144	执行	320	0.0245
145	得到	317	0.02427
146	参与	313	0.023964
147	表明	313	0.023964
148	协议	310	0.023734
149	持续	307	0.023505
150	帮助	301	0.023045
151	扩大	300	0.022969
152	签署	300	0.022969

序号	动词	出现频次	频率
153	反对	299	0.022892
154	引发	294	0.022509
155	提升	294	0.022509
156	达到	291	0.02228
157	发现	286	0.021897
158	利用	283	0.021667
159	承认	283	0.021667
160	航行	283	0.021667
161	代表	282	0.021591
162	形成	278	0.021284
163	受到	275	0.021055
164	变	272	0.020825
165	演练	270	0.020672
166	处理	268	0.020519
167	挑衅	268	0.020519
168	介入	266	0.020366
169	展示	266	0.020366
170	侵犯	264	0.020213
171	巡航	264	0.020213
172	增长	260	0.019906
173	造	259	0.01983
174	爆炸	257	0.019677
175	超过	253	0.01937
176	交流	252	0.019294
177	袭击	251	0.019217
178	主张	249	0.019064
179	看到	248	0.018988
180	造成	248	0.018988
181	结束	247	0.018911
182	作业	246	0.018834
183	担心	245	0.018758
184	遏制	245	0.018758
185	建	243	0.018605
186	试图	243	0.018605
187	选择	243	0.018605
188	声明	242	0.018528
189	试飞	242	0.018528
190	购	242	0.018528
191	开展	241	0.018452

序号	动词	出现频次	频率
192	试	241	0.018452
193	谈判	241	0.018452
194	回应	240	0.018375
195	公开	239	0.018299
196	赴	239	0.018299
197	抗议	238	0.018222
198	显示	238	0.018222
199	改变	234	0.017916
200	护航	229	0.017533
201	服役	229	0.017533
202	增强	228	0.017456
203	竞争	227	0.01738
204	警告	227	0.01738
205	编辑	226	0.017303
206	讨论	226	0.017303
207	呼吁	225	0.017227
208	取得	221	0.01692
209	侦察	219	0.016767
210	确保	219	0.016767
211	供应	218	0.016691
212	指挥	216	0.016538
213	推进	216	0.016538
214	面对	216	0.016538
215	投资	215	0.016461
216	保障	213	0.016308
217	访华	213	0.016308
218	透露	213	0.016308
219	导致	212	0.016231
220	做出	209	0.016002
221	避免	209	0.016002
222	了解	207	0.015849
223	比较	206	0.015772
224	采访	204	0.015619
225	坚持	202	0.015466
226	试航	201	0.015389
227	公布	200	0.015313
228	起飞	200	0.015313
229	隐身	200	0.015313

3. 越南语时事新闻语料库各词性高频词统计列表

越南语时事新闻语料库包括 2487 篇文本，共 2495458 字（即越南语中的音节 tiếng）。经过分词及词性标注后，我们对除标点符号外的 13 种词性高频词进行了统计。

各词性代码及注释如下。

1. N - Common noun	普通名词
2. Np - Proper noun	专有名词/命名实体
3. Nc - Classifier	量词
4. V - Verb	动词
5. A - Adjective	形容词
6. P - Pronoun	代词
7. R - Adverb	副词
8. L - Determiner	限定词
9. E - Preposition	介词
10. C - Subordinating conjunction	从属连词
11. CC - Coordinating conjunction	并列连词
12. Z - Bound morphemes	黏着语素
13. X - Unknown	未确定类型

N - Common noun（普通名词）出现频数 100 次以上的有 673 个。

序号	N -普通名词	汉译	频数
1.	nước	国家，水	9536
2.	biển	海	8518
3.	tàu	船，舰船	8332
4.	năm	年，五	7514
5.	máy bay	飞机	7018
6.	khi	当	6578
7.	khu vực	区域，地区	5934
8.	việc	事情、工作	5909
9.	hải quân	海军	5896
10.	quân sự	军事	4620
11.	lực lượng	（武装）力量	4613
12.	Ngày	天，日	4110
13.	quốc gia	国家	3958
14.	cuộc	（一）局，（ ）场	3857
15.	tàu ngầm	潜艇	3748
16.	vấn đề	问题	3523
17.	đảo	岛，岛屿	3420
18.	chủ quyền	主权	3330
19.	khả năng	能力	3249
20.	tên lửa	导弹	3196
21.	chiến lược	战略	3025

序号	N -普通名词	汉译	频数
22.	Tháng	月	2943
23.	vũ khí	武器	2843
24.	hệ thống	系统	2826
25.	bên	方，边	2604
26.	người	人	2579
27.	quốc phòng	国防	2568
28.	quân đội	军队	2528
29.	quốc tế	国际	2469
30.	bộ	部	2428
31.	tàu sân bay	航空母舰	2403
32.	kinh tế	经济	2207
33.	quan hệ	关系	2197
34.	lần	次	2196
35.	báo	报纸	2073
36.	bài	文章	2068
37.	điều	事情，条款	2065
38.	an ninh	安全	1986
39.	không quân	空军	1958
40.	đường	路，线路	1949
41.	châu	大陆，洲	1892
42.	vùng	地区，区域	1865
43.	sự	事	1804
44.	vùng biển	水域，海域	1786
45.	ông	先生	1783
46.	quần đảo	群岛	1781
47.	thế giới	世界	1764
48.	hạt nhân	核，核子	1749
49.	lớp	层次，阶层	1733
50.	hiện nay	现在	1713
51.	tầm	范围、界限	1669
52.	phía	方向，方面	1637
53.	tàu chiến	军舰	1587
54.	hoạt động	活动	1585
55.	mục tiêu	目标	1552
56.	Tin	相信	1528
57.	Cách	方法，距离	1479
58.	loại	样，种类	1397
59.	hạm đội	舰队	1380
60.	thời gian	时间	1353
61.	mối	渠道，线索	1341
62.	thứ	种，类	1334
63.	hòa bình	和平	1333
64.	quyền	权	1321
65.	chiến tranh	战争	1312
66.	lãnh thổ	领土	1307
67.	thông tin	新闻，通讯，信息	1299
68.	đầu	头	1281
69.	quân	军	1272
70.	lợi ích	利益，好处	1270
71.	nhiệm vụ	任务	1269
72.	bộ trưởng	部长	1252
73.	sức mạnh	力量，实力	1209
74.	kế hoạch	计划	1202
75.	công nghệ	技术	1197
76.	hành động	行动	1157
77.	căn cứ	依据	1148
78.	tình hình	情况	1140
79.	ngoại giao	外交	1138
80.	nguồn	来源	1107
81.	chính phủ	政府	1081
82.	bãi	滩，滩地	1052
83.	bờ	堤岸，岸边	1019
84.	chuyên gia	专家	987
85.	chính sách	政策	986
86.	hội nghị	会议	950

序号	N -普通名词	汉译	频数
87.	nhau	一起	933
88.	số	数	917
89.	Thủ tướng	总理	915
90.	công ước	公约	880
91.	thực tế	现实	879
92.	cơ quan	机构，部门	878
93.	chuyến	（一）趟	864
94.	chính trị	政治	855
95.	hàng hải	航海，航运	853
96.	hiện	存在	846
97.	tầu	船舶	842
98.	chương trình	节目	839
99.	tương lai	未来	839
100.	không quân	空军	838
101.	tính	计算	831
102.	phần	部分	817
103.	cơ sở	基础，单位	812
104.	thiết bị	设备	811
105.	vai trò	作用	807
106.	đạn	子弹，弹药	804
107.	kỹ thuật	技术	803
108.	thế hệ	代	793
109.	công ty	公司	788
110.	cấp	等级	787
111.	động cơ	发动机	770
112.	điểm	点	751
113.	nhân dân	人民	743
114.	láng giềng	邻居，相邻	742
115.	trung tâm	中心	739
116.	cá	鱼	736
117.	biện pháp	措施	731
118.	điều kiện	条件	714
119.	lĩnh vực	领域	712

序号	N -普通名词	汉译	频数
120.	Chủ tịch	主席	709
121.	tên	名	709
122.	hiệu quả	效果	701
123.	đối tác	合作伙伴	700
124.	nước ngoài	国外	699
125.	phương tiện	手段	699
126.	radar	雷达	696
127.	lời	话，言辞	690
128.	quy định	规定，法规	673
129.	luật pháp	法律	664
130.	nhà	房了，专家	662
131.	tốc độ	速度	659
132.	quan chức	官员	658
133.	hướng	方向	651
134.	một cách	以…方式	651
135.	lãnh đạo	领导	647
136.	thành viên	成员	637
137.	năng lực	能力	635
138.	ven	沿	630
139.	lịch sử	历史	628
140.	ảnh	图片	620
141.	thương mại	商贸，贸易	620
142.	tàu khu trục	驱逐舰	619
143.	biên chế	编制，建制	616
144.	hàng không	航空	611
145.	đối phương	对方，对手	607
146.	lúc	时刻	606
147.	truyền thông	传媒	602
148.	mạng	网络	595
149.	tờ	张，页	595
150.	Ngoại trưởng	外交部长	594
151.	vụ	案件	594
152.	phòng	房	593

序号	N-普通名词	汉译	频数
153.	đơn vị	单位	589
154.	quan điểm	观点	579
155.	cảng	港口	574
156.	tuyến	线	574
157.	hợp đồng	合同	573
158.	hạm	舰	568
159.	giai đoạn	阶段	565
160.	hình ảnh	形象	561
161.	khoảng	大约	554
162.	nơi	地方	554
163.	luật	法律	552
164.	xung quanh	周围	550
165.	số lượng	数量	549
166.	giàn	钻井	548
167.	mục đích	目的	544
168.	ngư dân	渔民	544
169.	điện tử	电子	543
170.	đồng minh	盟友	542
171.	bom	炸弹	537
172.	Tổng thống	总统	537
173.	vị trí	位置	537
174.	sân bay	机场	532
175.	lãnh hải	领海	524
176.	liên hợp	联合	522
177.	bò	牛	518
178.	lưỡi	舌头	515
179.	hành trình	行程	512
180.	ngoài	以外	512
181.	vũ lực	武力	512
182.	lượng	量	507
183.	thời	时	505
184.	cảnh sát	警察	502
185.	hạng	类	491

序号	N-普通名词	汉译	频数
186.	quá trình	过程	490
187.	cuối	最后	485
188.	động thái	动态	479
189.	công nghiệp	工业	475
190.	chiến hạm	军舰	469
191.	dự án	提案，项目	464
192.	nỗ lực	努力	460
193.	thứ hai	第二	458
194.	hôm	天，日	457
195.	nhóm	组	457
196.	tài nguyên	资源	457
197.	cỡ	型号，规格	455
198.	pháp lý	法理	452
199.	toàn cầu	全球	452
200.	biên giới	边界	451
201.	môi trường	环境	450
202.	thềm lục địa	大陆架	448
203.	trực thăng	直升机	444
204.	kiểu	类型	442
205.	mặt	面，方面	442
206.	máy bay trực thăng	直升飞机	442
207.	chiều	下午	439
208.	tuyên bố	声明	439
209.	đội	团队	438
210.	nguyên tắc	原则	431
211.	khu	区域	430
212.	xe tăng	坦克	429
213.	tỉnh	省	428
214.	phạm vi	范围	423
215.	quy mô	规模	423
216.	dầu khí	石油、天然气	421
217.	hàng	货物，排	421

序号	N -普通名词	汉译	频数
218.	lợi	利润	420
219.	chiến dịch	战役	418
220.	bối cảnh	背景	417
221.	cường quốc	强国，大国	416
222.	ngân sách	财政预算	416
223.	tàng hình	隐形	416
224.	yêu sách	要求	415
225.	nội dung	内容	412
226.	tuần	周	411
227.	khoa học	科学	409
228.	Tàu	船	407
229.	tòa án	法庭	405
230.	đoàn	组	404
231.	hồi	时间	403
232.	vốn	资本	402
233.	dầu	油	400
234.	thời điểm	时间	398
235.	đá	石	396
236.	sức	力	393
237.	công tác	工作	390
238.	diễn đàn	论坛	389
239.	Anh	英（国）	387
240.	trường hợp	状况、情况	387
241.	dư luận	舆论	383
242.	giới	界	380
243.	chiến thuật	战术	379
244.	quy tắc	规则	379
245.	thành phố	城市	378
246.	xung đột	冲突	378
247.	pháo	炮	377
248.	học giả	学者	376
249.	lòng	心怀	370
250.	thỏa thuận	协议	370

序号	N -普通名词	汉译	频数
251.	bước	步骤	369
252.	nguy cơ	风险	367
253.	giải pháp	解决方案	364
254.	nam	南	364
255.	phương	方	362
256.	tướng	将军	361
257.	bản đồ	地图	359
258.	vệ tinh	卫星	358
259.	không gian	空间	356
260.	cụm	丛，集中点	354
261.	đất nước	国家	354
262.	phi công	飞行员	354
263.	hỏa lực	火力	349
264.	nhu cầu	需求	349
265.	tổ chức	组织	349
266.	mức	水平	346
267.	năng lượng	能源	345
268.	trách nhiệm	责任	345
269.	quyền lực	动力	341
270.	Cục	局	338
271.	thế kỷ	世纪	338
272.	hãng	公司	337
273.	đa	多	336
274.	Phòng vệ	防御	335
275.	chính quyền	政权，政府	333
276.	tham vọng	贪欲，野心	332
277.	báo chí	报刊杂志	330
278.	tàu thuyền	船舶	329
279.	khoản	款	327
280.	nền	基础，领域	327
281.	cánh	翼	326
282.	eo biển	海峡	326
283.	nhà máy	工厂	326

序号	N-普通名词	汉译	频数
284.	nước lớn	大国	326
285.	cộng đồng	社会群体，社会	325
286.	nhà nước	国家	325
287.	phiên bản	翻版，仿品；版本	325
288.	tàu đổ bộ	登陆艇	325
289.	sự kiện	事件	324
290.	viện	院	321
291.	tập đoàn	集团，群	320
292.	chiến đấu cơ	战斗机	318
293.	thách thức	挑战	318
294.	trước đây	之前	318
295.	cơ chế	机制	316
296.	đất	土地	314
297.	Ủy ban	委员会	313
298.	cơ động	运输兵力（动词），机动（形）	311
299.	kinh nghiệm	经验	311
300.	vịnh	海湾	311
301.	kết quả	结果	309
302.	tỷ	十亿	308
303.	buổi	一段时间	307
304.	tổ hợp	组合	306
305.	Hội đồng	委员会，理事会	304
306.	người dân	老百姓	303
307.	khoảng cách	距离	297
308.	trang	页	296
309.	ý nghĩa	意义	296
310.	địch	敌人	294
311.	đoạn	段	294
312.	mặt đất	地面	292
313.	thị trường	市场	292
314.	vòng	环	292
315.	tính năng	性能	289
316.	máy bay không người lái	无人机	282
317.	trọng tài	裁判，仲裁	280
318.	dân tộc	民族	278
319.	mặt nước	水面	278
320.	Quốc hội	国会	278
321.	thủy thủ	水手	278
322.	vũ khí hạt nhân	核武器	276
323.	cơ hội	机会	275
324.	độc lập	独立	274
325.	ca	班组	273
326.	tình huống	情况，状况	273
327.	bản	版本，份	272
328.	xe	车	270
329.	yêu cầu	要求	270
330.	tên lửa đạn đạo	弹道导弹	268
331.	hàng đầu	前列	266
332.	thân	亲，身	266
333.	nhà lãnh đạo	领导者	265
334.	chiến trường	战场	264
335.	hành vi	行动	264
336.	khuôn khổ	规格，范围	264
337.	nhân viên	工作人员	264
338.	đất liền	大陆	261
339.	khí	气	260
340.	đáy	底部	258
341.	sau	后来	258
342.	đặc quyền	特权	256
343.	ngành	部门，行业	255
344.	Tokyo	东京	255

序号	N-普通名词	汉译	频数
345.	mức độ	水平、程度	254
346.	năm ngoái	去年	254
347.	nạn	灾难	253
348.	ảnh hưởng	影响	252
349.	sĩ quan	士官	252
350.	biên đội	编队	250
351.	phòng không	防空	249
352.	lập trường	立场	247
353.	thứ ba	第三	246
354.	phương án	方案，计划	245
355.	yếu tố	要素	244
356.	nhiên liệu	燃料	243
357.	tiếng	小时	243
358.	thập niên	十年，年代	241
359.	Thứ trưởng	副部长	241
360.	Tháng	月	237
361.	đối thủ	竞争者	235
362.	lý do	原因	235
363.	phản ứng	应对	235
364.	thủy	水	235
365.	Tư lệnh	司令，指挥官	235
366.	cuộc chiến	战斗	234
367.	ý kiến	主意	234
368.	câu hỏi	问题	233
369.	miền	域	232
370.	cờ	棋	231
371.	ý đồ	意图	231
372.	phóng viên	记者	230
373.	trận	阵，一场	229
374.	chủ lực	主力	228
375.	phương diện	方面	228
376.	đại dương	海洋	227
377.	súng	枪	227

序号	N-普通名词	汉译	频数
378.	lực lượng vũ trang	武装部队	226
379.	quả	果	226
380.	vụ kiện	案件，官司	226
381.	giá	价格	225
382.	căn cứ quân sự	军事基地	224
383.	huấn luyện	训练	224
384.	người phát ngôn	发言人	224
385.	đô	资本	223
386.	tình báo	情报	223
387.	sản phẩm	产品	222
388.	tây	西	222
389.	trước	前	221
390.	đại diện	代表	220
391.	binh sĩ	兵	219
392.	doanh nghiệp	业务	219
393.	hiện tại	当前	219
394.	ma	鬼	219
395.	khối	单位	217
396.	phi	非	217
397.	truyền thống	传统	217
398.	xã hội	社会	217
399.	thủ tục	手续	216
400.	bộ phận	部分	215
401.	đòn	打击	214
402.	hình	形，刑	214
403.	chỗ	地方，场所	213
404.	số hiệu	号数	213
405.	thái độ	态度	213
406.	lễ	礼，仪式	212
407.	ngư lôi	鱼雷	212
408.	tinh thần	精神	212

序号	N-普通名词	汉译	频数
409.	trình độ	程度	212
410.	báo cáo	报告	211
411.	vị thế	地位	211
412.	sáng	早晨	210
413.	lục địa	大陆	208
414.	quyết định	决定	208
415.	trang thiết bị	设备，装备	207
416.	công trình	工程	206
417.	khơi	远海	206
418.	thực lực	实力	205
419.	Liên bang	联邦	204
420.	tiền	钱	204
421.	chữ	字	203
422.	chức năng	职能，功能	203
423.	dân	民，民众	203
424.	điện	电力	202
425.	giữa	之间	202
426.	lính	战士	202
427.	thư	信	202
428.	đường biển	海路	201
429.	loạt	系列	201
430.	chi phí	费用	200
431.	pháp luật	法律	200
432.	nền tảng	基础	199
433.	nhà phân tích	分析人士	199
434.	tín hiệu	信号	199
435.	bạn	朋友	196
436.	giá trị	价值	196
437.	giãn	价值	195
438.	hàng loạt	一系列，（大）量	195
439.	máy	机	195
440.	tài chính	金融	195
441.	kẻ	家伙，分子	194
442.	giám	总监	193
443.	trưởng	长	193
444.	tiềm năng	潜力	192
445.	lô	区域，部分	191
446.	tiến trình	进程	191
447.	diện tích	面积	190
448.	đại biểu	代表	189
449.	Đại học	大学	189
450.	hình thức	形式	188
451.	nguyên nhân	原因	188
452.	tình trạng	状态，状况	188
453.	trung	中	188
454.	vụ việc	事件	188
455.	ý định	意图	188
456.	Thiếu tướng	少将	187
457.	thời kỳ	时期	187
458.	hiện đại hóa	现代化	186
459.	sức ép	压力	185
460.	chủ trương	主张	182
461.	địa lý	地理	182
462.	cán bộ	干部	181
463.	lệnh	命令	181
464.	hòn	球状物	180
465.	tiêu chuẩn	标准	180
466.	tính chất	性质	180
467.	chất lượng	质量	179
468.	ban đầu	初始	178
469.	cốt lõi	核心	178
470.	hôm qua	昨天	178
471.	nội địa	内陆	178
472.	quyền lợi	权利	178
473.	xã	乡，社	178
474.	sự cố	事故	175

序号	N-普通名词	汉译	频数
475.	xu hướng	趋势	175
476.	tay	手	174
477.	đồng	铜	173
478.	phương thức	方法	170
479.	dấu hiệu	标记	169
480.	dòng	水流，潮流	169
481.	mô hình	模型	169
482.	bà	女士	168
483.	chuyện	事	168
484.	thứ năm	星期四	168
485.	tiêm kích	歼击机	168
486.	trên	上	168
487.	hải	海	166
488.	quanh	周围	166
489.	bắc	北	165
490.	máy bay tiêm kích	歼击机	164
491.	hậu cần	后勤	163
492.	thẩm quyền	权限	163
493.	dương	阳，正面	162
494.	liên minh	联盟	162
495.	Việt Nam	越南	162
496.	Đại sứ	大使	161
497.	diễn biến	演变	161
498.	quan	官，关	161
499.	chi tiết	细节	160
500.	đợt	阶段，步骤	160
501.	đài	台	159
502.	diesel	柴油机	159
503.	laser	激光	159
504.	lực	力	159
505.	đường không	空中航线	158
506.	kẻ thù	敌人	158

序号	N-普通名词	汉译	频数
507.	phi pháp	非法	158
508.	trật tự	秩序	158
509.	khách hàng	顾客	155
510.	đê	堤	154
511.	địa phương	地方，当地	154
512.	Học viện	学院	154
513.	khó khăn	困难	154
514.	văn hóa	文化	154
515.	giới chức	人士	153
516.	phương pháp	方法	153
517.	kho	仓库	152
518.	khoang	舱	152
519.	trường	学校	152
520.	phép	许可证	151
521.	con số	数字	150
522.	đặc điểm	特点	150
523.	dân sự	民事	150
524.	phần lớn	主要	150
525.	công việc	工作	149
526.	Đại tướng	大将	148
527.	hôm nay	今天	148
528.	nội bộ	内部	148
529.	dự đoán	预测	147
530.	tài liệu	文件，资料	147
531.	đường băng	跑道	145
532.	giờ	时间，小时	145
533.	kỳ	时期	145
534.	việc làm	工作，行动	145
535.	cam kết	承诺	144
536.	gia	家	144
537.	nghĩa vụ	义务	144
538.	nhân tố	因素	143
539.	thủy lôi	鱼雷	143

序号	N-普通名词	汉译	频数
540.	bản thân	本身	142
541.	kênh	渠道，频道	142
542.	chế độ	制度	141
543.	giao thông	交通	141
544.	quân cảng	军港	141
545.	áp lực	压力	140
546.	chiến	战斗	140
547.	giới hạn	界限，范围	140
548.	cảnh	景	139
549.	Giám đốc	经理	139
550.	động lực	动力	138
551.	mìn	地雷	138
552.	ngày nay	今天	138
553.	thập kỷ	年代	138
554.	cơ	机，基	137
555.	thực chất	实质	137
556.	ống phóng	弹筒	136
557.	bộ binh	步兵	135
558.	công	工，功	135
559.	đơn	单	135
560.	sóng	波	135
561.	xu thế	趋势	135
562.	khái niệm	概念	134
563.	Tổ quốc	祖国	134
564.	chiến sĩ	战士	133
565.	nay	现在	133
566.	âm mưu	阴谋	132
567.	boong	甲板	132
568.	hàng hóa	商品	132
569.	thiết kế	设计	132
570.	tổng	总	132
571.	trinh sát	侦察	132
572.	cửa	门	131

序号	N-普通名词	汉译	频数
573.	giới	界	131
574.	hội thảo	学术研讨会	130
575.	nhận định	评价	130
576.	phiên	番，次	130
577.	tạp chí	刊物	130
578.	thủ đoạn	手段	130
579.	bên cạnh	旁边	128
580.	đội hình	队形	128
581.	quan ngại	关注	128
582.	thông điệp	信息	128
583.	giáo sư	教授	127
584.	hiệp định	协议	126
585.	phi đội	飞行编队	126
586.	trục	轴	126
587.	tư tưởng	思想	126
588.	nòng	枪膛，筒	125
589.	tiềm lực	潜力	125
590.	trạng thái	状态	125
591.	văn bản	文件	125
592.	trạm	站	124
593.	tỷ lệ	比例	124
594.	anh	哥哥	123
595.	ngày càng	日益	123
596.	Cộng hòa	共和	122
597.	mẫu	样本	122
598.	tư cách	资格	122
599.	tác giả	作者	121
600.	triển vọng	展望	121
601.	Thượng tướng	上将	120
602.	bằng chứng	证明	119
603.	khí tài	器材	119
604.	ngư	渔	119
605.	con người	人类	118
606.	đối tượng	对象	118
607.	hậu quả	后果	118
608.	trọng lượng	重量	118

序号	N -普通名词	汉译	频数
609.	tự do	自由	118
610.	vũ trụ	宇宙	117
611.	công suất	功率	116
612.	quốc	国	115
613.	cự ly	距离	114
614.	giáo dục	教育	114
615.	trận địa	阵地	114
616.	TS	博士（tiến sĩ），南沙（Trường Sa）	114
617.	vỏ	外壳	114
618.	mũi	鼻子	113
619.	chân	脚	112
620.	chủ đề	主题	112
621.	cướp biển	海盗	112
622.	dầu mỏ	石油	112
623.	nhà nghiên cứu	研究人员	112
624.	sự thật	真相	112
625.	bán đảo	半岛	111
626.	lò	炉	111
627.	toàn	全	111
628.	đại tá	大校	110
629.	địa điểm	地点	110
630.	lãnh đạo	领导	110
631.	triệu	百万	110
632.	bầu trời	大空	109
633.	Hiến pháp	宪法	109
634.	ranh giới	边界	109
635.	thùng	桶	109
636.	an toàn	安全	108
637.	cái	个	108
638.	con	只，孩子	108
639.	hiện thực	实际	107
640.	sách	书	107
641.	thép	钢	107
642.	trung đoàn	团	107
643.	tư liệu	数据	107
644.	bang	邦	106
645.	đông	东	106
646.	ha	公顷	106
647.	hiệu lực	效力	106
648.	san hô	珊瑚	106
649.	số liệu	数据	106
650.	chủ	主	105
651.	lợi thế	优势	105
652.	lục quân	陆军	105
653.	vật liệu	物料	105
654.	kỷ niệm	纪念	104
655.	nghề	职业	104
656.	pho	套，尊	104
657.	quân khu	军区	104
658.	Trung ương	中央	104
659.	cảnh báo	警告	103
660.	hiện trạng	现状	103
661.	hiệp hội	协会	103
662.	lữ đoàn	旅	103
663.	thủ đô	首都	103
664.	tiếng nói	声音，话语	103
665.	công du	出访	102
666.	trước hết	首先	102
667.	dịch vụ	服务	101
668.	mm	毫米	101
669.	ban	部门	100
670.	bất lợi	不利，不顺	100
671.	bước đi	步伐，进程	100
672.	hóa	化	100
673.	quân nhân	军人	100

Np - Proper noun（专有名词/命名实体）出现频次 100 次以上的 144 个，主要为国家名、地名、组织机构名、武器装备名、重要人名、法规文本名、通讯媒体名、术语缩写等。

序号	Np-专有名词/命名实体	汉译	出现频数
1.	Trung Quốc	中国	26103
2.	Mỹ	美（国）	10654
3.	Việt Nam	越南	8888
4.	Biển Đông	东海（越南对“南海”称法）	6390
5.	Nhật Bản	日本	4759
6.	Philippines	菲律宾	4437
7.	Nga	俄罗斯	4392
8.	Á	亚（洲）	3122
9.	Bắc Kinh	北京	2369
10.	ASEAN	东盟	2264
11.	Đông	东	1974
12.	Trường Sa	长沙（越南对“南沙”称法）	1565
13.	Đài Loan	台湾	1553
14.	Thái Bình Dương	太平洋	1335
15.	TQ	中国（缩写）	1241
16.	Hoàng Sa	黄沙（越南对“西沙”称法）	990
17.	Quốc	国	980
18.	Đông Nam	东南	873
19.	Senkaku	钓鱼岛	769
20.	Indonesia	印度尼西亚	752
21.	Ấn	印（度）	738
22.	Malaysia	马来西亚	738
23.	Nhật	日（本）	730
24.	Singapore	新加坡	713
25.	Hoa Đông	华东（海）（指我国东海）	713
26.	GDVN	越南教育（网）	592
27.	Ngoại	外	564

序号	Np-专有名词/命名实体	汉译	出现频数
28.	Hàn Quốc	韩国	562
29.	Type	类型	560
30.	Nam Hải	南海	540
31.	Trung	中	524
32.	Manila	马尼拉	511
33.	Washington	华盛顿	489
34.	COC	南海行为准则	485
35.	Kilo	基洛（级潜艇）	473
36.	Liêu Ninh	辽宁（号航空母舰）	464
37.	Liên Xô	（前）苏联	458
38.	Su-35	苏-35 战斗机	443
39.	Hoa Kỳ	美国	441
40.	USS	美国海军作战舰只	427
41.	Pháp	法（国）	417
42.	Hải	海	410
43.	Cam Ranh	金兰湾（越南军事基地）	410
44.	Ảnh	图片	405
45.	Scarborough	黄岩岛	386
46.	Thái Lan	泰国	380
47.	Brunei	文莱	371
48.	Hà Nội	河内	370
49.	Hoàn Cầu	环球（时报）	369
50.	Luật Biển	海洋法	364
51.	Australia	澳大利亚	352
52.	Tây	西	335
53.	PV	记者	330
54.	UNCLOS	联合国海洋法公约	320
55.	Nam	南	305
56.	Âu	欧（洲）	301
57.	Tập Cận Bình	习近平	295
58.	Campuchia	柬埔寨	277
59.	Hải Nam	海南	268

序号	Np-专有名词/命名实体	汉译	出现频数
60.	DOC	南海各方行为宣言	268
61.	Triều Tiên	朝鲜	268
62.	Liên Hợp Quốc	联合国	265
63.	Bãi Cỏ Mây	仁爱礁	256
64.	Châu	洲	255
65.	Việt	越（南）	254
66.	Obama	奥巴马	252
67.	PLA	中国人民解放军（缩写）	242
68.	Độ Dương	（印）度洋	237
69.	Shangri-La	香格里拉（论坛）	236
70.	Myanmar	缅甸	230
71.	Quốc gia	国家	229
72.	Nguyễn Tấn Dũng	阮晋勇	229
73.	Lầu Năm Góc	五角大楼	227
74.	Su-27	苏-27 战斗机	217
75.	Shinzo Abe	安倍晋三	216
76.	Tàu	船/舰	214
77.	Okinawa	冲绳	214
78.	Tam Sa	三沙（市）	213
79.	Đức	德（国）	202
80.	Pakistan	巴基斯坦	201
81.	F-35	F-35 战斗机	197
82.	Israel	以色列	189
83.	VN	越南（缩写）	188
84.	J-20	歼-20 战斗机	185
85.	Đảng	党	174
86.	Trung Hoa	中华	174
87.	USD	美元	164
88.	Cỏ Mây	仁爱（礁）	163
89.	ADIZ	防空识别区	162
90.	Trương Tấn Sang	张晋创	160
91.	Tàu ngầm	潜艇	159

序号	Np-专有名词/命名实体	汉译	出现频数
92.	Ukraine	乌克兰	156
93.	Osprey	鱼鹰（运输倾转旋翼机）	156
94.	Hải quân	海军	155
95.	Hải Dương	海洋（钻井平台）	152
96.	Tây Thái Bình Dương	西太平洋	151
97.	Điếu Ngư	钓鱼（岛）	149
98.	Lục quân	陆军	147
99.	Rosario	罗萨里奥（菲律宾外长）	144
100.	Tân Hoa	新华（社）	140
101.	P-3C	“猎户座”反潜巡逻机	140
102.	LHQ	联合国（缩写）	140
103.	Hồng Kông	香港	140
104.	NATO	北约	139
105.	Trung Đông	中东	136
106.	Hồ Chí Minh	胡志明	136
107.	J-15	歼-15 战斗机	135
108.	Đà Nẵng	岘港	133
109.	Phùng Quang Thanh	冯光青（越南国防部长）	133
110.	La Viện	罗援（中国军事科学院教授，少将）	132
111.	Project	（导弹名）	130
112.	Su-30	苏-30 战斗机	128
113.	U	U 形线（即九段线）	127
114.	Trung-Nhật	中-日	125
115.	Vikramaditya	维克拉玛蒂亚（印度航母）	122
116.	Tên lửa	导弹	121
117.	Úc	澳大利亚（简称）	120
118.	Nguyễn Chí Vịnh	阮志咏（越南国防部副部长）	120
119.	Nhật-Mỹ	日-美	119
120.	Mỹ-Nhật	美-日	119
121.	F-22	“猛禽”战斗机	119
122.	Bắc	北	118

序号	Np-专有名词/命名实体	汉译	出现频数
123.	CSB	越南海警（缩写）	117
124.	Aegis	宙斯盾（作战系统，或护卫舰）	117
125.	Phòng vệ	防卫	116
126.	AFP	法新社	116
127.	Tân Hoa Xã	新华社	114
128.	Su-30MK2	苏-30MK2 战斗机	113
129.	Hồng Thủy	人名，记者或编辑	111
130.	Tam	三	111
131.	UAV	无人机	110
132.	Báo Trung Quốc	中国报	110
133.	Biển Hoa Đông	中国东海	109
134.	My	（链接地址中使用）	108
135.	Hoa	华	108
136.	Vương Nghị	王毅（中国外交部长）	108
137.	EEZ	专属经济区	107
138.	Orion	猎户座（巡逻机）	106
139.	INS	印度装备代号	103
140.	HQ	越南军舰编号，“海军”一词缩写	103
141.	AIP	不依赖空气推进系统	103
142.	Iraq	伊拉克	102
143.	Sukhoi	苏霍伊航空集团	100

Nc - Classifier（量词）主要是人或事物的计量单位。其中有些形式上和普通名词有重叠。出现频次在 2 次以上的有 60 个。

序号	Nc-量词	汉译	出现频数
1.	sự	变动词为名词	3906
2.	chiếc	只，架，艘，轮，根，件，条	2335
3.	ông	位（中老年男性）	1971
4.	loại	类	1122
5.	cái	个	757
6.	con	只	678

序号	Nc-量词	汉译	出现频数
7.	tờ	张	571
8.	người	个（人）	182
9.	cuộc	局，场	171
10.	loạt	批，列，组	159
11.	chuỗi	串	152
12.	hòn	球状物，粒，颗，块 个等	121

序号	Nc-量词	汉译	出现频数
13.	quả	果形物，个，只	120
14.	đoạn	一段	82
15.	tấm	面，张，幅，块，匹，个，片	80
16.	bà	位(中老年女性)	77
17.	viên	粒，颗，丸	77
18.	vị	位	75
19.	bức	幅，封，面	72
20.	bản	份，册，张	63
21.	cuốn	本，册，卷	58
22.	anh	个（年轻男性）	47
23.	chùm	串，束	47
24.	cây	柱形体，根	47
25.	cơn	阵，时，回	33
26.	tia	丝，线	33
27.	đàn	群	30
28.	vụ	起，桩，件	23
29.	mảnh	张，片，块，条	20
30.	ngôi	座	20
31.	miếng	块，张，口	17
32.	bọn	伙，群，帮	16
33.	căn	间	16
34.	lá	封，面	16
35.	Nhóm	组	13
36.	niềm	心情（积极）	13
37.	đám	群，片，堆，丛	12

序号	Nc-量词	汉译	出现频数
38.	đoàn	团，群，组	11
39.	đứa	个(对卑辈之称)	10
40.	khẩu	门(炮)，支(枪)	10
41.	ngọn	支，把，盏	10
42.	chú	个（年轻男性）	8
43.	cú	一拳，一击	8
44.	món	笔，宗，批	7
45.	nỗi	心情（消极）	6
46.	chặng	一段	5
47.	cỗ	副，套，辆	5
48.	làn	股，阵	5
49.	vỉa	边	4
50.	bác	位（中老年）	3
51.	sợi	丝，线	3
52.	thằng	个（卑称）	3
53.	việc	使动词名词化	3
54.	bầy	群，伙，帮	2
55.	chàng	个（男子）	2
56.	chuyến	趟，次	2
57.	cô	个（女子）	2
58.	cụm	从	2
59.	dãy	行 列 排	2
60.	hạt	粒状物	2

V - Verb（动词）出现频次在 100 次以上的有 523 个。机器统计中存在一定误差，如第 100 词为名词，第 238 词与第 505 词重复等，在此一并保留展示。

序号	V	汉译	出现频数
1.	có	有	17885
2.	là	是	15924
3.	được	得到	9963
4.	phải	权	4685
5.	cho	给	4204
6.	chiến đấu	战斗	3574

序号	V	汉译	出现频数
7.	tranh chấp	争议	3288
8.	làm	做	3013
9.	phát triển	发展	2932
10.	đưa	转递，列入	2835
11.	hợp tác	合作	2618
12.	trang bị	装备	2577

序号	V	汉译	出现频数
13.	cho biết	说	2534
14.	sử dụng	使用	2530
15.	bị	被	2420
16.	tấn công	攻击	2420
17.	nói	说	2401
18.	cần	需要	2247
19.	tiến hành	进行	2238
20.	tác chiến	作战，战斗	2162
21.	chống	反抗，反对	2113
22.	thực hiện	执行	2086
23.	xây dựng	建设	2008
24.	bảo vệ	保卫，保护	1946
25.	tăng cường	加强，强化	1933
26.	theo	跟随	1904
27.	nhằm	对准，针对	1902
28.	thuộc	属于	1861
29.	hoạt động	活动，工作	1748
30.	mang	携带	1696
31.	tuyên bố	声明	1696
32.	đi	去	1683
33.	nghiên cứu	研究	1671
34.	bay	飞	1666
35.	chế tạo	制造	1662
36.	triển khai	部署	1635
37.	tham gia	参与	1587
38.	tiếp tục	继续	1574
39.	mua	购买	1491
40.	thấy	见	1477
41.	muốn	要	1460
42.	gây	挑起，制造	1425
43.	đóng	关闭	1419
44.	giải quyết	解决	1416

序号	V	汉译	出现频数
45.	liên quan	相关	1373
46.	tới	到来	1364
47.	tuần tra	巡逻	1329
48.	diễn tập	演习	1295
49.	tăng	增加，提高	1274
50.	tập trận	军事演习	1243
51.	dẫn	引导	1241
52.	thăm	访问	1195
53.	khẳng định	确认	1158
54.	bắn	射击	1136
55.	đổ bộ	登陆	1108
56.	tổ chức	组织	1102
57.	đặt	放	1080
58.	dùng	使用	1056
59.	đạt	到达	1041
60.	phóng	发射	1028
61.	đánh	击中	1025
62.	ra	出	1024
63.	qua	经过	1002
64.	tạo	创建	992
65.	viết	写	981
66.	trở thành	成为	976
67.	bắt đầu	开始、启动	967
68.	sản xuất	生产	959
69.	thông qua	通过	942
70.	phòng thủ	防御	936
71.	về	回	931
72.	kiểm soát	控制	928
73.	đe dọa	威胁	918
74.	đến	至	897
75.	thêm	增加	886
76.	đàm phán	谈判	882

序号	V	汉译	出现频数
77.	huấn luyện	训练	840
78.	bao gồm	包括	836
79.	duy trì	维持	834
80.	thúc đẩy	促进，提升	828
81.	phòng không	防空	827
82.	xảy ra	发生	820
83.	còn	还有	809
84.	quan tâm	关心	806
85.	thử nghiệm	试验	802
86.	nằm	位于	797
87.	nhấn mạnh	强调	785
88.	chiếm	占据	784
89.	giao	交	776
90.	thay đổi	变化	737
91.	khai thác	开发，利用	719
92.	diễn	进行	715
93.	khiến	使得	713
94.	mở rộng	扩展	703
95.	va	碰，撞	702
96.	thành	成	696
97.	giúp	帮助	692
98.	so	比较	688
99.	tìm	寻求	687
100.	tàu ngầm	潜艇	679
101.	biết	知道	674
102.	khoan	钻	668
103.	cung cấp	供应	667
104.	hỗ trợ	支持	663
105.	dựa	基于	654
106.	gồm	含	648
107.	lên	向上	644
108.	ủng hộ	支持	643

序号	V	汉译	出现频数
109.	tập trung	集中	635
110.	xuất khẩu	出口	635
111.	vận tải	运输，运载	631
112.	yêu cầu	要求	631
113.	thiết kế	设计	630
114.	chuẩn bị	准备	627
115.	giảm	减少	623
116.	áp dụng	采用，利用	606
117.	phát hiện	发现	598
118.	cảnh báo	警告	596
119.	thể hiện	体现	592
120.	đối thoại	对话	591
121.	nhận	收到	588
122.	ổn định	稳定	587
123.	phản đối	抗议	574
124.	coi	视作，考虑	573
125.	đánh giá	评估	565
126.	lo ngại	担忧	560
127.	tìm kiếm	搜索	556
128.	ảnh hưởng	影响	555
129.	săn	狩猎	551
130.	gia tăng	提高	547
131.	xuất hiện	出现	537
132.	đảm bảo	保证	532
133.	bảo đảm	确保	529
134	nâng	提高	528
135.	phân tích	分析	524
136.	phát biểu	发言，声明	515
137.	giữ	持有	513
138.	chỉ huy	指挥	503
139.	quản lý	管理	502
140.	thành lập	成立	502

序号	V	汉译	出现频数
141.	gặp	见面	499
142.	công bố	公布，发布	492
143.	phù hợp	符合，适合	490
144.	đối phó	对付	488
145.	ngăn chặn	阻止	485
146.	trao đổi	交换，交流	484
147.	theo dõi	追踪	482
148.	đứng	站	481
149.	sở hữu	拥有	481
150.	xác định	确定	481
151.	ký	签字，签署	480
152.	bán	出售	477
153.	lấy	取	475
154.	kể	讲述，包含	473
155.	nhìn	看	469
156.	đầu tư	投资	468
157.	trinh sát	侦察	466
158.	vượt	跨过，克服	466
159.	phối hợp	配合	460
160.	quyết định	决定	460
161.	đáng	值得	458
162.	xung đột	冲突	451
163.	ứng xử	应对，处理	449
164.	cho phép	允许	448
165.	thiết lập	设立，建立	443
166.	báo cáo	报告	439
167.	đối	对	439
168.	hoàn thành	完成	438
169.	vào	进入	437
170.	tránh	避免	435
171.	khỏi	免于，离开	433
172.	thành công	成功	433

序号	V	汉译	出现频数
173.	tiến	前进	432
174.	thử	尝试	429
175.	nổi	好	423
176.	nâng cấp	升级	422
177.	hộ vệ	护航	420
178.	thảo luận	讨论	416
179.	tiêu diệt	灭绝	414
180.	đối đầu	对抗	410
181.	hiện diện	出现	410
182.	nêu	提出	408
183.	tiếp cận	接近	408
184.	hạn chế	限制	405
185.	xem	见	403
186.	hiểu	了解	402
187.	mất	失去	402
188.	sang	至	402
189.	ký kết	签约	393
190.	chi tiêu	开支	385
191.	vi phạm	违反	384
192.	chặn	阻止	383
193.	kêu gọi	号召	383
194.	chú ý	注意	382
195.	họp	会议	380
196.	bàn giao	移交	377
197.	lựa chọn	选择	377
198.	cách	相隔	375
199.	đẩy	推	375
200.	hành động	行动	373
201.	cạn	干	366
202.	phục vụ	服务	366
203.	tuyên truyền	宣传	366
204.	thăm dò	探测	359

序号	V	汉译	出现频数
205.	rút	撤	358
206.	chuyển	转移	352
207.	thay thế	替代	349
208.	tính	计算	345
209.	chạy	跑、运行	344
210.	điều khiển	控制	341
211.	cấp	提供	340
212.	chấp nhận	接受	337
213.	cứu	救助	336
214.	đánh bắt	抓捕	331
215.	kiềm chế	钳制	325
216.	tiếp	接	325
217.	xử lý	处理	324
218.	củng cố	巩固	323
219.	nhận định	估计，分析	323
220.	phản ứng	应对	323
221.	tiết lộ	揭示	321
222.	trở lại	返回	320
223.	ném	扔	317
224.	lập	建立	312
225.	xem xét	考虑	312
226.	thông báo	通知	309
227.	mua sắm	采购	307
228.	kiểm tra	查	305
229.	ngừng	停止	305
230.	kết thúc	结束	304
231.	xâm phạm	侵犯	303
232.	giám sát	监察	301
233.	dự kiến	预期	299
234.	gui	寄，派	299
235.	tồn tại	存在	298
236.	bày tỏ	表达	297

序号	V	汉译	出现频数
237.	buộc	迫使	297
238.	thỏa thuận	协商	293
239.	tin	相信	293
240.	kéo dài	延长，扩展	291
241.	hiện đại hóa	现代化	288
242.	dành	保留	287
243.	bố trí	布置	286
244.	cải tiến	改进	285
245.	tôn trọng	尊重	284
246.	làm việc	工作	283
247.	hạ	下	281
248.	nổ	爆炸	280
249.	mong muốn	希望	278
250.	xuyên	穿，越过	278
251.	cố gắng	努力	276
252.	đào tạo	培训	276
253.	nhập khẩu	进口	275
254.	trả	支付	274
255.	quay	旋转	273
256.	kéo	拉	272
257.	hy vọng	希望	271
258.	chịu	承受	270
259.	đề nghị	建议	269
260.	ở	在	267
261.	chủ động	主动	266
262.	đối mătt	面对面	265
263.	cho hay	说，告知	264
264.	trả lời	回答	263
265.	trở nên	成为	263
266.	phòng	防	261
267.	thực thi	实施	260
268.	đề cập	提及	259

序号	V	汉译	出现频数
269.	thừa nhận	承认	257
270.	giải thích	说明	256
271.	cạnh tranh	竞争	253
272.	lắp	安装	253
273.	rời	离开	252
274.	từ chối	拒绝	252
275.	giành	争取	250
276.	chia sẻ	分享	248
277.	đòi hỏi	要求	248
278.	lái	驾驶	248
279.	tham dự	参加	248
280.	dậy	起来	244
281.	gọi	叫，通话	244
282.	hạ cánh	降落	244
283.	đề xuất	建议	243
284.	tăng trưởng	增长	243
285.	thống nhất	统一	241
286.	hình thành	形成	239
287.	tin cậy	信任	237
288.	chở	运载	235
289.	thu	收集	235
290.	báo	报告	234
291.	đăng	发表	233
292.	đáp	答	233
293.	đẩy mạnh	促进	231
294.	lên tiếng	宣布	231
295.	pha	混合	230
296.	kết hợp	结合	228
297.	đáp ứng	满足	227
298.	biến	变	226
299.	chiếm đóng	占领	226
300.	chuyển giao	转交	226
301.	bỏ	放弃	223
302.	học	学习	223
303.	tuân thủ	遵守	223
304.	vận chuyển	运输	223
305.	đối ngoại	对外	222
306.	nhất trí	一致	222
307.	quan sát	观察	222
308.	can thiệp	干涉	220
309.	chi	支出	220
310.	được	得到	220
311.	tính toán	计算	220
312.	cải thiện	改进	219
313.	cam kết	保证	218
314.	thiếu	缺少	217
315.	nắm	掌握	215
316.	trỗi	崛起	215
317.	lặn	潜水	214
318.	xâm nhập	入侵	214
319.	đòi	要求	213
320.	nhận biết	认知	212
321.	xâm lược	侵略	210
322.	bước	步行	209
323.	giám	监察	209
324.	tiếp theo	跟随	208
325.	vũ trang	武装	208
326.	điều động	调动	207
327.	rơi	落、坠	207
328.	đồng ý	同意	206
329.	phụ thuộc	附属	206
330.	hộ tống	护送	204
331.	lẫn	混淆	204
332.	tiếp nhận	接受	204

序号	V	汉译	出现频数
333.	khủng bố	恐怖	203
334.	tỏ	表示	202
335.	nỗ lực	努力	200
336.	bình luận	评论	196
337.	bổ sung	补充	195
338.	chìm	沉没	195
339.	theo đuổi	追随	195
340.	phòng vệ	防御	190
341.	họp báo	开记者招待会	188
342.	kiện	诉讼	188
343.	nghĩ	思考	188
344.	mời	邀请	187
345.	di chuyển	移动	186
346.	điều chỉnh	调整	185
347.	minh họa	插图说明	185
348.	định	计划	182
349.	phát	发	182
350.	sửa chữa	维修	182
351.	cơ động	机动	181
352.	hoàn thiện	完善	181
353.	phát huy	发挥	181
354.	ứng phó	应付，应对	181
355.	xác nhận	确认	181
356.	đánh cá	捕鱼	180
357.	mở	打开	180
358.	phá	破坏	180
359.	tàng hình	隐形	180
360.	dừng	停止	179
361.	góp phần	贡献	178
362.	cử	选举	176
363.	leo thang	升级	176
364.	tiếp tế	补给	175

序号	V	汉译	出现频数
365.	bất chấp	不管	173
366.	lắp đặt	安装	173
367.	cất cánh	起飞	172
368.	đâm	碰撞，变得	169
369.	trị giá	值	169
370.	nhắc	提及	168
371.	coi trọng	重视	167
372.	yêu sách	强烈要求	167
373.	gấp	追切	165
374.	liệu	预料	165
375.	nên	应	165
376.	nghe	听	165
377.	dò tìm	发现	164
378.	có mặt	在场	163
379.	in	打印	163
380.	chứng minh	证明	162
381.	giới thiệu	介绍	162
382.	định vị	定位	160
383.	phụ trách	负责	160
384.	đem	带	158
385.	hết	完	157
386.	cứu hộ	营救	156
387.	đóng góp	贡献	156
388.	phỏng vấn	访问	156
389.	chỉ đạo	指导	155
390.	hiếu chiến	好战	155
391.	liên kết	链接	155
392.	thách thức	挑战	155
393.	thi hành	执行	155
394.	xuất phát	出发	155
395.	tổng hợp	合计	152
396.	giúp đỡ	帮助	151

序号	V	汉译	出现频数
397.	nhận thức	认知	151
398.	tranh cãi	争议	151
399.	vào	进入	151
400.	bắt	捕获	150
401.	cáo buộc	指控	149
402.	chứa	包含	148
403.	trải	经过	147
404.	để	为	146
405.	ngăn cản	防止	145
406.	thay	替	145
407.	hóa	变成，...化	144
408.	ưu tiên	优先	144
409.	đoàn kết	团结	143
410.	lệnh	命令	143
411.	so sánh	比较	143
412.	liên lạc	沟通	141
413.	xoay	旋转	141
414.	kiên quyết	坚决	140
415.	từ bỏ	放弃	140
416.	ví dụ	譬如	138
417.	vươn	奋起	137
418.	tài phán	裁判	136
419.	thả	释放	135
420.	cấm	禁止	134
421.	cất	收藏，建设，起卸	134
422.	hướng	向着	134
423.	khảo sát	考察，检查	134
424.	khởi động	启动	134
425.	nghi ngờ	怀疑	134
426.	răn đe	威慑	134
427.	đăng tải	登载	133

序号	V	汉译	出现频数
428.	chụp	拍摄	132
429.	phản ánh	反映	132
430.	quét	扫	132
431.	bành trướng	扩张	131
432.	cân nhắc	平衡	131
433.	cắt giảm	裁减	131
434.	công khai	公开	131
435.	ngồi	坐	131
436.	gây hấn	寻衅	130
437.	phái	派	130
438.	phòng ngự	防御	130
439.	ô nhiễm	污染	129
440.	bác bỏ	驳斥	128
441.	chọn	选择	128
442.	đậu	停	128
443.	du lịch	旅游	128
444.	mô phỏng	模仿	128
445.	nhận xét	评论	127
446.	trở về	返回	127
447.	xin	请	127
448.	tức là	即是	126
449.	cải tạo	改造	125
450.	gìn giữ	保留	125
451.	hội đàm	讨论，会谈	125
452.	vận hành	运行	124
453.	đấu tranh	战斗	123
454.	đổ	倒	123
455.	ngoại giao	外交	123
456.	phong tỏa	封锁	123
457.	sợ	恐惧	122
458.	tiến công	进攻	122
459.	cảm thấy	感觉	121

序号	V	汉译	出现频数
460.	hoan nghênh	欢迎	121
461.	tiếp xúc	接触，联系	121
462.	va chạm	碰撞	121
463.	cố tình	故意	120
464.	đồn trú	驻军	120
465.	xét	检查	120
466.	xuống	向下	120
467.	giao lưu	交流	119
468.	lưu ý	注意	119
469.	thu hút	吸引	119
470.	tự vệ	自卫	119
471.	uy hiếp	威胁	119
472.	khai mạc	开幕	118
473.	nhờ	倚靠，拜托	118
474.	sửa đổi	修改	118
475.	trị	治	118
476.	gắn	相连	117
477.	bám	依附	116
478.	bao vây	包围	116
479.	đệm	垫，缓冲	116
480.	hỏi	问	116
481.	tham vấn	咨询	116
482.	tác động	作用，影响	115
483.	điều	调	114
484.	dự định	预定	114
485.	ra sức	竭力	114
486.	thắng	战胜	114
487.	thu thập	收集	114
488.	chết	死	113
489.	dẫn đầu	领头	113
490.	viện trợ	援助	113
491.	phê chuẩn	批准	112

序号	V	汉译	出现频数
492.	sống	活	112
493.	đặt hàng	订货	111
494.	quyết tâm	决心	111
495.	khủng hoảng	危机	110
496.	ngắm	观赏，瞄	110
497.	phổ biến	普及	110
498.	tự tin	自信	110
499.	cháy	燃烧	109
500.	công tác	工作	109
501.	ghi	记录	109
502.	làm chủ	做主	109
503.	neo	停泊	109
504.	vỡ	破裂	109
505.	thỏa thuận	协商	108
506.	treo	挂	108
507.	dám	敢	107
508.	điều hành	操作	107
509.	nghỉ	休息	107
510.	gặp gỡ	遭遇	106
511.	đột phá	突破	105
512.	khuyến khích	鼓励	105
513.	vẽ	画，指出	105
514.	chờ	等待	102
515.	cộng	合计	102
516.	ra đời	面世，诞生	102
517.	tiến triển	进展，进化	102
518.	bàn	讨论	101
519.	chỉ trích	指责，批评	101
520.	đổi	交换，变化	101
521.	áp đặt	征收	100
522.	gia nhập	加入	100
523.	lo lắng	担忧	100

A - Adjective（形容词）出现频次 100 次以上的有 142 个。

序号	A-形容词	汉译	出现频数
1.	nhiều	许多	4160
2.	lớn	大	3177
3.	khác	其他	2661
4.	cao	高	2558
5.	gần	接近的	2153
6.	quan trọng	重要	1815
7.	đầu tiên	首先，第一	1515
8.	nhất	最	1509
9.	đặc biệt	特殊	1462
10.	có thể	也许	1375
11.	hơn	更	1373
12.	cùng	和	1331
13.	xa	远	1196
14.	chung	共同的	1097
15.	mới	新	1023
16.	mạnh	强	976
17.	hiện đại	现代	958
18.	căng thẳng	紧张	934
19.	hoàn toàn	完全	922
20.	rõ	明了，分明	896
21.	nhỏ	小	853
22.	tốt	好	822
23.	trái phép	非法的	775
24.	chính thức	正式，官方	752
25.	chủ yếu	主要	671
26.	dài	长	671
27.	sớm	早	670
28.	ngầm	暗中，私下	641
29.	sẵn sàng	时刻准备好的	638
30.	đúng	正确	594
31.	rõ ràng	清楚，明确	562
32.	trên	上面的	562
33.	quốc tế	国际	560
34.	khó	难	553
35.	song phương	双边	548
36.	khoảng	大约	530
37.	tích cực	积极，正面	528
38.	liên tục	连续	524
39.	cần thiết	必要	521
40.	sâu	深	505
41.	đủ	足够	501
42.	trước	前	470
43.	thực sự	真正的	465
44.	tiên tiến	先进	464
45.	trực tiếp	直接	460
46.	nhanh	快	456
47.	nhanh chóng	迅速	434
48.	mạnh mẽ	强大	433
49.	cơ bản	基本	430
50.	khác nhau	不同	422
51.	thấp	低	416
52.	cuối cùng	最后	415
53.	nặng	重	408
54.	thông thường	通常，普通	408
55.	tương đối	相对的，还可以	408
56.	cụ thể	具体	407
57.	tương tự	类似	404
58.	phức tạp	复杂	393

序号	A-形容词	汉译	出现频数
59.	rộng	宽，广	372
60.	cũ	旧的	361
61.	tối đa	最大	358
62.	riêng	私人的，个别的	357
63.	ít	少数	352
64.	nghiêm trọng	严重	351
65.	thường xuyên	经常	347
66.	toàn diện	全面	345
67.	đặc quyền	特权	340
68.	an toàn	安全	337
69.	bất hợp pháp	非法	328
70.	yếu	弱	316
71.	chắc chắn	肯定的	301
72.	lâu dài	持久	301
73.	chính xác	准确	298
74.	đầy đủ	充分	298
75.	cân bằng	平衡	292
76.	lâu	长，久	284
77.	hữu nghị	友好	282
78.	giống	相似	279
79.	nhẹ	轻	278
80.	sát	靠近的	271
81.	chặt chẽ	密切	264
82.	thích hợp	适当	263
83.	ổn định	稳定	253
84.	đa phương	多边	252
85.	khó khăn	难	250
86.	tự do	自由的	248
87.	chính	主要的	247
88.	ngắn	短	246

序号	A-形容词	汉译	出现频数
89.	bất ngờ	意外的	242
90.	dễ	容易的	242
91.	duy nhất	唯一	236
92.	đa năng	多功能	224
93.	nguy hiểm	危险	221
94.	đơn phương	单方面	210
95.	cứng rắn	死板	195
96.	hung hăng	嚣张	195
97.	đầy	充分	192
98.	bình thường	正常	189
99.	sâu sắc	深刻	185
100.	phi pháp	非法	175
101.	ít nhất	至少	173
102.	bất kỳ	任何	170
103.	khổng lồ	巨大	170
104.	công khai	公开	162
105.	dễ dàng	容易	161
106.	bí mật	秘密的	158
107.	liên tiếp	连续	154
108.	thuận lợi	顺利	154
109.	thẳng	直	153
110.	nóng	热	152
111.	to lớn	巨大	150
112.	hợp pháp	合法	149
113.	khác biệt	区别	146
114.	kỹ	仔细	146
115.	đáng kể	值得一提的	145
116.	vững chắc	稳定	139
117.	cạn	浅的，枯竭的	137
118.	xấu	坏	136

序号	A-形容词	汉译	出现频数
119.	bất ổn	不稳定	135
120.	nhạy cảm	敏感	135
121.	sau	后来	134
122.	hợp lý	合理	132
123.	tự động	自动	128
124.	nguyên	原	127
125.	rộng lớn	广阔	127
126.	tốt đẹp	美好	127
127.	kém	差	125
128.	quyết liệt	剧烈	125
129.	đơn giản	简单	123
130.	thật	真实	118

序号	A-形容词	汉译	出现频数
131.	nhất định	一定的	116
132.	cao cấp	高级的	115
133.	sai	错的	114
134.	tuyệt đối	绝对	110
135.	linh hoạt	灵活的	106
136.	tạm thời	临时	106
137.	nổi tiếng	著名	105
138.	công bằng	公平	104
139.	nghiêm túc	严肃的	102
140.	chậm	慢	101
141.	lạnh	冷	101
142.	ngang	横的	101

P - Pronoun（代词）共出现 51 个。

序号	P-代词	汉译	出现频数
1.	này	这，本，此	12662
2.	đó	那，那边，那儿	6718
3.	đây	这里，此处	3275
4.	họ	人家，他们	3080
5.	mình	自己	2177
6.	nào	何，哪，什么	1647
7.	nó	他，她，它（卑称）	1609
8.	cả	整个，全部	1376
9.	nay	今，如今	1082
10.	chúng ta	咱们	1004
11.	chúng tôi	我们	999
12.	tất cả	所有	952
13.	gì	何，啥，什么	922
14.	tôi	我	826

序号	P-代词	汉译	出现频数
15.	ta	我们，我	805
16.	tự	自己	559
17.	ai	谁，何人	397
18.	chúng	他们（卑称）	392
19.	thế	如此，这样	238
20.	vậy	这，此	210
21.	ấy	那	155
22.	thế nào	怎样，如何	151
23.	nào đó	某	147
24.	mô	哪儿，什么	137
25.	đâu	哪里	135
26.	bao giờ	何时	117
27.	kia	那	97
28.	người ta	人家，他	87
29.	bây giờ	现在	85

序号	P-代词	汉译	出现频数
30.	sao	为何，怎么	79
31.	từng	逐个	61
32.	bao nhiêu	多少	55
33.	đấy	那，那边，那里	49
34.	y	他，它（卑称）	45
35.	tất	全部	22
36.	giờ đây	现在	18
37.	thế này	这样，如此	11
38.	những ai	那些人	10
39.	nọ	彼，那	9
40.	bấy nhiêu	那么多，这么些	8
41.	Vì sao	为什么	7
42.	bấy giờ	那时	6
43.	đâu đó	到处，处处	5
44.	lúc nào	何时	5
45.	chúng mình	我们	4
46.	ni	这，此，今	4
47.	bấy lâu nay	那时起，到现在	3
48.	tau	我	4
49.	bấy	那时	2
50.	cả thảy	所有，全部	2
51.	hắn	那人，他（卑称）	2
52.	ri	这样，如此	2
53.	tao	我，老子	2
54.	bao lâu	多久	1
55.	đâu đấy	处处，到处	1
56.	đó đây	处处，各地	1
57.	mày	你（卑称或昵称）	1

R - Adverb（副词）共出现 141 个。

序号	R-副词	汉译	出现频数
1.	đã	已经	14735
2.	không	不	11427
3.	sẽ	将	9053
4.	cũng	也	5690
5.	đang	正在	5329
6.	có thể	可能	5168
7.	được	可以，能够	4212
8.	rất	非常，很	3256
9.	lại	又，再次	3225
10.	mới	才	2902
11.	chỉ	只，仅仅	2739
12.	hơn	更，更加	2494
13.	còn	还，尚	2105
14.	vẫn	仍然	1991
15.	đều	都	1672
16.	lên	催促或动员	1440
17.	chưa	尚未，还没	1345
18.	đồng thời	同时	1284
19.	không thể	不能，不可能	1258
20.	nhất	最	1187
21.	từng	逐一地	1080
22.	vừa	刚刚	1009
23.	luôn	立马	775
24.	quá	太，过于	556

序号	R-副词	汉译	出现频数
25.	bất cứ	不论	547
26.	thậm chí	甚至	515
27.	nữa	还，再	417
28.	qua	大体地	401
29.	càng	更加	388
30.	khá	颇，相当	359
31.	thường	经常	357
32.	hàng	成，上（表示很多）	285
33.	hết sức	极其	273
34.	sắp	即将，很快	237
35.	bất kỳ	不论	236
36.	hầu như	几乎，差不多	209
37.	hơn nữa	甚至	198
38.	không chỉ	不仅	192
39.	ngay	立即	149
40.	gần như	几乎	143
41.	vô cùng	无比地	142
42.	chẳng	毫不，从不	135
43.	dường như	似乎	133
44.	hầu hết	几乎	129
45.	cứ	一…就	119
46.	dần	逐渐	116
47.	lần lượt	依次	107
48.	toàn	全都	100
49.	đi	表建议或催促	99
50.	hẳn	完全	83
51.	liền	紧接	81
52.	lập tức	立即，立刻	79
53.	có lẽ	可能	78
54.	hãy	还，再，先请	78
55.	thật	的确，真	77
56.	bất kể	不管	73
57.	xong	完毕	67
58.	mãi	永远	66
59.	ngay lập tức	立即，即刻	66
60.	nổi	能，胜任	65
61.	lắm	很，非常	64
62.	chưa thể	还未能	60
63.	thể	可能，能够	59
64.	đừng	不要，勿	54
65.	vốn	原有，固有	50
66.	rồi	以后	49
67.	cực kỳ	极其	41
68.	luôn luôn	常常，不停地	40
69.	dần dần	渐渐地	37
70.	hằng	时常，每	31
71.	nhất định	一定，必定	29
72.	đồng loạt	同时	28
73.	rốt cuộc	最后，最终	26
74.	hơi	稍微，些许	25
75.	đôi khi	不时，间或	23
76.	đến cùng	彻底，到头	22
77.	vừa mới	刚刚	22
78.	chớ	千万别	20
79.	không thể nào	不可能	19
80.	thật sự	真正，实实在在	16
81.	quả thật	果真，确实	15
82.	lấy	亲自	14
83.	ngày càng	日益	13
84.	cực	极	12

序号	R-副词	汉译	出现频数
85.	Không những	不仅	11
86.	chăng	疑问副词，吗	10
87.	hoàn toàn	完全	10
88.	bằng được	一定，务必	9
89.	biết đâu	谁知，说不定	9
90.	chẳng qua	不过如此	9
91.	duy	唯独，只有	8
92.	không bao giờ	从不，永不	8
93.	thỉnh thoảng	偶尔	8
94.	chả	不	7
95.	một mực	一味地，坚决地	7
96.	bỗng dưng	无缘无故地，突然地	6
97.	mãi mãi	永远，永久	6
98.	vốn dĩ	一贯，向来	6
99.	vừa qua	最近，刚过去的	6
100.	quả là	果然是，当真是	5
101.	có khi	有可能，有时	4
102.	ngoài ra	此外	4
103.	nhất thiết	必须，一定	4
104.	suýt	差不多，差点儿	4
105.	vô vàn	无数	4
106.	bất chợt	忽然，突然	3
107.	biết bao	多么，多少	3
108.	chẳng lẽ	难道	3
109.	đáng lẽ	本来，照理说	3
110.	hay	常常	3
111.	lâu lâu	偶尔，间或	3
112.	mặc sức	尽兴，尽力	3
113.	ngày một	日益	3
114.	tức thời	即刻，瞬时	3
115.	chắc hẳn	必定，必然	2
116.	chợt	突然	2
117.	có vẻ	貌似	2
118.	kịp	及时	2
119.	liên tục	连续	2
120.	nằng nặc	死缠活缠地	2
121.	sắp sửa	行将，快要	2
122.	tức thì	即刻，瞬间	2
123.	bất tín nhiệm	不信任	1
124.	bỗng	忽然	1
125.	bỗng chốc	霍地，忽然	1
126.	bỗng nhiên	骤然，猛然	1
127.	chẳng thể	不能	1
128.	cứ thế	就这样	1
129.	đâu	哪里	1
130.	đột nhiên	突然	1
131.	hiển nhiên	显然，确凿	1
132.	hình như	好像，仿佛	1
133.	lục tục	陆陆续续	1
134.	luôn thể	顺便，一起	1
135.	một thể	一起	1
136.	rất đỗi	极，格外	1
137.	thường thường	常常	1
138.	tít	之极，之甚	1
139.	tức khắc	即刻	1
140.	tức tốc	立刻，马上	1
141.	tuyệt	很，十分	1

L - Determiner（限定词）共出现 30 个。

序号	L-限定词	汉译	出现频次
1.	các	各	28917
2.	những	一些，有些	9189
3.	một số	一些	1409
4.	mọi	所有	881
5.	toàn bộ	全部	514
6.	mỗi	每	430
7.	vài	几，若干	342
8.	mấy	几	204
9.	một vài	些许	85
10.	hầu hết	几乎所有	63
11.	phần nào	某种程度	43
12.	toàn thể	全体	39
13.	đa số	大多数	35
14.	tất cả	全部	15
15.	vô số	无数	14

序号	L-限定词	汉译	出现频次
16.	nửa	半数	9
17.	bao	多少	7
18.	mười mấy	十几	6
19.	phần lớn	大部分	4
20.	bao nhiêu	多少	2
21.	một nửa	一半	2
22.	muôn vàn	亿万	2
23.	vô vàn	无数	2
24.	biết bao	不知多少	1
25.	chút	一点儿	1
26.	đa phần	大部分	1
27.	ít nhất	最少	1
28.	phần nhiều	多数	1
29.	toàn	全	1
30.	vài ba	三五，若干	1

E- - Preposition（介词）共出现 34 个。

序号	E-介词	汉译	频次
1.	của	的，表所属	40297
2.	trong	在……中	20067
3.	với	以，因，对于，根据，和，同	12706
4.	trên	在……上	11122
5.	ở	在，由于	10105
6.	cho	给	8975
7.	để	为了	8068
8.	về	关于	7952
9.	vào	于，朝着	5991
10.	từ	自	5963
11.	tại	在	5546
12.	đến	到	4743

序号	E-介词	汉译	频次
13.	theo	根据	4598
14.	đối với	对于	3025
15.	do	由于	2838
16.	giữa	在……之间	2677
17.	sau	在……后	2607
18.	trước	在……前	2013
19.	tới	到	1962
20.	bằng	用，以，凭	1650
21.	vì	因为	1102
22.	bởi	因为	884
23.	ngoài	除了	864
24.	dưới	在……下	827

序号	E-介词	汉译	频次
25.	qua	经过	437
26.	bởi vì	因为	270
27.	cho đến	直到	223
28.	sang	到	74
29.	dù	尽管	63

序号	E-介词	汉译	频次
30.	tức	即	41
31.	nhờ	靠，由于，因为	8
32.	vô	向着，于，属于	5
33.	nhằm	旨在	4
34.	cho dù	即使	2

C - Subordinating conjunction（从属连词）

序号	C-从属连词	汉译	频次
1.	rằng	道(置动词后)	5358
2.	nhưng	但是	3903
3.	như	如，好似	3526
4.	mà	而，还，却，来，要是	3320
5.	là	一……就	2302
6.	thì	就，那么，则	2250
7.	hay	或者	2036
8.	nếu	如果	1579
9.	tuy nhiên	尽管如此	1209
10.	cũng như	以及	1157
11.	nên	因此	982
12.	mặc dù	尽管	676
13.	vì vậy	因此	545
14.	cùng với	连同	450
15.	không chỉ	不只	406
16.	mà còn	而且	370
17.	dù	尽管	361
18.	chứ	而非	355
19.	còn	还	328
20.	và	而且	313
21.	do đó	因此	278
22.	tuy	尽管	255
23.	đồng thời	同时	220
24.	như vậy	如此	216
25.	rồi	然后	184
26.	cho dù	即使	175

序号	C-从属连词	汉译	频次
27.	hơn nữa	更有甚者	153
28.	nếu không	否则	145
29.	cho nên	因此	137
30.	vì thế	因此	137
31.	kể cả	包括	135
32.	ngoài ra	此外	124
33.	nếu như	若像	120
34.	đối với	对于	116
35.	song	可是	102
36.	không những	不仅	89
37.	lẫn	连……带	78
38.	thế nhưng	然而	70
39.	do vậy	因此	66
40.	ngược lại	相反	49
41.	tức	即	49
42.	sở dĩ	之所以	37
43.	do	由于	34
44.	tuy vậy	尽管如此	29
45.	dù sao	不管怎样	26
46.	hay là	或是	24
47.	hoặc	或者	23
48.	vậy mà	如此就	21
49.	bởi vậy	因此	14
50.	tóm lại	总而言之	9
51.	dù vậy	虽然如此	8
52.	mà lại	然而	8
53.	như thể	好像	7

序号	C-从属连词	汉译	频次
54.	vậy là	这样一来	7
55.	huống hồ	况且	6
56.	như là	就像	6
57.	thí dụ	例如	6
58.	bởi thế	因此	5
59.	miễn là	只要	5
60.	chẳng hạn	例如	4
61.	dẫu	不管，不论	4
62.	dẫu vậy	尽管如此	4
63.	vì	因为	4
64.	ấy là	这么一来	3
65.	bởi	因为	3
66.	dường như	似乎	3
67.	duy	只有	3
68.	nhất là	尤其是	3
69.	đến nỗi	以至于	2
70.	hễ	只要	2
71.	nghĩa là	也就是说	2

序号	C-从属连词	汉译	频次
72.	Thành ra	因此，所以	2
73.	ví như	比如，例如	2
74.	đúng ra	按理说	1
75.	giá như	假如，如果	1
76.	huống	况且	1
77.	kẻo	否则	1
78.	lại nữa	再者	1
79.	mặt khác	另一方面	1
80.	nào là	又是……	1
81.	nhờ	凭着，靠着	1
82.	thật là	真是	1
83.	thế là	于是，终于	1
84.	thế mà	然而	1
85.	thế thì	那么	1
86.	tức là	即，也就是	1
87.	với lại	而且，并且，再说	1

CC - Coordinating conjunction（并列连词）只标注了四个，分别是&（196 次），và（31473 次），hoặc（1702 次），and（61 次），基本没有参考价值。

需要注意的是，越南语中介词和连词的界限并不分明，标注软件的词性标签设置更多参考了英语标注的方法。

Z - Bound morphemes（黏着语素）基本是用于构词的类词缀，共出现 11 个。

序号	Z-黏着语素	汉译	出现频次
1.	siêu	超	164
2.	cựu	原，前任	127
3.	đa	多	106
4.	phó	副	106
5.	tân	新	73
6.	liên	联	63
7.	nguyên	原	61
8.	trưởng	长	43
9.	tái	再	33
10.	thất	失	4
11.	bất	不	1

X - Unknown（不确定类型）共标注 50 个，其中一些在其他词性高频词中曾标注过。

序号	X-不确定类型	汉语释义	出现频次
1.	gọi là	所谓的	092
2.	ngày càng	日益	706
3.	như vậy	如此	704
4.	nhất là	尤其是	557
5.	ngoài ra	此外	495
6.	tên lửa đạn đạo	弹道导弹	294
7.	như thế nào	如何	253
8.	nghĩa là	意思是，就是说	248
9.	vừa qua	最近，上一个，刚过去的	232
10.	hơn nữa	再者，并且，而且	205
11.	chẳng hạn	例如，诸如	204
12.	mới đây	最近	194
13.	tại sao	为何	152
14.	mặt khác	另一方面	137
15.	nói chung	总而言之	131
16.	như thế	如此	120

序号	X-不确定类型	汉语释义	出现频次
17.	ít nhất	最少	119
18.	thủy quân lục chiến	海军陆战队	103
19.	làm gì	做什么，怎能	100
20.	ngược lại	相反	94
21.	lính thủy đánh bộ	海军陆战队	93
22.	nói riêng	就......而言，尤其是	87
23.	có vẻ	貌似	79
24.	ngày một	日益	69
25.	làm sao	怎么，为何	67
26.	một mặt	一方面	66
27.	kể cả	包括	61
28.	ra sao	如何	50
29.	dường như	似乎	46
30.	vừa rồi	最近，上一个，刚过去的	45
31.	thế nào	如何	44
32.	có lẽ	可能	42
33.	vì sao	为何	40
34.	cựu	旧，前任	36
35.	chủ nghĩa dân tộc	民族主义	35
36.	thì có	就有	31
37.	máy bay tiêm kích	歼击机	29
38.	nữa là	何况	27
39.	chạy đua vũ trang	军备竞赛	25
40.	liên	联，跨	24
41.	tóm lại	总的来说	22
42.	một mình	独自	21
43.	khoa học kỹ thuật	科学技术	20
44.	nói tóm lại	总的来说	18
45.	phải chăng	是否	18
46.	thực ra	实际上	18
47.	hàng không mẫu hạm	航空母舰	29
48.	tổng tham mưu trưởng	总参谋长	17
49.	chiến tranh cục bộ	局部战争	16
50.	có điều	就是（表轻微转折）	16

序号	X-不确定类型	汉语释义	出现频次
51.	như thế này	如此	16
52.	trái lại	相反	16
53.	hải quân đánh bộ	海军陆战队	15
54.	nghĩa vụ quân sự	军事义务	15
55.	nói ra nói vào	说来说去	15
56.	càng ngày càng	日益	14
57.	điều khiển từ xa	遥控	14
58.	được cái	能得到的，可以得到的	13
59.	hàng không vũ trụ	宇航	13
60.	vũ khí hạt nhân	核武器	13
61.	chiến lược quân sự	军事战略	12
62.	xã hội chủ nghĩa	社会主义	12
63.	chủ nghĩa quân phiệt	军国主义	11
64.	xem ra	看来，看起来	11
65.	căn cứ quân sự	军事基地	10
66.	đi nữa	即使，不管	10
67.	hầu hết	几乎	10
68.	khủng hoảng kinh tế	经济危机	10

4.越-英-汉时事新闻高频动词词元所属框架及语义分类表（节选前 40 词元）

序号	越南语高频动词词元	频率	汉语释义	英语释义	激活的 FrameNet 框架	汉语动词语义分类	汉语动词同义词词林语义分类编码
1	chiến đấu	8398	战斗	To fight; to combat;	（Hostile_encounter）	价动作动词	Hb02C01=
2	tranh chấp	7284	争执，争议	dispute; contend	（Quarreling）	二价互向动作动词	Hi41A01=
3	cho biết	6526	告知，通知，告诉	say;	（Statement）	三价言说义针对动词	Hi15A01=

序号	越南语高频动词词元	频率	汉语释义	英语释义	激活的 FrameNet 框架	汉语动词语义分类	汉语动词同义词词林语义分类编码
4	trang bị	6448	装备，装置；配备	to equip;	（Supply）	二价结果动作动词	Hb01B01=
5	sử dụng	5675	使用	to use; to utilize; to employ;	（Using）	二价涉受动作动词	Hj28A01=
6	chống	5245	反抗，反对	To oppose，to resist;	（Taking_sides）	二价涉受动作动词	Hb03B01=
7	hoạt động	5178	活动	act;	（Conduct）（Intentionally_act）（Performers_and_roles）	一价动作动词	Id14A01=
8	tăng cường	4671	增强，加强	to strengthen; to reinforce; to intensify;	（Cause_change_of_strength）	二价致使动词	Ih10A01=
9	thực hiện	4469	实现	to realize; to carry out;	（Coming_to_believe）	一价动作动词	Ie14B01=
10	mua	4379	购买	buy; purchase;	（Commerce_buy）	三价取得义针对动词	He03A01=
11	bảo vệ	4229	保卫，保护	to defend; to protect; to preserve;	（Defending）	二价涉受动作动词	Hb04A01
12	triển khai	3800	部署	deploy;	（Arranging）	三价使令动词	Hc03B01=
13	chế tạo	3767	制造	To manufacture; make	（Manufacturing）	二价结果动作动词	Hd04A01
14	tập trận	3620	演习	to hold military excercises; to manoeuvre	（Practice）	一价动作动词	Hg06A02=

序号	越南语高频动词词元	频率	汉语释义	英语释义	激活的 FrameNet 框架	汉语动词语义分类	汉语动词同义词词林语义分类编码
15	cứu	3617	救	to rescue; to relieve	（Rescuing）	二价涉受动作动词	Hg20A10=
16	bắn	3459	射击	to fire，to shoot，to let off ，to fling	（Shoot_projectiles）（Hit_target）（Use_firearm）	一价动作动词	Hb06A01=
17	tham gia	3454	参加	to take part in，to participate in	（Participation）	二价涉受动作动词	Hj19B01=
18	thăm	3452	访问	to visit; to call at	（Visiting）	二价涉受动作动词	Hi02A01=
19	tiếp tục	3407	继续	continue	（Activity_ongoing）	二价状态动词	Ig03B01=
20	tăng	3309	增加	to increase	（Change_position_on_a_scale）	二价致使动词	Ih05A01=
21	sản xuất	3092	生产	to make;to produce; to manufacture	（Manufacturing）	二价结果动作动词	
22	giải quyết	2948	解决	to solve; to resolve; to settle; to deal with sth	（Resolve_problem）	二价涉受动作动词	Hb13B01= /Jd09A01=
23	tuần tra	2947	巡逻，巡查	to go on a patrol	（Patrolling）	一价动作动词	
24	diễn tập	2910	演习	Stage a sham battle，perform manoeuvres，manoeuvres	（Practice）	一价动作动词	Hg06A02=
25	khẳng định	2824	肯定，确认	affirm;to assert	（Statement）	二价致使动词	Hc14C04=

序号	越南语高频动词词元	频率	汉语释义	英语释义	激活的 FrameNet 框架	汉语动词语义分类	汉语动词同义词词林语义分类编码
26	phát triển	2520	发展，开发	Develop , expand, spread , development	（Progress）	二价结果动作动词	Ie12A01=
27	tổ chức	2387	组织	to arrange; to organize	（Making_arrangements）	二价涉受动作动词	
28	đổ bộ	2350	登陆	land	（Cause_to_land）（Vehicle_landing）	一价动作动词	
29	gọi	2311	传，命令	to call; to hail	（Claim_ownership）（Communication_means）（Contacting）（Deserving）（Labeling）（Referring_by_name）（Request）（Simple_naming）	三价使令动词	Hc11C01=
30	hợp tác	2253	合作	Co-operate , collaborate	（Collaboration）	二价互向动作动词	Hj12C01=
31	nhận	2240	接受	to agree ; to accept; to acquiesce	（Respond_to_proposal）（Receiving）（Grant_permission）	三价交接动词	Hc07A01=
32	tấn công	2218	进攻，攻击	to attack , to assault	（Cause_change_of_strength）	二价涉受动作动词	Hb03A01=
33	thử nghiệm	2213	试验，测试	test, experiment , experimentation	（Experimentation）	一价动作动词	Hg07C01=
34	bắt đầu	2113	开始	start, begin; beginning, commencement	（Activity_start）（Process_start）	一价状态动词	Ig01A01=
35	thiết kế	2109	设计	to design;to work out, draw up	（Coming_up_with）	二价结果动作动词	Ga05A01=

序号	越南语高频动词词元	频率	汉语释义	英语释义	激活的 FrameNet 框架	汉语动词语义分类	汉语动词同义词词林语义分类编码
36	huấn luyện	2070	训练	to train; to teach; to drill; to coach	（Education_teaching）	二价涉受动作动词	Hg06A01
37	nói	2055	说	say （to）; tell（about）	（Communication）（Spelling_and_pronouncing）（Statement）（Text_creation）	三价称呼义针对动词	Hg12A01=
38	đe dọa	1953	威胁	to threaten; to menace	（Commitment）（Omen）	三价使令动词	Ii57B01=
39	cung cấp	1933	提供	Supply （with）, furnish（with）, provide（with）	（Supply）	三价交接动词	Jc05B03=
40	tác chiến	1912	战斗，作战	be at war（with）; fight（against, with）; make war（upon）;	（Hostile_encounter）	二价互向动作动词	Hb02C01=

5. 越-英-汉时事新闻框架网络标注例句示例

编号	1
词元	vận chuyển
例句	Trong/E khi/N đó/P ,/，Tokyo/N cũng/R có/V những/L lợi ích/N chiến lược/N ở/E Biển Đông/Np ,/，một/M tuyến/N đường biển/N cực kỳ/A quan trọng/A ,/，bởi vì/E khoảng/N 90%/M lượng/N dầu mỏ/N nhập khẩu/V của/E Nhật Bản/Np được/V vận chuyển/V qua/E tuyến/N đường/N này/P .
英文标注	<Ent-NP-sub khoảng/N 90%/M lượng/N dầu mỏ/N nhập khẩu/V của/E Nhật Bản/Np><VP-per được/V vận chuyển/V><Path-PP-adva qua/E tuyến/N đường/N này/P>
中文标注	<客事-名词短语-主语 khoảng/N 90%/M lượng/N dầu mỏ/N nhập khẩu/V của/E Nhật Bản/Np><动词短语-谓语中心语 được/V vận chuyển/V><路径-介词短语-状语 qua/E tuyến/N đường/N này/P>

编号	2
词元	vận chuyển
例句	...do/E bị/V hạn chế/V bởi/E trọng tải/N và/CC số lượng/N của/E kênh/N đào/V Suez/Np đối với/E tàu thuyền/N ,/，các/L tàu/N chở/V hàng/N cỡ/N lớn/A của/E các/L nước/N châu/N Mỹ/Np vận chuyển/V các/L loại/N vật tư/N chiến lược/N như/C dầu mỏ/N chủ yếu/A đi/V qua/E tuyến/N đường biển/N này/P .
英文标注	<Car-NP-sub các/L tàu/N chở/V hàng/N cỡ/N lớn/A của/E các/L nước/N châu/N Mỹ/Np><VP-per vận chuyển/V><Ent-NP-obj các/L loại/N vật tư/N chiến lược/N như/C dầu mỏ/N><Path-VP chủ yếu/A đi/V qua/E tuyến/N đường biển/N này/P>

中文标注	<Carrier-名词短语-主语 các/L tàu/N chở/V hàng/N cỡ/N lớn/A của/E các/L nước/N châu/N Mỹ/Np><动词短语-谓语中心语 vận chuyển/V><entity-名词短语-宾语 các/L loại/N vật tư/N chiến lược/N như/C dầu mỏ/N><path-动词短语 chủ yếu/A đi/V qua/E tuyến/N đường biển/N này/P>

编号	3
词元	công bố
例句	Nhật Bản/Np đã/R công bố/V Những/L nguyên tắc/N chỉ đạo/V chương trình/N quốc phòng/N mới/A hồi/N tháng/N 12/2010/M ,/， trong/E đó/P kêu gọi/V tăng cường/V các/L hoạt động/N tình báo/N ,/， giám sát/V và/CC do thám/V dọc/A theo/E chuỗi/Nc đảo/N Ryukyu/Np và/CC tăng cường/V lực lượng/N tàu ngầm/A .
英文标注	<Spkr-NP-sub-NATION Nhật Bản>< đã><tgt-VP-pre công bố><Msg-NP-obj nguyên tắc/N chỉ đạo/V chương trình/N quốc phòng/N mới/A><Time-NP-adva hồi/N tháng/N 12/2010/M>
中文标注	<发言人-名词短语-主语-国家名 Nhật Bản>< đã><词元-动词短语-谓语中心语 công bố><信息-名词短语-宾语 nguyên tắc/N chỉ đạo/V chương trình/N quốc phòng/N mới/A><时间-名词短语-状语 hồi/N tháng/N 12/2010/M>

编号	4
词元	giải quyết
例句	Chúng tôi/P muốn/V đảm bảo/V rằng/C chúng tôi/P sẽ/R giải quyết/V các/L thách thức/N trong/E tương lai/N ,/， sẽ/R tiếp tục/V chú ý/V tới/E những/L thách thức/N mới/A nảy sinh/V từ/E ngày/N hôm nay/N .
英文标注	<Agt-NP-sub chúng tôi/P><ADP-adva sẽ/R><tgt-VP-pre giải quyết><Prob-NP-obj các/L thách thức/N><Time-PP-adva trong/E tương lai/N>

中文标注	<施事-名词短语-主语 chúng tôi/P><副词短语-状语 sẽ/R><词元-动词短语-谓语中心语 giải quyết><问题-名词短语-宾语 các/L thách thức/N><时间-介词短语-状语 trong/E tương lai/N>

编号	5
词元	giải quyết
例句	cuối cùng/a ,/， điều/n quan trọng/a chúng tôi/p muốn/v nói/v với/e tất cả/p các/l bên/n là/v chúng tôi/p tin/v chắc/a rằng/c vấn đề/n này/p không thể/r giải quyết/v thông qua/v đối đầu/v mà/c nên/c thông qua/v các/l diễn đàn/n quốc tế/n .
英文标注	<prob-np-sub vấn đề/n này/p><adp-adva không thể/r><tgt-vp-pre giải quyết><manr-vp-obj thông qua/v đối đầu/v>
中文标注	<问题-名词短语-主语 vấn đề/n này/p><副词短语-状语 không thể/r><词元-动词短语-谓语中心语 giải quyết><方式-动词短语-宾语 thông qua/v đối đầu/v>

编号	6
词元	chiếm đóng
例句	Sau/E khi/N thực hiện/V cái/N gọi là/X chào/V cờ/N ,/， 3/M tàu/N Hải/Np tuần/N Trung Quốc/Np bắt đầu/V kéo/V ra/R Đá Gạc Ma/Np và/CC Đá Tư Nghĩa/Np ,/， 2/M bãi/N đá/N trong/E quần đảo/N Trường Sa/Np bị/V Trung Quốc/Np chiếm đóng/V trái phép/A để/E thực hiện/V cái/Nc gọi là/X "/" tuần tra/V chấp pháp/N "/" .
英文标注	<Ent-NP-sub 2/M bãi/N đá/N trong/E quần đảo/N Trường Sa/Np-TOPONYM><Agt-PP-adva bị/V Trung Quốc/Np-NATION><tgt-VP-pre chiếm đóng><Manr-AP-adva trái phép/A><Pur-PP-adva để/E thực hiện/V cái/Nc gọi là/X "/" tuần tra/V chấp pháp/N "/">
中文标注	<被占领地-名词短语-主语 2/M bãi/N đá/N trong/E quần đảo/N Trường Sa/Np-地名><占领者-介词短语-状语 bị/V Trung Quốc/Np-国家名><词

	元-动词短语-谓语中心语 chiếm đóng><方式-形容词短语-状语 trái phép/A><目的-介词短语-状语 để/E thực hiện/V cái/Nc gọi là/X "/" tuần tra/V chấp pháp/N "/">

编号	7
词元	chấp nhận
例句	Vì thế/C ,/，một khi/V các/L thành viên/N chủ chốt/A của/E ASEAN/Np thay đổi/V đánh giá/N của/E họ/P về/E các/L ý định/N của/E Trung Quốc/Np ,/，thì/C không/R ngạc nhiên/V mấy khi/N họ/P chấp nhận/V sự/N dính dáng/V nhiều/A hơn/R của/E Mỹ/Np vào/E tranh chấp/V khu vực/N .
英文标注	<Gro-NP-sub họ/P><VP-pre chấp nhận><Act-NP-obj sự/N dính dáng/V><Cri-ADP-comp-NATION nhiều/A hơn/R của/E Mỹ/Np><Ran-PP-adva vào/E tranh chấp/V khu vực/N>
中文标注	<授权者-名词短语-主语 họ/P><动词短语-谓语中心语 chấp nhận> <行动-名词短语-宾语 sự/N dính dáng/V><criterion-副词短语-补语-国家名 nhiều/A hơn/R của/E Mỹ/Np><range-介词短语-状语 vào/E tranh chấp/V khu vực/N>

编号	8
词元	chiếm đóng
例句	...Trung Quốc/Np một mặt/X đã/R đẩy/V nhanh/A xây dựng/V trái phép/A sân bay/N trên/E đảo/N Phú Lâm/Np （/M thuộc/V quần đảo/N Hoàng Sa/Np của/E Việt Nam/Np ,/，bị/V Trung Quốc/Np chiếm đóng/V năm/N 1974/M ）/Nu ,/，mặt khác/X bắt đầu/V nghiên cứu/V phát triển/V tàu sân bay/N .
英文标注	<Ent-NP-sub-TOPONYM đảo/N Phú Lâm/Np><Agt-PP-adva bị/V Trung Quốc/Np-NATION><tgt-VP-pre chiếm đóng><Time-NP-adva năm/N 1974/M>

中文标注	<被占领地-名词短语-主语-地名 đảo/N Phú Lâm/Np><占领者-介词短语-状语 bị/V Trung Quốc/Np-国家名><词元-动词短语-谓语中心语 chiếm đóng><时间-名词短语-状语 năm/N 1974/M>

编号	9
词元	chiếm đóng
例句	...Đá Vành Khăn/Np bị/V Trung Quốc/Np chiếm đóng/V trái phép/A -/- PV/Np ）/M thực hiện/V cái/T gọi là/X "/" tuần tra/V "/" quy mô/N lớn/A cả/T trên/E không/R ,/，trên/E biển/N .
英文标注	<Ent-NP-sub-TOPONYM Đá Vành Khăn/Np><Agt-PP-adva bị/V Trung Quốc/Np-NATION><tgt-VP-pre chiếm đóng><Manr-AP-adva trái phép/A>
中文标注	<被占领地-名词短语-主语-地名 Đá Vành Khăn/Np><占领者-介词短语-状语 bị/V Trung Quốc/Np-国家名><词元-动词短语-谓语中心语 chiếm đóng><方式-形容词短语-状语 trái phép/A>

编号	10
词元	chiếm đóng
例句	hôm qua/N 12/5/M một/M biên đội/N tàu chiến/N thuộc/V biên chế/N hạm đội/N NamHải/Np ,/，Trung Quốc/Np đã/R tiến hành/V cái/Nc gọi là/X tuần tra/V và/CC tập trận/V trái phép/A trong/E khu vực/N quần đảo/N Trường Sa/Np （/M thuộc/V chủ quyền/N của/E Việt Nam/Np ,/，Trung Quốc/Np dùng/V vũ lực/N chiếm đoạt/V và/CC chiếm đóng/V trái phép/A một số/L điểm/N đảo/N ,/，bãi/N đá/N -/- PV/Np ）/M .
英文标注	<Agt-NP-sub-NATION Trung Quốc/Np><Inst-VP-adva dùng/V vũ lực/N><tgt-VP-pre chiếm đóng><Manr-AP-adva trái phép/A><Ent-NP-obj một số/L điểm/N đảo/N>

中文标注	<占领者-名词短语-主语-国家名 Trung Quốc/Np><工具-动词短语-状语 dùng/V vũ lực/N><词元-动词短语-谓语中心语 chiếm đóng><方式-形容词短语-状语 trái phép/A><被占领地-名词短语-宾语 một số/L điểm/N đảo/N>

编号	11
词元	公布
例句	/wj 今年/t 年初/t ，/wd 美国/nsf 公布/v 了/ule 调整/vn 后/f 的/ude1 防备/vn 战略/n 指南/n 。
英文标注	<Time-NP-adva /wj 今年/t 年初/t><Spkr-NP-sub-NATION 美国/nsf><tgt-VP-pre 公布><ADP-adva 了/ule><Msg-NP-obj 调整/vn 后/f 的/ude1 防备/vn 战略/n 指南/n>
中文标注	<时间-名词短语-状语 /wj 今年/t 年初/t><发言者-名词短语-主语-国家名 美国/nsf><词元-动词短语-谓语中心语 公布><副词短语-状语 了/ule><信息-名词短语-宾语 调整/vn 后/f 的/ude1 防备/vn 战略/n 指南/n>

编号	12
词元	deploy
例句	asp_NN ?_SENTnewsid=2835_NP China_NP on_IN Tuesday_NP urge_VVP the_DT Philippines_NPS to_TO act_VV in_IN a_DT manner_NN that_WDT contribute_VVP to_TO regional_JJ stability_NN ,_, in_IN response_NN to_TO the_DT Philippine_JJ president_NN say_VVP he_PP may_MD ask_VV the_DT unite_VV state_NN to_TO deploy_VV spy_NN plane_NN over_IN the_DT South_NP China_NP Sea_NP .
英文标注	<Agt-NP-sub-NATION the_DT unite_VV state_NN> will<tgt-VP-pre deploy><Ent-NP-obj spy_NN plane_NN><Loc-PP-adva over_IN the_DT South_NP China_NP Sea_NP>

中文标注	<施事-名词短语-主语-国家名 the_DT unite_VV state_NN>will<词元-动词短语-谓语中心语 deploy><客事-名词短语-宾语 spy_NN plane_NN><处所-介词短语-状语 over_IN the_DT South_NP China_NP Sea_NP>

编号	13
词元	部署
例句	目前，P-3C 已在亚太地区的韩国、日本、台湾地区服役，当然，美军在亚太的基地，也部署有大量的各型 P-3C。
英文标注	<Agt_Loc-NP-sub 美军在亚太的基地><ADP-adva 也><tgt-VP-pre 部署><Quan-AP-atta 大量的><Ent-NP-obj-WE&EP P-3C>
中文标注	<施事_处所-名词短语-主语 美军在亚太的基地><副词短语-状语 也><词元-动词短语-谓语中心语 部署><quantity-形容词短语-定语 大量的><客事-名词短语-宾语-武器装备名 P-3C>

编号	14
词元	triển khai
例句	"Thợ săn" P-3C Mỹ đến biển Đông phong tỏa tàu ngầm hạt nhân TQ. Nếu Mỹ nhận lời Philippines triển khai máy bay tuần tra săn ngầm P-3C ở biển Đông，sẽ tạo ra mối đe dọa nghiêm trọng cho tàu ngầm hạt nhân TQ.
英文标注	<Agt-NP-sub Mỹ><tgt-VP-pre triển khai><Ent-NP-obj-WE&EP máy bay tuần tra săn ngầm P-3C><Loc-PP-adva ở biển Đông>
中文标注	<施事-名词短语-主语 Mỹ><词元-动词短语-谓语中心语 triển khai><客事-名词短语-宾语-武器装备名 máy bay tuần tra săn ngầm P-3C><处所-介词短语-状语 ở biển Đông>

编号	15
词元	triển khai
例句	Máy bay tuần tra chống tàu ngầm P-3C do Mỹ chế tạo，đã triển khai ở Nhật Bản，Hàn Quốc，Đài Loan - phía đông và đông bắc Trung Quốc.
英文标注	<Ent-NP-sub-WE&EP Máy bay tuần tra chống tàu ngầm P-3C><PP-atta do Mỹ chế tạo><adva đã><tgt-VP-pre triển khai><Loc-PP-adva ở Nhật Bản，Hàn Quốc，Đài Loan>
中文标注	<客事-名词短语-主语-武器装备名 Máy bay tuần tra chống tàu ngầm P-3C><介词短语-定语 do Mỹ chế tạo><状语 đã><词元-动词短语-谓语中心语 triển khai><处所-介词短语-状语 ở Nhật Bản，Hàn Quốc，Đài Loan>

编号	16
词元	triển khai
例句	Hiện nay，P-3C đã hoạt động ở Hàn Quốc，Nhật Bản và Đài Loan tại khu vực châu Á-Thái Bình Dương，đương nhiên，các căn cứ của quân Mỹ ở châu Á-Thái Bình Dương cũng triển khai rất nhiều máy bay P-3C các loại.
英文标注	<Time-NP-adva Hiện nay><Agt-NP-sub các căn cứ của quân Mỹ><Loc-PP-atta-TOPONYM ở châu Á-Thái Bình Dương><ADP-adva cũng><tgt-VP-pre triển khai><Quan-ADP-atta rất nhiều><Ent-NP-obj-WE&EP máy bay P-3C>
中文标注	<时间-名词短语-状语 Hiện nay><施事-名词短语-主语 các căn cứ của quân Mỹ><处所-介词短语-定语-地名 ở châu Á-Thái Bình Dương><副词短语-状语 cũng><词元-动词短语-谓语中心语 triển khai><数量-副词短语-定语 rất nhiều><客事-名词短语-宾语-武器装备名 máy bay P-3C>

编号	17
词元	bàn giao
例句	Nguồn tin mới nhất từ Quân đội Mỹ cho biết，quân Mỹ đã bắt đầu nâng cấp lô 5 máy bay P-3C đầu tiên thành P-3C4，loại máy bay đã được cải tạo khả năng mạng này đã được bàn giao cho Hải quân Mỹ.
英文标注	<thg-NP-sub loại máy bay><VP-atta đã được cải tạo khả năng mạng này><ADP-adva đã>< được><tgt-VP-pre bàn giao><rev-PP-obj cho Hải quân Mỹ>
中文标注	<给予物-名词短语-主语 loại máy bay><动词短语-定语 đã được cải tạo khả năng mạng này><副词短语-状语 đã>< được><词元-动词短语-谓语中心语 bàn giao><受领者-介词短语-宾语 cho Hải quân Mỹ>

编号	18
词元	bàn giao
例句	Đầu năm nay，Bộ Tư lệnh Hệ thống Hàng không Hải quân đã bàn giao 74 máy bay P-3C được cải tạo kỹ thuật hệ thống âm thanh，đã tăng cường khả năng tiếp nhận phao sonar cho máy bay.
英文标注	<Time-NP-adva Đầu năm nay><giver-NP-sub-ORGANIZATION Bộ Tư lệnh Hệ thống Hàng không Hải quân><ADP-adva đã><tgt-VP-pre bàn giao><thg-NP-obj 74 máy bay P-3C>
中文标注	<时间-名词短语-状语 Đầu năm nay><给予者-名词短语-主语-机构名 Bộ Tư lệnh Hệ thống Hàng không Hải quân><副词短语-状语 đã><词元-动词短语-谓语中心语 bàn giao><给予物-名词短语-宾语 74 máy bay P-3C>